KIEL / KAHLERT / HAAG / EBERLE
HERAUSFORDERNDE SITUATIONEN
IN DER SCHULE

HERAUSFORDERNDE SITUATIONEN IN DER SCHULE
Ein fallbasiertes Arbeitsbuch

von Ewald Kiel, Joachim Kahlert,
Ludwig Haag und Thomas Eberle

unter Mitarbeit von
Markus Kollmannsberger
und Eva Steinherr

VERLAG
JULIUS KLINKHARDT
BAD HEILBRUNN • 2011

Bibliografische Information der Deutschen Nationalbibliothek
Die Deutsche Nationalbibliothek verzeichnet diese Publikation in der Deutschen
Nationalbibliografie; detaillierte bibliografische Daten sind im Internet abrufbar über
http://dnb.d-nb.de.

Korrektorat: Andrea Bistrich
Druck und Bindung: AZ Druck und Datentechnik, Kempten.
Printed in Germany 2011.
Gedruckt auf chlorfrei gebleichtem alterungsbeständigem Papier.

ISBN 978-3-7815-1799-8

Inhaltsverzeichnis

Vorwort: Erkennen, was der Fall ist – beurteilen, was möglich ist

Seit Jahrzehnten kreisen Debatten über Lehrerbildung um die Analyse und Beschreibung von Problemen. Ob zunächst in geisteswissenschaftlicher Tradition deduziert, dann professionstheoretisch analysiert oder seit einiger Zeit auch mittels empirischer Forschung unterfüttert: Die Formulierung von Kritik und von Ansprüchen im Modus „Lehrerbildung müsste …" ist bei weitem häufiger anzutreffen als der Versuch, die Praxis der Lehrerbildung an Universitäten, Hochschulen und Ausbildungsseminaren durch unmittelbar nutzbare Anregungen zu unterstützen.

Solche Anregungen sind professionstheoretisch hinreichend abzusichern. Außerdem müssen sie konkret genug formuliert sein, um als Unterstützung erfahren zu werden, aber auch ausreichend flexibel, um der Komplexität des Lehramtsstudiums mit der Vielfalt beteiligter Fächer ebenso Rechnung zu tragen wie der Heterogenität von Rahmenbedingungen, unter denen Lehrerbildung an den Universitäten, Hochschulen und Seminaren stattfindet.

Eine konzeptionelle Möglichkeit, diesen Ansprüchen zu genügen, sehen wir in der Fallarbeit.

In der diesem Buch zugrunde gelegten Konzeption beruhen „Fälle" auf authentischen Ereignissen, die unter theoretisch begründbaren Gesichtspunkten bearbeitet werden. Sie sind anschlussfähig für unterschiedliche Studiengänge und fachliche Perspektiven und ermöglichen eine wissenschaftsorientierte Auseinandersetzung mit realistischen Anforderungen des Lehrerberufs. Damit schulen sie professionelle Urteilskraft und perspektivenbewusstes Denken. Außerdem bieten sie eine Basis für die fachgebietsübergreifende Kooperation sowohl zwischen den Disziplinen und Teilbereichen der Hochschulen und Universitäten als auch zwischen den verschiedenen Phasen der Lehrerbildung.

Um dem Anspruch eines wissenschaftsbasierten Berufsfeldbezugs möglichst weitgehend gerecht zu werden, haben wir die Grundkonzeption des Buches, die Fallpräsentation sowie unsere Ideen für die Interpretation und für die vertiefende Bearbeitung der Fälle, mit Experten aus verschiedenen Phasen der Lehrerbildung beraten.

In einer ersten Runde ging es uns zunächst darum, unsere theoretische Orientierung sowie Pläne und Entwürfe mit ausgewiesenen Fachleuten aus der universitären Lehrerbildung zu beraten. Tina Hascher (Universität Salzburg), Barbara

Koch-Priewe (Universität Bielefeld) und Ewald Terhart (Universität Münster) haben in dieser frühen Phase des Projekts auf einer ganztägigen Expertentagung an der Universität München kritische und konstruktive Rückmeldungen zur konzeptionellen Planung, zur Dokumentation erster Fälle sowie zu Ideen für die Fallbearbeitung gegeben.

Gut ein Jahr später haben Werner Helsper (Universität Halle-Wittenberg), Detlev Leutner (Universität Duisburg-Essen) und Philipp Mayring (Universität Klagenfurt) den damaligen Stand unserer Arbeit kommentiert. In dieser eintägigen Tagung ging es vor allem um die Art und Weise der Aufgabenstellung sowie darum, die wissenschaftliche Basis für die Fallarbeit weiter zu erhärten.

Zahlreiche erfahrene Lehrerinnen und Lehrer aus allen Schularten haben uns mit ihrer Teilnahme an Workshops sowie an Interviews dabei geholfen, eine Sammlung realistischer Fälle zu erarbeiten, die exemplarisch für zentrale Herausforderungen des Lehrerhandelns sind.

Schließlich verdanken wir Seminarrektorinnen und -rektoren aus der zweiten Phase der Lehrerbildung nicht nur einige Fälle, sondern auch viele kritische Rückmeldungen. Ein Expertentag mit Lehrerbildnern der zweiten Ausbildungsphase hat uns geholfen, den Berufsfeldbezug unserer Fallauswahl zu schärfen.

Allen Expertinnen und Experten aus den verschiedenen Bereichen der Lehrerbildung schulden wir großen Dank für konstruktive Kritik, Anregungen und Verbesserungsvorschläge. Für alles, was an berechtigter Kritik an unseren konzeptionellen Überlegungen, an Auswahl, Dokumentation und Interpretation der Fälle sowie an den von uns erarbeiteten Aufgaben und den Lösungsbeispielen anzubringen sein wird, ist allein das Autorenteam verantwortlich.

Insgesamt konnten wir aus einem Pool von einigen Hundert mehr oder weniger ausführlich berichteten Ereignissen schöpfen, aus denen das Projektteam in zahlreichen Beratungen die nun vorliegende Fallauswahl erarbeitet hat. Die Rohfälle wurden redaktionell überarbeitet und professionstheoretisch begründbaren Kompetenzbereichen des Lehrerhandelns zugeordnet. So entstanden aus berichteten Ereignissen Fälle, die wir in unterschiedlichen Formen dokumentieren: Ich-Form, auktorialer Stil, Wiedergabe von Dokumenten. Die Fälle sind durch die grafische Gestaltung hinreichend deutlich markiert, so dass wir auch bei der Ich-Form auf Anführungszeichen verzichten.

Das Buch wendet sich an

- *Lehrende*, die ihren Studierenden an Hochschulen und Universitäten Anregungen geben möchten, sich wissenschaftsbasiert und realitätsnah mit den vielfältigen Anforderungen im Lehrerberuf auseinanderzusetzen,
- *Studierende* des Lehramts, die sich vertiefend mit Herausforderungen in Schule und Unterricht sowie mit ausgewählten Lösungsangeboten auseinandersetzen wollen,

- *Seminarleitungen* in der zweiten Phase der Lehrerbildung, in der die vielfältigen Erfahrungen mit Schule und Unterricht systematisch und theoriebasiert aufbereitet werden,
- *erfahrene Lehrerinnen und Lehrer*, die durch den einen oder anderen Fall zur Reflexion über das eigene Handeln in Schule und Unterricht sowie zum kollegialen Austausch angeregt werden könnten,
- *Lehrerfortbildner der dritten Phase*, die hier eine Materialbörse für ihre Fortbildungsangebote vorfinden.

Dem Bayerischen Staatsministerium für Unterricht und Kultus sowie dem Bayerischen Staatsministerium für Wissenschaft und Kunst danken wir für die großzügige Förderung des Kooperationsprojekts „Fallbasiertes Arbeiten in der Lehrerbildung".

Bayreuth, München und Nürnberg, im März 2011

1 Theoretische Einordnung

1.1 Standards erfahren, verstehen und durchdenken – die Grundidee dieses Buches

Die Leistungen von Markus haben sich seit dem Schuljahresbeginn in der 9. Klasse erheblich verschlechtert. Im Unterricht arbeitet er kaum mit, schlechte Schulnoten kommentiert er mit Vorwürfen an seine Klassenlehrerin, sie würde ihn ungerecht behandeln und wohl etwas gegen ihn haben. Nach mehreren vergeblichen Versuchen der Lehrerin, die Eltern telefonisch zu erreichen, bittet sie per Brief um einen Besuch in der Elternsprechstunde. Als Markus' Mutter, begleitet von ihrem Sohn, in der Sprechstunde erscheint, greift sie die Lehrerin in einem aufgebrachten Tonfall mit ähnlichen Unterstellungen, wie Markus sie äußert, an. Die Lehrerin hört zu und bittet die Mutter darum, die Vorwürfe konkret zu belegen. Doch statt Begründungen für ihre Behauptung anzuführen, wiederholt die Mutter im Wesentlichen nur die Eindrücke ihres Sohnes. Nachdem die Lehrerin Verständnis dafür geäußert hat, dass die Mutter für ihren Sohn kämpft, legt sie eine Liste vor, auf der neben versäumten Hausaufgaben auch kurze Gespräche mit Markus dokumentiert sind. Sie macht klar, dass auch sie als Lehrerin sich für Markus engagiere – mit klaren Erwartungen an die Arbeitshaltung und Leistungsbereitschaft des Schülers. Nach und nach räumt die Mutter ein, seit einiger Zeit ebenfalls Probleme mit Markus' Verhalten zu haben. Sie sagt zu, sich stärker um die schulischen Verpflichtungen ihres Sohnes kümmern zu wollen und künftig rasch auf Rückmeldungen der Schule zu reagieren. Gut eineinhalb Jahre später erwirbt Markus mit einem zufriedenstellenden Ergebnis den Realschulabschluss.

Schon der flüchtige Blick auf diese Schilderung offenbart eine Reihe von Anforderungen, mit denen Lehrerinnen und Lehrer im Schul- und Unterrichtsalltag konfrontiert werden. Sie sollen sich um ein förderliches Arbeitsklima bemühen, einen pädagogisch vertretbaren Umgang mit nicht tolerierbarem Schülerverhalten pflegen, klare Anforderungen formulieren und sie verbindlich einfordern, individuellen Besonderheiten der einzelnen Schüler gerecht werden, konstruktive Kritik üben, aber auch annehmen können. Darüber hinaus wird erwartet, dass sie sich für die Weiterentwicklung ihrer Schule engagieren, mit Kolleginnen und Kollegen, mit einer heterogenen Elternschaft sowie mit außerschulischen Partnern zusammenarbeiten, gerade auch dann, wenn die Kommunikation zunächst belastet ist. Und damit ist noch gar nichts gesagt über fachliche und fachdidaktische Kompetenzen, die Lehrerinnen und Lehrer benötigen, um eine heterogene

Schülerschaft klar, strukturiert, verstehensorientiert und interessenfördernd zu unterrichten und über die diagnostischen Fähigkeiten, Schüler unterstützend zu beraten und angemessen zu beurteilen.

Seit langem wird bemängelt, Lehrerbildung würde zu wenig auf diese und weitere Anforderungen des Berufs vorbereiten (vgl. Dubs 2008; Hoban 2005; Phelan 2005). Die Studienfelder Fachwissenschaft, Fachdidaktik, Erziehungswissenschaften sowie Praktika seien nicht ausreichend aufeinander abgestimmt. „Säulendenken" herrsche vor, mit facheigenen Logiken und unter Vernachlässigung berufsfeldspezifischer Anforderungen (vgl. Zumbach 2008, S. 8; Terhart 2008, S. 755; Oelkers 2001b, S. 157).

In Akzeptanzstudien unter Absolventen und Studierenden spiegelt sich diese Kritik an inhaltlichen und organisatorischen Unzulänglichkeiten der Lehrerbildung wider (vgl. z.B. Ulich 1996; Bohnsack 2000, S. 54ff.; Schaefers 2002, S. 69f.; Lersch 2006, S. 169; Kolbe & Combe 2008, S. 884). Angehende Lehrkräfte in der ersten und zweiten Phase wünschen sich einen erkennbaren Berufsfeldbezug mit anwendungsbezogenen Übungsmöglichkeiten für das im Studium angebotene bzw. zu erwerbende Wissen (vgl. Flagmeyer et al. 2007; Snoek 2008).

All dies ist lange bekannt, vielfach belegt und wird in der einschlägigen Literatur über Lehrerbildung oft wiederholt. Man weiß, dass die Zufriedenheit mit dem Studium steigt, wenn „persönliche Fortschritte im Können registriert werden" (Larcher & Oelkers 2004, S. 143) und Lehrerbildung wirksamer ist, wenn sie, zugeschnitten auf das Berufsfeld, „handlungs-, fach- und situationsnah" (Terhart 2006, S. 45) erfolgt. Internationalen Befunden zufolge wirkt sich eine solide Fachausbildung zusammen mit einer gründlichen erziehungswissenschaftlichen Ausbildung positiv auf die Einschätzung des Lehrerhandelns sowohl seitens des Fachpersonals als auch seitens der Schüler aus (vgl. Blömeke 2004, S. 69f.), der Unterrichtserfolg wird erhöht (vgl. Dubs 2008, 14f.).

Es fehlt nicht an Versuchen zu erklären, warum es der Lehrerbildung trotzdem so hartnäckig an Berufsfeldbezogenheit und an erkennbaren Verknüpfungen zwischen den Studienbereichen Fachwissenschaften, Erziehungswissenschaft, Fachdidaktik und Praktika mangelt. Genannt wird die Unterfinanzierung der universitären Lehre im Allgemeinen und der Lehrerbildung im Besonderen, die „Geringschätzung der Lehrerbildung" in vielen Fachdisziplinen, die institutionelle Zersplitterung der Lehramtsstudiengänge auf verschiedene Fakultäten und vieles mehr. Diese und weitere Problemanzeigen mögen zutreffen, helfen aber als bloße Summierung von Missständen nicht wirklich weiter. Für die Entwicklung von Lösungsvorschlägen, die für Forschung und Lehre an Universitäten und Hochschulen kompatibel sind, ist es hilfreicher, das Zusammenspiel von Rahmenbedingungen zu beachten, die eine berufsfeldbezogene und fächerübergreifend abgestimmte Lehrerbildung erschweren.

Dazu gehören:
a) ein überkommenes Theorie-Praxis-Verständnis,
b) ein wissenschaftsinternes Referenzsystem, das fachspezifische Erkenntnisfort-
    schritte belohnt, aber auf fächerübergreifende Aufgaben nicht mit annähernd
    gleicher Selbstverständlichkeit eingestellt ist,
c) die kommunikations- und damit zeitintensive Verständigung zwischen Mit-
    gliedern unterschiedlicher Fächer und Fakultäten.

zu a) überkommenes Theorie-Praxis-Verständnis
Das verbreitete Differenzschema von Theorie und Praxis, das den Wissenserwerb
über Schule, Unterricht und Lehrerberuf eher der ersten Ausbildungsphase zu-
weist und die Entwicklung des Könnens auf Praktika sowie auf die zweite bzw.
sogar dritte Phase verlegt, ist handlungstheoretisch armselig, lerntheoretisch über-
holt und professionstheoretisch verstaubt. Es sollte zugunsten der Forderung nach
einem wissenschaftsbasierten Berufsfeldbezug endlich aus den Diskursen über
Lehrerbildung verbannt werden.
Das Theorie-Praxis-Schema suggeriert, die Bedeutung von Angeboten in der
Lehrerbildung ließe sich über den Ort klären, an dem Lernen in der Lehrerbildung stattfindet, statt über die Qualität des jeweiligen Lernprozesses. Dabei lässt
sich zwar trefflich darüber streiten, ob „weniger Theorie" und „mehr Praxis" in
der Lehrerbildung notwendig wären. Doch ob Handlungen von theoretisch anspruchsvollen Überlegungen oder von oberflächlichen Denkschablonen begleitet
werden, entscheidet sich nicht durch den Ort, an dem diese Handlungen stattfinden und/oder kommuniziert werden. Darum führt eine bloße Ausweitung von
„Praxis", verstanden als zeitliche Verlängerung des Aufenthalts an Schulen, noch
nicht zu einer besseren Vorbereitung auf die Anforderungen des Berufsfeldes. Eine
Studentin, die im Praktikum die soziokulturellen Lernvoraussetzungen einzelner
Schülerinnen und Schüler zu verstehen versucht, beschäftigt sich möglicherweise
intensiver theoretisch als ihr Kommilitone, der in einer überfüllten Vorlesung einem Vortrag über Heterogenität zu folgen versucht, wenn der Vortrag inhaltlich
zwar dem State of the Art entspricht, aber methodisch dürftig angeboten wird.
Umgekehrt kann eine intellektuell feinsinnige Diskussion über Menschenbilder,
die in einem philosophischen Seminar stattfindet, einem angehenden Lehrer helfen, spätere Konflikte mit Kollegen, Vorgesetzten oder auch Eltern über angemessene pädagogische Maßnahmen und Leistungsansprüche als Ausdruck unterschiedlicher Menschenbilder besser zu verstehen, als es durch das bloße Erleben
solcher Konflikte im Praktikum möglich wäre.
Die ortsbasierte Theorie-Praxis-Vorstellung nach dem – hier ein wenig zugespitzt
formulierten – Muster „Schule bedeutet Praxis, Universität Theorie" macht es
leicht, sich der Verantwortung für einen intellektuell anspruchsvollen Berufsfeld-

bezug zu entledigen und dieses mit „Praxeologie-Verdacht" oder „Rezept-Vorwürfen" zu begründen. Wohl nicht ganz zu Unrecht weist der OECD-Länderbericht „Deutschland" zur Lehrerqualifikation darauf hin, an Universitäten würde die Trennung zwischen der ersten und der zweiten Ausbildungsphase als Vorwand missbraucht, sich nicht intensiv genug mit den Herausforderungen der Lehrerarbeit zu beschäftigen (Halász et al. 2004, S. 32).

Mit der Forderung, den Berufsfeldbezug in der ersten Phase der Lehrerbildung für Studierende erfahrbar und erkennbar zu machen, wird nicht behauptet, bereits im Lehramtsstudium könnten die angehenden Lehrerinnen und Lehrer lernen, die Herausforderungen im Beruf angemessen zu bewältigen. Der Weg zu einem professionell denkenden und handelnden Lehrer ist lang und reicht weit über die erste und zweite Ausbildungsphase hinaus. Aber im Studium müssen die Grundlagen dafür gelegt werden, dass sich die Studierenden bei all den Anforderungen, Belastungen und Irritationen, die in der zweiten Phase und danach auf sie zukommen, überhaupt professionsgerecht weiterentwickeln können. So wenig Unterrichts- und Schulerfahrungen allein eine professionelle Haltung gegenüber den Anforderungen des Lehrerberufs fördern, so wenig lässt sich die professionelle Haltung mit anspruchsvollen Theorien und Wissensinhalten aufbauen, wenn die angehenden Lehrerinnen und Lehrer nicht ausreichend häufig und intensiv dazu angehalten werden, diese auf das Berufsfeld zu beziehen.

So werden in den von der Kultusministerkonferenz 2004 verabschiedeten Standards für die Bildungswissenschaften (vgl. Sekretariat der Ständigen Konferenz der Kultusminister der Länder 2004) zwar unterschiedliche Anforderungen für den ersten und zweiten Ausbildungsabschnitt formuliert. Aber dies ist nicht als Abgrenzung zu verstehen (vgl. ebd., S. 7), sondern als Kennzeichnung unterschiedlicher Schwerpunkte im Studium und in der zweiten Phase der Lehrerbildung. Und zu den vier Jahre später für die Fachwissenschaften und für die Fachdidaktiken formulierten inhaltlichen Anforderungen heißt es, diese müssten sich an den „Anforderungen im Berufsfeld von Lehrkräften" orientieren und sich auf die Entwicklung von Kenntnissen, Fähigkeiten, Fertigkeiten und Einstellungen beziehen, die für die Bewältigung der jeweiligen Aufgaben im Lehramt notwendig sind (vgl. Sekretariat der Ständigen Konferenz der Kultusminister der Länder 2008, S. 2f.). „Mehr Praxis" ist dafür ebenso wenig hilfreich wie ein bloß quantitativer Ausbau anderer wichtiger Studienfelder, seien es die Fachwissenschaften, die Fachdidaktiken oder die Erziehungswissenschaften.

zu b) fachspezifische Erkenntnisinteressen im Spannungsfeld zur fächerübergreifenden Aufgabe Lehrerbildung
Lehrerbildung ist kein Fach, sondern eine übergreifende Aufgabe vieler Fächer und Fachgebiete. An ihr sind neben verschiedenen erziehungswissenschaftlichen

Fachrichtungen zahlreiche geistes-, sozial- und naturwissenschaftliche Fächer beteiligt. Alle Fächer sind mittlerweile hochgradig nach Fachgebieten differenziert. Die Forderung, man müsse übergreifend zusammenarbeiten, ist nachvollziehbar. Aber man darf die Realisierungsbedingungen für Kooperation nicht aus dem Auge verlieren, wenn aus dieser Forderung mehr werden soll als eine Quelle für Dauerklagen über nicht eingelöste Ansprüche an die Lehrerbildung. Wissenschaftliche Fachgebiete stellen nach Inhalten und Methoden differenzierte Kommunikationszusammenhänge dar, die sich durch teils übergreifende, teils fachspezifische operative Regulationsprinzipien konstituieren, erhalten und weiterentwickeln (vgl. Serres 1998, S. 18ff.). Die Entwicklung der einzelnen Disziplinen und Fächer, die an der Lehrerbildung beteiligt sind, optimiert nicht gleichsinnig die Lehrerbildung. Der Erfolg einzelner Fachvertreter im Streben nach Erkenntnisfortschritt, nach Anerkennung in der Scientific Community und nach knappen Ressourcen kommt deshalb auch nicht unbedingt der Lehrerbildung zugute. Umgekehrt finden Vorschläge zur Lehrerbildung zunächst einmal keinen etablierten Resonanzboden in den Fächern vor. So ist selbst in der Erziehungswissenschaft, einem originären Kerngebiet der Lehrerbildung, der Fortschritt in der Ausdifferenzierung von Fragestellungen und Problemfeldern sowie bei der Absicherung von Erkenntnissen mit dem Verlust des Anspruchs einhergegangen, in allen Arbeitsgebieten ausbildungsrelevant für den Lehrerberuf zu sein (vgl. Terhart 2001, S. 74, 92).

Der in der Kommunikation über Lehrerbildung herrschende Konsens über dringliche Probleme und notwendige Entwicklungen verliert seine handlungswirksame Verbindlichkeit, sobald es an die praktische Umsetzung an Hochschulen und Universitäten mit ihren ausdifferenzierten und hochgradig spezialisierten Fächerspektren geht. Für die Verständigung über Ziele, Inhalte, Anforderungen und Methoden steht kein Rahmen eines gemeinsam geteilten Fachverständnisses zur Verfügung – und selbst innerhalb eines solchen Rahmens ist Verständigung schwierig genug. Vielmehr müssen unterschiedliche Denktraditionen, Relevanzkriterien, Problemsichten und Problemlösungsansätze zusammenwirken. Das, was in fachspezifischen Kommunikationszusammenhängen entwickelt, erprobt und gepflegt wird und dort mehr oder weniger selbstverständliche Gültigkeit besitzt, wird nicht ohne weiteres von den Vertretern anderer Fächer geteilt. Dies wiederum führt bei fächerübergreifenden Aufgaben wie der Lehrerbildung zu einem Kommunikationsaufwand, der viel Zeit kostet, aber im Ertrag nicht kalkulierbar ist. Wer bereit ist, diese Zeit zu Lasten anderer wissenschaftlicher Aktivitäten zu investieren, geht ein hohes Risiko ein: Der Erfolg ist ungewiss, facheigene Anerkennungskriterien greifen in der Regel nicht, und ob jemals andere wirksam werden, weiß man nicht.

zu c) Verständigung ist kommunikations- und zeitintensiv
Die Vielfalt fachspezifischer Arbeits- und Denkweisen, die in der Lehrerbildung
zusammenkommen, trägt mit dazu bei, dass Standards für die Lehrerbildung nicht
die qualitätssichernde Wirkung haben, die ihnen eigentlich zukommen müsste.
So definieren die Standards für die Bildungswissenschaften 39 Einzelstandards
für die theoretischen Ausbildungsabschnitte und 45 Standards für die praktischen
Ausbildungsabschnitte (Sekretariat der Ständigen Konferenz der Kultusminister
der Länder 2004). Hinzu kommen etliche weitere Ansprüche an die Fachwissenschaften und Fachdidaktiken, festgehalten in den „Ländergemeinsame(n)
inhaltliche(n) Anforderungen für die Fachwissenschaften und Fachdidaktiken in
der Lehrerinnen- und Lehrerbildung" (ders. 2008). Der in der Schweiz entwickelte Standardkatalog weist 88 Standards zur Konkretisierung der Kompetenzen von
Lehrpersonen auf (vgl. Oser 2001, S. 230ff.). Trotz dieser stattlichen Zahl werden
dabei weder die Belange der verschiedenen Schulstufen und -arten berücksichtigt,
noch die besonderen Anforderungen einzelner Unterrichtsfächer. Und auch in
den USA mündeten Versuche zur Definition von Standards regelmäßig in einer
Vielzahl von Anforderungen (vgl. Zeichner 2006).
Jeder einzelne Standard mag exzellent begründbar sein und einen wichtigen Platz
im Orientierungsrahmen für die Angebote in der Lehrerbildung einnehmen. Aber
mit den unterschiedlichen Fächern und Fachgebieten, in denen man sich an den
Standards orientieren soll, kommen wiederum verschiedene Theorietraditionen,
Problemsichten und Nützlichkeitskalküle ins Spiel. Fachdidaktiken, die Allgemeine Erziehungswissenschaft, Schulpädagogik, Psychologie, Soziologie und viele andere Fachwissenschaften geben je eigene, möglicherweise auch disparate Antworten auf die Frage, was zum Beispiel die Umsetzung des Standards bedeutet, lernen
zu können, „mich in konkreten Situationen in die Sicht- und Erlebnisweise der
Schüler und Schülerinnen zu versetzen" (Oser 2001, S. 231), oder des Standards,
„unterschiedliche Fälle von Disziplinproblemen zu regeln" (ebd., S. 233). Doch
es gibt keine auf alle Fächer einwirkende Ordnungsmacht, keine „hidden hand",
die die Summe einzelner Angebote, die sich mit Standards rechtfertigen lassen,
zu einer insgesamt professionsfördernden Lehrerbildung zusammenfügen würde.
Daher bringt die Vielzahl gut begründbarer Anforderungen an den Lehrerinnen-/
Lehrerberuf die Gefahr mit sich, Studierende mit Kenntnissen und Informationen zu überfluten. Einzelne Veranstaltungen mögen vorbildlich standardorien-
tiert und kompetenzfördernd ausgerichtet sein, doch offen bleibt, wie dies in einem zufriedenstellenden Ausmaß für das Gesamtangebot in der Lehrerbildung
sichergestellt werden kann.
Das Zusammenwirken eines theoretisch unbefriedigenden und praktisch hem-
menden Theorie-Praxis-Verständnisses mit fächerspezifischen Denktraditionen
und der mangelnden Unterstützung für die Wahrnehmung fächerübergreifender

Aufgaben behindern eine berufsfeldorientierte Lehrerbildung. Für diese gibt es zwar immer neue Pläne für die Zukunft – die aber nicht so richtig beginnen will. So ist zum Beispiel die Forderung nach einer besseren Stellenausstattung richtig. Aber auch die Verbesserung der Betreuungsrelation in der Lehrerbildung ist nur eine notwendige, keineswegs aber eine hinreichende Bedingung für eine berufsfeldbezogene Lehrerbildung, die ebenso wissenschaftlich fundiert wie anwendungsintensiv sein sollte. Dies trifft auch für das Zusammenlegen von lehrerbildenden Fächern zu einer gemeinsamen Fakultät (School of Education) zu. Für einzelne Standorte der Lehrerbildung mit einer überschaubaren Zahl von Fächern und Studiengängen mag dies ein Weg sein, der Zersplitterung des Lehramtsstudiums zumindest organisatorisch entgegenzuwirken. Für Hochschulen, die eine breite Palette von Lehramtsstudiengängen für verschiedene Schularten (Grund- und Hauptschule, Realschule, Gymnasium, Sonderschule) mit dem gesamten geistes-, sozial- und naturwissenschaftlichen Fächerspektrum anbieten, ist dies keine Perspektive. Zudem gilt, dass letztlich nicht Strukturen für die Qualität der Lehrerbildung entscheidend sind, sondern die Qualität der in den Veranstaltungen erreichbaren Lernprozesse. Wie für jedes pädagogische Handeln gilt auch für die Lehrerbildung, dass ihr Erfolg „in einem sehr hohem Maße von der Eigentätigkeit der einzelnen Personen abhängig" ist (Terhart 2001, S. 167). Daher müssen strukturelle Reformen ebenso wie verbesserte Betreuungsrelationen und andere Rahmenbedingungen von *methodisch-didaktischen Ideen* begleitet werden, die es wahrscheinlicher machen, dass Angebote in der Lehrerbildung *tatsächlich*

- inhaltlich auf die Belange angehender Lehrkräfte zugeschnitten sind,
- den Studierenden berufsfeldbezogen Zusammenhänge zwischen den Angeboten aus den verschiedenen Bereichen (Fachwissenschaft, Fachdidaktik, Erziehungswissenschaften, Praktika) deutlich machen,
- eine angemessene Anwendungsintensität des angebotenen Wissens und der dargebotenen Theorien erreichen.

Die Anwendungsintensität zu erhöhen heißt nicht unbedingt Erprobung in Schule und Unterricht. Das ist zwar, begleitet von Reflexionsangeboten, unverzichtbar. Aber diese Erfahrungsmöglichkeiten sind allein schon aus pragmatischen Gründen knapp: Schulen können die Einbindung von Studierenden nur begrenzt verkraften, und nicht jede Veranstaltung kann und muss die Studierenden ins Berufsfeld schicken. Auch für die Anwendungsintensität gilt, dass sie keine Frage des Ortes ist, an denen man sich mit den Herausforderungen der Schule und des Unterrichts auseinandersetzt. Sie ergibt sich vielmehr aus dem Zusammenspiel von wissenschaftsbasierter Reflexion und Erfahrung mit berufsfeldspezifischen Herausforderungen. Und dieses Zusammenspiel kann und muss von jedem Fach, das an der Lehrerbildung beteiligt ist, geleistet werden.

So hat Hans-Joachim Gehrke (2009) in einer „Zielbestimmung universitärer Lehre" einige Grundsätze wissenschaftlichen Denkens und Handelns zusammengestellt, die persönlichkeitsbildend wirken können und die auch für das Verständnis von „(Lehrer-)Bildung durch Wissenschaft als Prozess" (vgl. Kolbe & Combe 2008, S. 882) anschlussfähig sind. Dazu gehören: verständig und verständlich formulieren, sich um intersubjektive Nachvollziehbarkeit bemühen, eine skeptische Grundhaltung einnehmen, Argumente nach rationalen Kriterien durchdenken und abwägen und schließlich die Entwicklung einer unabhängigen Urteilskraft (vgl. Gehrke 2009, S. 816f.). „Kommunikation, Sorgfalt, Argumentationsfähigkeit, Rationalität, Skepsis – alles gipfelt wiederum in der begründeten Urteilskraft im besten und umfassenden Sinne. Diese bewährt sich – es geht ja im Prinzip um das noch nicht Gefundene – gerade am Neuen. Und damit kann man nicht nur in der Wissenschaft bestehen" (ebd., S. 817).

Gewöhnung an den Anspruch der intersubjektiven Nachvollziehbarkeit von Argumentationen verbunden mit dem Anspruch an Klarheit und Präzision sind nicht nur Anforderungen an akademisch gebildete Persönlichkeiten im Umgang mit wissenschaftlichem Wissen, sondern auch pädagogisch-didaktisch wichtige Ansprüche an zukünftige Lehrerinnen und Lehrer. So wenig, wie es in der Wissenschaft die reine Wahrheit gibt, sondern nur die belastbare Theorie unter Bezugnahme auf ein im Rahmen dieser Theorie als gültig akzeptiertes Wissen, so wenig gibt es in der pädagogischen Handlung die Gelingensgewissheit. Auch hier müssen Stärken und Schwächen von Annahmen abgewogen und Standpunkte begründet werden. Daher geht es auch in der Lehrerbildung darum, Urteilsfähigkeit zu schulen, Skepsis vor vorschnellen Lösungen und Rezepten aufzubauen, verschiedene Möglichkeiten abzuwägen und zu durchdenken, eigene Vorstellungen nach rationalen Kriterien zu prüfen und die so gewonnenen Positionen und Urteile verständig und verständlich darzulegen.

Professionsgerechtes Handeln im Lehrerberuf unterscheidet sich von sonstigen Handlungen mit pädagogischer Absicht gerade durch die Anforderung, akzeptabel begründen zu können, wie man in Schule und Unterricht agiert. Handlungen müssen mit belastbaren, intersubjektiv nachvollziehbaren, zweckrationalen und um Gültigkeit bemühten Argumenten zu rechtfertigen sein, also mit professionsspezifischem Wissen. Auch außerschulischen Experten, Künstlern oder begnadeten Entertainern gelingt es gelegentlich, mit ihren speziellen Fähigkeiten Schulklassen oder Schülergruppen in den Bann zu ziehen. Aber es ist ein Unterschied, ob man Schülerinnen und Schüler mit partikularen, dafür aber hoch spezialisierten Fähigkeiten über einen kurzen Zeitraum begeistert, oder ob man sie in einem auf viele Jahre angelegten Bildungs- und Erziehungsweg unter den Bedingungen schulischer und unterrichtlicher Zwänge nach bestem fachlichen und pädagogischen Wissen und Gewissen begleitet. Die Fähigkeit, auf hohem fachlichen und pädagogischen Niveau begründen und einordnen zu können, wie man in Schule und Unterricht handelt, unterscheidet den in Studium und Referendariat ausgebildeten professionellen Lehrer von Schmalspurlehrkräften, die Gelegenheitserfolge verbuchen.

Damit ist der Lehrerberuf einer der intellektuell anspruchsvollsten Kommunikationsberufe. Denk- und Kommunikationsschulung für angehende Lehrerinnen und Lehrer ist keine Aufgabe spezieller Fachgebiete, sondern aller Fächer, die mit Lehrerbildung zu tun haben. „Selbstbesinnung", so bereits Adorno (1965, S. 83), sei mit das wichtigste im Lehrerberuf. Heute spricht man von Reflexionskompetenz (vgl. Reh & Rabenstein 2005, S. 47; vgl. z.B. Helsper 2001, S. 13; Meyer 2003, S. 101). Deren Bedeutung wird auch von Untersuchungen unterstrichen, nach denen gute verbale und hohe generelle kognitive Fähigkeiten der Lehrkräfte sich positiv auf Schülerleistungen auswirken (vgl. Blömeke 2004, S. 73). Dies ist auch nicht weiter erstaunlich: Schülerinnen und Schüler lernen mehr und besser von intelligenten Lehrerinnen und Lehrern, die gut kommunizieren können.

Standards zum Leben erwecken – klären, „was der Fall ist"

Berufsfeldbezogene Reflexion und theoriebasierte Auseinandersetzung mit dem Beruf lernt man allerdings nicht an jedem beliebigen Inhalt. Kommunikation, Reflexion und Distanzgewinn ist gut. Aber das gelingt nur mit erkennbarem Berufsfeldbezug, nicht abgehoben. Es geht um Distanzgewinn auf Sichtweite: die schulische Realität vor Augen und die Probleme im Lichte der Theoriebildung scharf gestellt. Fallbasiertes Arbeiten in der Lehrerbildung kann dieses unterstützen:

• Vom anschaulichen Ereignis zum theoriebasierten Fall: Ein Geschehen, wie es eingangs geschildert wurde, ist für sich genommen noch kein Fall. Erst theoretisch explizierbare Gesichtspunkte machen Geschehnisse, Ereignisse und Begebenheiten zu einem Fall, an dem „etwas Charakteristisches über eine Handlungs- und Lebenspraxis oder ein soziales Phänomen" (Combe & Kolbe 2008, S. 871) gezeigt werden kann. Alles andere bleibt Story, Erlebnisbericht, Anekdote – gut vielleicht zur Veranschaulichung, aber nicht für theoriebasiertes und berufsfeldbezogenes Lernen. Problemsichten sowie Lösungsvorschläge müssen sich im Lichte und aus der Perspektive von Theorien befragen lassen. Dazu gehört auch, die im Rahmen einer Theorie relevanten Merkmale und wichtigen Informationen zu bestimmen und Schlussfolgerungen mit Bezug zu Theorien begründen zu können. Die Transformation eines Ereignisses, einer Erfahrung oder einer Herausforderung zu einem Fall, der diese Bezeichnung verdient, ist bereits ein erster Schritt, um zu lernen, sich mit den Anforderungen des Berufsfeldes wissenschaftsbasiert auseinanderzusetzen.

• Fälle als methodisch-didaktisches Bindeglied: Die bildungswissenschaftlichen Standards für die Lehrerbildung heben als didaktisch-methodische Ansätze in der Lehrerbildung neben Situationsansatz, Problemlösestrategien, Projektorganisation des Lernens, biografisch-reflexivem Ansatz, Kontextorientierung und Phänomenorientierung die Fallarbeit hervor (Sekretariat der Ständigen Konferenz der Kultusminister der Länder 2004, S. 6f.). Fälle sind für die verschiedenen methodischen Anregungen anschlussfähig: Sie werden dem *Situationsansatz und der Phänomenorientierung* gerecht, wenn sie konkrete Ereignisse, die exemplarisch für grundlegende Herausforderungen der Lehrerarbeit sind, anbieten. Anhand der Fälle lassen sich verschiedene *Problemlösestrategien* erarbeiten, vergleichen und auf Vor- und Nachteile hin durchdenken. *Kontextorientierung* wird sowohl durch die Einbettung in spezifische Fachgebiete als auch durch Bezug auf berufliche Handlungsfelder erreicht. Weiterführende Aufgaben können arbeitsteilig so bearbeitet werden, dass kleine *Projekte* daraus entstehen. Und die Bewertung und Beurteilung von fallbasiert dargestellten Problemen und Lösungen lässt sich mit *biografisch-reflexiven* Überlegungen koppeln. Damit bietet Fallarbeit auch jene Spielräume, die nötig sind, um Lernangebote auf „das individuelle Muster der Kompetenzentwicklung" abzustimmen (Terhart 2006, S. 46).

• Integration verschiedener Studiengebiete: Fälle können als Grundlage dienen, die verschiedenen Bereiche der Lehrerbildung, also Fachwissenschaften, Fachdidaktiken, Erziehungswissenschaft und Praktikumserfahrungen, aufeinander zu beziehen, und zwar ohne langwierige Schaffung institutioneller Rahmenbedingungen. So können Studierende verschiedener Fachrichtungen Fälle arbeitsteilig aus der Perspektive unterschiedlicher Studiengebiete und schulartenspezifischer Herausforderungen analysieren. Die Auseinandersetzung mit verschiedenen Sichtweisen, Interpretationen und Lösungsvorschlägen fördert eine klare Positionierung in der Kommunikation über Probleme des Unterrichtens und Gestaltens von Schule und bietet zudem die Möglichkeit, Denkgewohnheiten angehender Lehrerinnen und Lehrer aus anderen Fächern, Schularten und -stufen kennenzulernen. Diese lehramtsübergreifende Kommunikation von Wissen und Problemsichten ist gerade in einem differenzierten Schulsystem eine wichtige Grundlage für die Kooperation zwischen Lehrkräften aus verschiedenen Fachbereichen und Schularten.

• Institutionelle Grenzen überwinden – Kooperation zwischen verschiedenen Phasen der Lehrerbildung: Die vielfach geforderte Kooperation zwischen der ersten und zweiten Phase der Lehrerbildung scheitert oft schon an der Organisation des Kommunikationsprozesses: Termine für gemeinsame Angebote passen nicht zusammen, bloßes Zusammenlegen von Seminaren schafft keinen Zugewinn an Lernimpulsen, Absprachen bleiben unverbindlich, wenn sie nicht zu Aktivitäten führen, die aufeinander bezogen sind. Fallarbeit kann die inhaltliche Basis für eine Kooperation schaffen, ohne die Transaktionskosten der Kooperation, wie Abstimmungs-, Kommunikations- und Organisationsaufwand, unattraktiv zu steigern. So lassen sich Analysen des gleichen Falles in Seminaren an der Universität und in der zweiten Phase schriftlich austauschen. Die Ergebnisse können von der jeweils anderen Gruppe kommentiert und zurückgemeldet werden. Standpunkte und Denkweisen von Studierenden, Referendaren, Wissenschaftlern an der Universität und Ausbildern in der zweiten Phase können so miteinander verglichen und zur Schärfung der eigenen Positionsfindung genutzt werden.

- Chancen der Modularisierung nutzen: Die Modularisierung der Lehrerbildung bietet die Chance, Stoffgebiete zu thematisch zusammenhängenden Einheiten zusammenzufassen (Kultusministerkonferenz 2000/2004, S. 3). Aber bereits der OECD-Report über Lehrerbildung wies für Deutschland weitsichtig auf die Gefahr hin, die Modularisierung könne auch die bestehenden Strukturen verfestigen (Halász et al. 2004, S. 33). Die Studierendenproteste im Wintersemester 2009 sowie etliche kritische Stimmen aus Mittelbau und Professorenschaft haben gezeigt, dass die Sorge vor einer Zerstückelung von Problemen und vor einer Überfrachtung des Studiums mit zusammenhanglosem Detailwissen durchaus berechtigt ist. Auch die Kultusministerkonferenz kritisierte die stoffliche Überfrachtung, die zunehmende Strukturierung und die „Verschulung" des Studiums im Zuge der Bachelorreformen (Kultusministerkonferenz 2009). Das vorliegende Buch möchte mit Bezug auf die Lehrerbildung die „Reform der Reform" inhaltlich unterstützen. Fallarbeit bietet die Möglichkeit, berufsfeldrelevante Anforderungen aus der Perspektive verschiedener Fachrichtungen zu analysieren. Damit lassen sich Grenzen der Fächer und Institutionen überschreiten und der Abstimmungsaufwand dafür gering halten. So werden zum Beispiel Schulpädagogen und andere Erziehungswissenschaftler die in diesem Buch angebotenen Fälle aus den Aufgabenbereichen Unterrichten, Erziehen, Beraten und Beurteilen sowie Innovieren aus einer anderen Blickrichtung betrachten als Fachdidaktiker oder Fachwissenschaftler. Gerade dann, wenn Studierende mit verschiedenen Perspektiven zum gleichen Problem konfrontiert werden, erfahren sie problemorientiert und berufsfeldbezogen die Verknüpfungen zwischen Fachwissenschaften, Fachdidaktik und Erziehungswissenschaften.

1.2 Soziokonstruktivismus als Grundlagentheorie fallbasierten Lernens

Fallbasiertes Lernen orientiert sich an folgenden Grundsätzen über angeleitetes Lernen:

- Angeleitetes Lernen basiert auf Fremdimpulsen und Selbststeuerung. Die Lernaktivitäten werden teils durch Lehrende und Lernsituation, teils durch Lernende selbst gesteuert.
- Angeleitetes Lernen kann in unterschiedlichem Ausmaß selbstständiges Entdecken und Problemlöseaktivitäten erfordern.
- Angeleitetes Lernen kann sich an der Struktur des zu vermittelnden Wissens orientieren oder an der Struktur praktischer Anforderungssituationen.

Bei diesen Grundsätzen legt fallbasiertes Lernen den Schwerpunkt auf selbstgesteuertes Lernen. So führt Lernen zu einer tieferen Verarbeitung, zu eigenständigem Denken und zu einem besseren Verständnis der Lerninhalte. Außerdem wird die Fähigkeit gefördert, das Gelernte selbstständig anzuwenden und Probleme zu lösen.

Fallbasiertes Lernen geht weniger davon aus, dass Wissen als fertiges System dargeboten wird. Ein fertig vorstrukturiert präsentiertes Wissen wird allzu leicht passiv rezipiert, was zu trägem Wissen führt. Träges Wissen ist zu wenig in realen Lebenssituationen verankert und kann deshalb zu wenig angewandt werden (Renkl 2006).

Gegen Lernen, das zu trägem Wissen führt, richten sich pädagogisch-psychologische Ansätze des Soziokonstruktivismus, die seit Ende der 1980er Jahre weite Verbreitung gefunden haben. Diese werden im Folgenden erläutert.

Zentraler Begriff ist das situierte Lernen. Dahinter verbirgt sich kein einheitliches theoretisches Konzept, sondern man spricht von Ansätzen des situierten Lernens (Resnick 1987; Greeno, Smith & Moore 1993). Die wichtigsten Grundannahmen dieser Ansätze über das Lernen und das dabei erworbene Wissen sind (vgl. Gräsel 1997; Schnotz 2006):

Lernen ist ein aktiver konstruktiver Prozess.
Wissen, Kenntnisse und Fähigkeiten kann man nicht einfach an andere Personen weitergeben, sondern sie werden vom Lernenden in der Auseinandersetzung mit Aufgaben aktiv konstruiert.

Lernen ist kontextgebunden.
Lernen ist eingebunden in konkrete Situationen und Kontexte. Damit ist nicht nur die materielle, sondern auch die soziale Umwelt gemeint. Deshalb ist Lernen

nicht losgelöst vom jeweiligen kulturellen, historischen und autobiografischen Hintergrund zu sehen. Und da Wissen stark situations- und kontextgebunden ist, bereitet sein Transfer von einer Situation auf eine andere zumeist Schwierigkeiten. Deshalb sollten Lern- und Anforderungssituationen möglichst ähnlich gestaltet werden.

Lernsituationen sind soziale Situationen.
Da Lernen in sozialen Situationen stattfindet (vgl. Wygotski 1964), sollte in Lernsituationen ein Austausch zwischen den Beteiligten erfolgen. Hier liegt auch eine Begründung für den Einsatz kooperativer Lernformen.

Wissen ist ein Werkzeug.
Die Kooperation zwischen Individuen ist durch den Gebrauch von materiellen und kognitiven Werkzeugen charakterisiert. Wie andere Werkzeuge auch wird Wissen als ein geistiges Werkzeug nur durch seinen Gebrauch vollständig verstanden. Wissen dient der Orientierung und trägt dazu bei, Sachverhalte zu ordnen und zielgerichtet zu verändern. Ebenso wie man ein materielles Werkzeug besitzen kann, ohne es anwenden zu können, ist es auch möglich, Wissen zu besitzen, das man nicht anwenden kann (träges Wissen).

Wissen ist sozialer Natur.
Wissen besteht nicht aus isolierten Datenstrukturen im Kopf einzelner Individuen, sondern existiert nur in der Interaktion mit Situationen und den daran teilnehmenden Menschen, mit Objekten und Werkzeugen. Für radikale Vertreter des Konstruktivismus heißt dies in letzter Konsequenz, dass Lehre nicht planbar ist. Doch nach Ansicht von Vertretern eines gemäßigten Konstruktivismus lässt sich der Wissenserwerb durch eine adäquate Gestaltung von Lernumgebungen durchaus sinnvoll unterstützen (vgl. Gerstenmaier & Mandl 1995).

Im Rahmen der Ansätze des situierten Lernens wurden verschiedene Modelle der Gestaltung problemorientierter Lernumgebungen entwickelt. Diese Modelle differieren in dem Ausmaß, in dem eine Unterstützung der Lernenden vorgesehen ist. Im Folgenden werden vier prominente Ansätze beschrieben (vgl. Gräsel 1997; Reinmann & Mandl 2006).

Tätigkeitsorientierte Didaktik
Die Wurzeln des Soziokonstruktivismus sind u.a. in der tätigkeitsorientierten Didaktik, wie sie beispielsweise Galperin (1979) oder Dawydow (1982) vertreten, zu suchen. In dieser Tradition werden Prozesse im Lerner im Hinblick auf das Lösen komplexer Aufgaben untersucht. Eine starke Aufgabenorientierung wird zum zentralen gliedernden Moment von Unterricht. Angeregt durch eine problemorientierte Aufgabe sollen sich Lerner während der Bearbeitung im Unterricht

Lösungsverfahren für Klassen konkreter Probleme aneignen. Sie sollen die Beziehungen und Zusammenhänge eines vorgegebenen Systems aufzeigen, dessen Entstehungsbedingungen verstehen, mit ihm arbeiten und auf andere Kontexte anwenden können (vgl. Kiel 1999, S. 18-187). Wenngleich diese Didaktik in den allgemeinbildenden Schulen wenig Beachtung gefunden hat, wird sie in der berufsbezogenen Schule als Leittextmethode durchaus verwendet.

Anchored-Instruction-Ansatz
In diesem Theoriekontext ist der Ausgangspunkt für das Lernen eine komplexe Problemsituation, die als „Anker" bezeichnet wird (Cognition and Technology Group at Vanderbilt 1997).
Bekannt geworden sind die Abenteuer des Jasper Woodbury. In zwölf Filmen, die jeweils ca. 17 Minuten lang sind, werden Abenteuergeschichten präsentiert, die in einer komplexen Problemstellung enden und mathematische Lösungen erfordern. Beispielsweise wird in einem unwegsamen Gelände ein verletzter Adler geortet, der medizinischer Hilfe bedarf. Als Ausweg bietet sich eine Rettung mit einem Ultraleichtflugzeug an. So müssen für eine erfolgreiche Mission folgende Fragen mit einbezogen werden: Welche Route ist erfolgversprechend, wenn man für die Berechnung zwischen Fundstelle und Rettungsort auch die aktuelle Windsituation mit berücksichtigt? Wie viel Kraftstoff kann überhaupt aufgetankt werden, wenn man noch das Gewicht des Adlers ins Kalkül zieht?
Die folgenden Gestaltungsprinzipien sind für die Darstellung der „Ankergeschichten" charakteristisch:

Videobasiertes Format
Die Präsentation der authentischen Problemsituationen erfolgt per Video. Damit wird eine vernetzte Problemdarstellung ermöglicht, außerdem sind bewegte Bilder leichter zu verstehen und motivieren den Lerner.

Narrative Struktur
Das Problem wird in einen für die Schüler bedeutungsvollen Kontext eingebettet.

Generatives Lernformat
Die Lernenden sollen eigenständig eine Lösung des Problems entwickeln können.

Einbettung aller erforderlichen Daten
Alle zur Lösung der Aufgaben notwendigen Angaben und Daten sind im „Anker" enthalten.

Problemkomplexität
Die Problemsituation entspricht einer realen Situation.

Paarbildung der Geschichten
Zu jedem Thema werden zwei ähnliche Geschichten präsentiert, damit die erworbenen Kenntnisse unter verschiedenen Perspektiven flexibel angewendet werden können.

Herstellung von Verknüpfungen zwischen verschiedenen Disziplinen
Die Geschichten werden der Perspektive unterschiedlicher Fächer betrachtet. In der Anchored Instruction wird also Wissen als etwas betrachtet, was von den Lernenden aktiv und in einem bestimmten Handlungskontext selbst konstruiert wird. Die soziale Gemeinschaft der Lernenden führt dazu, dass die individuellen Konstruktionen ausgetauscht werden. Deshalb ist hier die Bearbeitung in Gruppen zentral, die von einem Lehrenden unterstützt werden.

Cognitive-Flexibility-Theorie
Nach Spiro und Jehng (1990) soll eine Aufgabe unter verschiedenen Blickwinkeln bearbeitet werden, um so eine möglichst hohe kognitive Flexibilität zu erzielen. Übervereinfachungen sollen vermieden werden, die Lernenden sollen von Anfang an mit der Komplexität und den Irregularitäten des realen Geschehens vertraut gemacht werden. Dasselbe Konzept wird zu unterschiedlichen Zeitpunkten in verschiedenen Kontexten unter veränderter Zielsetzung und aus verschiedenen Perspektiven beleuchtet.
Lernen muss also multidirektional und multiperspektivisch erfolgen, es gilt multiple Repräsentationen zu vermitteln, damit erworbenes Wissen facettenreich und flexibel angewendet werden kann. Sogenannte Minicases, von denen mehrere bearbeitet werden können, sollen gegenüber ausführlichen Fallbeispielen, die nur unter einem Blickwinkel betrachtet werden, bevorzugt werden.
Diese Theorie eignet sich vor allem für den fortgeschrittenen Wissenserwerb in komplexen und wenig strukturierten Gebieten wie Medizin oder Technik.

Cognitive-Apprenticeship-Ansatz
Im Ansatz von Collins, Brown und Newman (1989) wird die traditionelle Ausbildung im Handwerk auf den Erwerb kognitiver Fertigkeiten und Fähigkeiten zu übertragen versucht. Dieser Ansatz soll vor allem zur Bearbeitung realitätsnaher Probleme angewendet werden.
Lernende werden in einer praxisnahen Anleitung über authentische Aktivitäten und soziale Interaktionen in eine Expertenkultur eingeführt. Mit folgenden instruktionalen Vorschlägen von Reinmann & Mandl (2006) werden die Lernenden unterstützt.

Modelling
Beim sogenannten kognitiven Modellieren macht der Lehrende (oder der Experte) sein Vorgehen zunächst einmal vor und erläutert ausführlich, was er im Einzelnen macht und was er sich dabei denkt. Auf diese Weise werden internal ablaufende kognitive Prozesse für den Lernenden beobachtbar.

Coaching
Nach der Modellierung befasst sich der Lernende selbst mit einem Problem und wird dabei vom Lehrenden betreut und bei Bedarf gezielt unterstützt.

Scaffolding (engl. „scaffold" – Gerüst)
Kann der Lernende Aufgaben nicht allein bewältigen, hilft ihm der Lehrende durch Hinweise.

Fading
Im Verlauf des Lernprozesses gewinnt der Lernende Selbstvertrauen und Kontrolle und kann zunehmend selbstständiger arbeiten; der Lehrende trägt dem Rechnung, indem er seine Hilfestellungen allmählich ausblendet.

Articulation
Immer wieder wird der Lernende im Verlauf des Lernens aufgefordert, Denkprozesse und Problemlösestrategien zu artikulieren.

Reflection
Eine weitere Aufforderung besteht darin, die ablaufenden Prozesse beim Lernen mit anderen zu diskutieren und zu reflektieren. Reflexion bedeutet, dass der Lernende eigene Strategien damit vergleicht, wie andere Lernende oder auch der Experte vorgehen. Durch Artikulieren und Reflektieren erwirbt der Lernende generelle, abstrakte Konzepte, deren Verständnis aber dennoch auf ihrer Anwendung beruht.

Exploration
Das Ausblenden der Unterstützung durch den Lehrenden endet schließlich darin, dass der Lernende zu aktivem Explorieren und damit zu selbstständigen Problemlösungen angeregt wird (Reinmann & Mandl 2006, S. 632).
Da aus konstruktivistischer Sicht zwischen dem Lernkontext, dem konstruierten Wissen und dem Anwendungskontext ein enger Zusammenhang besteht, werden solche Lehrmethoden abgelehnt, die abstraktes Wissen unabhängig von authentischen Situationen zu vermitteln versuchen. Stattdessen werden Lehrmethoden bevorzugt, die bei der Vermittlung von Wissen mit konkreten authentischen Situationen beginnen und dann schrittweise zu abstrakteren Einsichten führen. Fallbasiertes Lernen ist eine solche Lernform.

1.3 Der authentische Fall als Lernfall

Fallbasiertes Arbeiten in der Lehrerbildung, dies macht die vorgehende Einordnung in soziokonstruktivistische Lehr- und Lerntheorien deutlich, ist eine komplexe Aktivität angeleiteten Lernens. Die Komplexität ergibt sich aus

- der Selbststeuerung, den kaum vorhersehbaren Konstruktionen der Lerner bei der Bearbeitung eines Falles;
- der sozialen Eingebundenheit der Lehr-/Lernsituationen, wenn die Fallbearbeitung mit mehreren Personen stattfindet;
- den unterschiedlichen Formaten der Präsentation von Fällen;
- den unterschiedlichen Perspektiven von Akteuren im Fall;
- den unterschiedlichen Verarbeitungsmöglichkeiten der den Fall bearbeitenden Lerner ausgehend von deren kognitiven Vorstrukturierungen, z.B. Novizen und Experten, Personen mit unterschiedlichen kognitiven Stilen, z.B. feldabhängig oder feldunabhängig oder Persönlichkeitsfaktoren, z.B. der Genauigkeitsorientierung etc.;
- dem Problem, Wissen als kognitives Werkzeug zu aktivieren und zu verhindern, dass Wissen zu trägem Wissen wird.

Diese Komplexität macht eine eindeutige, für alle gültige oder gar endgültige Falllösung unmöglich. Wenn wir auf der Ebene von Handlungen denken, dann müssen Handlungen bei der Fallbearbeitung oder auch in der Realität immer in einem Zustand geplant und ausgeführt werden, in dem wir über die Subjekte oder Objekte unseres Handelns mehr Nichtwissen als Wissen haben. Es ist naiv zu glauben, dass der Zustand des größeren Nichtwissens nur ein temporärer Zustand sei, der sich irgendwann auflöse. Im Gegenteil, mehr Wissen kann zu größerem Nichtwissen führen, wenn es sich um unterschiedliche Aussagen zu einem Phänomen handelt und Kriterien fehlen, die Relevanz des Wissens zu beurteilen (Kiel & Rost 2002). Andererseits ist das Wissen, über das ein Subjekt verfügt, auch wenn es sich noch so sehr bemüht, weder eine eindeutige noch eine abgeschlossene Repräsentation der Welt, sondern lediglich eine Perspektive auf die Welt. Dies zeigt sich z.B. bei der Beurteilung von Unterricht, wenn verschiedene Lehrer eines Fachs Unterricht positiv oder negativ beurteilen, wenn Fachdidaktiker dieselbe Stunde anders einschätzen als Fachwissenschaftler, oder wenn Schüler den Unterricht anders beurteilen als ihre Lehrer. Diese Perspektive schränkt das Subjekt ein, und es kann sich nur begrenzt darauf verlassen. Menschen sind, um mit Luhmann zu sprechen, keine berechenbaren „Trivialmaschinen" (Luhmann 2004a).
Lösungen im Prozess der Fallbearbeitung sind deshalb nur tentativ, sie müssen kritikfähig sein und das Potenzial haben, Räume möglichen Handelns zu eröffnen, die sich auch in einer zukünftigen realen Situation als sinnvoll erweisen.

In Anlehnung an Holzkamp, ohne ihm im Detail zu folgen, bezeichnen wir die angestrebten Lösungen als Möglichkeitsräume, die sich durch unterschiedliche Handlungsalternativen auszeichnen (Holzkamp 1984).

Wenn sich in einem späteren realen Handeln zeigt, dass die in der Fallbearbeitung entwickelten Handlungsmöglichkeiten sich auch in der Realität als sinnvoll erweisen, dann können wir sie als ökologisch valide bezeichnen. Das im Vorwort beschriebene Erhebungsverfahren der Fälle – erfahrene Praktiker wurden als Fallgeber ausgewählt – und das Auswählen der Fälle und deren Bearbeitung durch wissenschaftlich ausgewiesene Experten (mit einer Ausnahme alle mit Schulerfahrung) soll diese ökologische Validität wahrscheinlich machen.

Die Überlegungen zu Wissen/Nichtwissen und zur ökologischen Validität vor dem Hintergrund des Soziokonstruktivismus werfen folgende Fragen auf:
1. Welche Konsequenzen ergeben sich aus den dargestellten Theorien für die Aufbereitung der Fälle als Lernfälle im Rahmen des angeleiteten Lernens?
2. Gibt es so etwas wie eine Denkschulung, die Lerner bei der Fallbearbeitung erfahren sollen? Denkschulung verstehen wir hier als die Entwicklung von Mustern oder Modellen ökologisch valider Möglichkeitsräume von Handlungen, die in allen Ausbildungsphasen dazu beitragen, angemessen über Probleme von Schule und Unterricht zu reflektieren und zu kommunizieren.

Zur Beantwortung dieser beiden Fragen, verweisen wir auf zwei weitere Theoriekomplexe. Zum einen ist es die Cognitive-Load-Theorie, zum anderen sind es Überlegungen aus der logischen Propädeutik von Kamlah & Lorenzen, die mit soziokonstruktivistischen Überlegungen zusammengeführt werden sollen.

Beginnen wir mit der Cognitive-Load-Theorie (vgl. Sweller 2005 und 2006). Diese charakterisiert die Komplexität von Aufgaben anhand von drei Komponenten:
1. Intrinsische Aspekte der Aufgabe sind zur Aufgabenlösung relevante Elemente, auf deren Kenntnis und Verstehen nicht verzichtet werden kann. Die unterschiedlichen Schwierigkeitsgrade bei intrinsischem Cognitive Load lassen sich leicht an zwei Beispielaufgaben erläutern:
   a. Stellen Sie sich vor, heute, der Tag an dem Sie diesen Text lesen, ist Samstag. Welcher Tag ist in drei Tagen?
   b. Stellen Sie sich vor, heute, der Tag an dem Sie diesen Text lesen, ist Samstag. Gehen Sie in Gedanken neun Tage zurück und überlegen Sie, welcher Tag übermorgen ist.

Die Beantwortung der ersten Aufgabe dürfte relativ leicht fallen, weil die Anzahl der zu berücksichtigenden Elemente gering ist. Hingegen ist zu erwarten, dass für die Beantwortung der zweiten Aufgabe deutlich mehr Zeit benötigt wird, weil die Anzahl der zu berücksichtigenden Elemente, also des intrinsischen Cognitive Load, größer ist.

2. Extrinsischer Cognitive Load der Aufgabe beinhaltet zur Aufgabenlösung irrelevante Elemente wie überflüssige Informationen, Wiederholungen, Verweise etc. Hierzu können aber auch ästhetische Elemente gehören oder bei multimedialen Präsentationen Inhalte, die im Sinne der klassischen Rhetorik als Ornatus (Schmuck) bezeichnet werden können. So ist die Verarbeitung der eben genannten Aufgabe z.B. erschwert, wenn sie in folgender ungewöhnlicher Schriftform, Edwardian Script, präsentiert wird. Sie werden zur Lektüre der Aufgabe mehr Zeit benötigen:

a) *Stellen Sie sich vor, heute, der Tag an dem Sie diesen Text lesen, ist Samstag. Welcher Tag ist in drei Tagen?*

b) *Stellen Sie sich vor, heute, der Tag an dem Sie diesen Text lesen, ist Samstag. Gehen Sie in Gedanken neun Tage zurück und überlegen Sie, welcher Tag übermorgen ist.*

3. Lernbezogener Cognitive Load der Aufgabe beinhaltet zur Aufgabenlösung wichtige Elemente, die erforderlich sind, um das Lernmaterial zu verstehen. Diese Elemente sind jedoch nicht in der Aufgabe selbst enthalten. Hier geht es z.B. um Kenntnisse, Methoden, Heuristiken, Werkzeuge, um ein Problem zu lösen. Sie müssen z.B. die deutsche Sprache beherrschen, sich einen Zeitstrahl vorstellen können und diesen gedanklich rückwärts und vorwärts gehen oder, wenn Ihre Vorstellungskraft begrenzt ist, den Zeitstrahl aufzeichnen und am konkreten Objekt die Lösung finden.

Für Instruktionen ergibt sich aus diesen drei Aspekten kognitiver Belastung das Ziel, den extrinsischen Cognitive Load möglichst zu verringern. Denn ein hohes Maß an extrinsischem Cognitive Load führt dazu, dass die lernförderliche, lernbezogene kognitive Belastung nicht aktiviert werden kann. Ein hoher lernbezogener Cognitive Load bei gleichzeitig hohem extrinsischem Cognitive Load ist bei Aufgabenstellungen nur dann akzeptabel, wenn der intrinsische Cognitive Load niedrig und somit die Gesamtbelastung auf einem niedrigen Niveau liegt.
Überträgt man diese Überlegungen auf das fallbasierte Lernen mit authentischen Fällen, dann ergeben sich im Hinblick auf die eingangs gestellte Frage eine Reihe von Konsequenzen für die Aufbereitung von Fällen als Fälle angeleiteten Lernens:

- Authentische Fälle, gerade wenn Sie narrativ präsentiert werden, nicht gekürzt und strukturiert werden, enthalten eine Menge extrinsischer kognitiver Belastung. Da vor allem Novizen, das heißt Lerner mit geringen Vorerfahrungen, mit diesem Werk arbeiten werden, betrachten es die Autoren als ihre Aufgabe, redaktionell in die Fälle einzugreifen, sie zu kürzen, sie teilweise vorzustrukturieren, um den extrinsischen Cognitive Load zu minimieren. Dabei soll die im Soziokonstruktivismus begründete Situiertheit oder Kontextgebundenheit des Lernens nicht aufgegeben werden. In der Sprache der allgemeinen Didaktik erfolgt eine didaktische Reduktion bei Beibehaltung von Situiertheit und Kontextgebundenheit. Gleichzeitig ist es gerade beim fallbasierten Lernen wichtig, dass Lerner Strategien entwickeln, um relevante und irrelevante Elemente innerhalb einer Fallpräsentation zu unterscheiden. Deswegen finden sich nur wenige Fälle, die nur sehr wenige Zeilen lang sind und weitgehend von extrinsischen kognitiven Belastungen entkleidet wurden, denn das Lehrerhandeln in der Realität ist voller extrinsischer kognitiver Belastungen.
- Aus dem vorher Gesagten ergibt sich, dass das Erkennen der Elemente, die die intrinsische Belastung ausmachen, ein wesentlicher Teil des Lernprozesses beim fallbasierten Lernen ist. Die Autoren verfolgen die Strategie, zu Beginn jedes Kapitels des vorliegenden Werkes die Aufmerksamkeit auf die intrinsischen Aufgabenelemente durch konkrete Fragestellungen zu lenken. Diese Lenkung wird innerhalb eines Kapitels immer mehr zurückgenommen. Dies entspricht den Überlegungen des Fading im Cognitive Apprenticeship (vgl. Kiel 1999). Diese Idee hat ihre Ursprünge in den Forschungen Jerome Bruners zum entdeckenden Lernen und entspricht der Überlegung der Cognitve-Load-Theorie, nach der beim Lernprozess eine Entwicklung vom angeleiteten zum nicht angeleiteten Lernen stattfinden soll.

Im Hinblick auf die eingangs gestellte zweite Frage nach den Möglichkeiten einer Denkschulung beim fallbasierten Lernen bietet die Cognitive-Load-Theorie zumindest einen Antworthorizont. Die Entwicklung von Schemata, die möglichst automatisiert werden, erscheint als herausragendes Ziel von Instruktionen und Lehr-Lern-Situationen. Der Weg zu diesem Ziel geht vom angeleiteten zum nicht angeleiteten Lernen. Zunächst gilt es somit, Strukturierungen und Anleitungen zu geben, in diesem Buch vor allem in Form der Fragen und in Form von einführenden und ergänzenden Texten, dann tritt die Strukturierung immer mehr zurück.

Die zu entwickelnden Schemata sind normativ grob vorgegeben durch die von der Kultusministerkonferenz festgelegten Standards der Lehrerbildung. Sie sind, wie eingangs schon bemerkt, vage und bedürfen der Konkretisierung und Ergänzung durch wissenschaftliche Erkenntnisse. Eine solche Ergänzung erfolgt einerseits in den einleitenden Kapiteln zu jeder Lerneinheit. Dort versuchen die Autoren die KMK-Standards auf wissenschaftliche Erkenntnisse zu beziehen, indem sie grundlegende Theorien oder empirische Ergebnisse zu jedem Bereich skizzieren. Zusätzlich finden sich am Ende der einleitenden Kapitel Hinweise zur Denkschulung, die als sogenannte Advance Organizer, also Vorstrukturierungen für die kommenden Aufgaben, fungieren. Diese Advance Organizer sollen kognitive Verarbeitungsrichtungen vorgeben. So heißt es etwa am Ende des Kapitels „Innovieren", es gelte, „den Lehrberuf als öffentliches Amt mit besonderer Verantwortung und Verpflichtung [zu] verstehen" (S. 174). Das heißt, zu findende Lösungsmöglichkeiten in einem Fall müssen die besondere Verantwortung des öffentlichen Amtes mit berücksichtigen. Der Möglichkeitsraum von Handlungen im Kontext des Innovierens erfährt hier Begrenzungen durch das öffentliche Amt.

Auch bei den Aufgaben gibt es Ergänzungen, denn einige Aufgaben werden durch Hintergrundwissen „angereichert". Wenn z.B. im Kapitel „Beraten und Beurteilen" in einer Aufgabe Hochbegabung ein zentrales Problem darstellt, erwarten wir, dass Novizen wenig über Hochbegabung wissen. Aus diesem Grund erfolgt ein ergänzender Text zur Hochbegabung (siehe S. 144), der dann als Hintergrundwissen bezeichnet wird. Diese Ergänzungen, in den Einleitungskapiteln wie bei den Aufgaben, verstehen wir als lernbezogenen Cognitive Load. Es soll vermieden werden, nur auf der Basis von Alltagstheorien zu agieren.

Weitere Antworten auf die eingangs gestellten Fragen nach der Aufbereitung der Fälle und der angestrebten Denkschulung ergeben sich aus einer Grundüberlegung der „logischen Propädeutik", die von Kamlah & Lorenzen (1973) entwickelt wurde. Diese beiden Philosophen der sogenannten Erlanger Schule fragen sich unter anderem, wann das Fragen nach einem Gegenstand oder Sachverhalt ein Ende hat. Fragt jemand etwa: „Was ist eine Oboe?", dann können viele Beschreibungen und Erklärungen gegeben werden, aber es kann immer weiter gefragt werden, mit dem Argument, noch sei nicht verstanden, was eine Oboe ist. Die Fragen etwa nach dem Was und dem Warum scheinen unendlich weitergehen zu können. Das Ende des Fragens ist nach Meinung dieser Autoren erreicht, wenn ich real auf diesen Gegenstand verweise, dem Frager z.B. sagen kann: „Hier ist eine Oboe, nimm sie in die Hand, probier sie aus!" Der Frager muss nun keine sprachlichen Zeichen mehr interpretieren, er hat den Gegenstand real in der Hand oder real vor Augen. Verstehen erscheint hier als eine Differenz von realem Gegenstand und sprachlicher Äußerung. Die sprachlichen Äußerungen sind Interpretationen und werden in der Rezeption wiederum interpretiert. Die Bedeutung dieses Zusammenhangs lässt sich an folgendem Beispiel deutlich machen.

Im Rahmen einer Fortbildung von Seminarleitern hat einer der Autoren dieses Bandes sich vor ca. 60 Seminarleiter gesetzt und ihnen folgendes Szenario vorgegeben: Stellen Sie sich vor, Sie halten Ihren gut vorbereiteten Unterricht und ein

Schüler benimmt sich so, wie ich es jetzt gleich tue. Beschreiben Sie, was ich tue! Nach diesen Ausführungen setzte sich unser Autor mit übereinandergeschlagenen Beinen auf den Stuhl, popelte mit dem rechten Daumen in beiden Nasenlöchern, schnippste imaginäre Popel mit Daumen und Zeigefinger in die Luft oder verspeiste sie gar mit grinsendem Gesicht, gähnte, nahm aber nicht die Hand vor den Mund, und rollte mit den Augen. Danach erfolgte noch einmal die Aufforderung an die Seminarleiter zu beschreiben, was passiert ist. Die Reaktionen waren heftig. „Raus mit dem Kerl!", „Weg mit dem Provokateur!", „Solche Schüler gehören nicht in den Unterricht!", „So ungehörig benimmt sich kein Schüler!" Nur ganz wenige haben beschrieben, was etwa mit Daumen und Zeigefinger wirklich geschah.

Deutlich wird hier das Bedürfnis, sofort auf eine interpretierende, bewertende Ebene zu springen und das reale Phänomen nicht einfach für sich stehen zu lassen.

Wir halten es aufgrund dieser Überlegungen für einen wichtigen Aspekt, sowohl bei der Aufbereitung der Fälle als auch bei der angestrebten Denkschulung zwischen drei Ebenen zu unterscheiden:

1. Identifizieren
   Hier geht es um das Wer, Was, Wie, Wo. Zum Beispiel: Lieschen Müller popelt mit der rechten Hand im linken Nasenloch und schnippt die Popel rechts gegen die Fensterscheibe.

2. Interpretieren
   Hier geht es um das Warum, Wozu. Dies ist einerseits die Ebene der Gründe für etwas, die vor einem Phänomen liegen können. So z.B. bei der Frage: „Warum hat der Schüler in der Nase gepopelt?" – Weil er Atemschwierigkeiten hatte. Das Wozu und das Warum können auch nach finalen Gründen fragen, nach Absichten. „Warum oder wozu hat der Schüler in der Nase gepopelt?" – Um den Lehrer zu provozieren.

3. Bewerten
   Hier geht es um positive oder negative Urteile gemäß einem definierten Bewertungsmaßstab. Zum Beispiel die Bewertung: Lieschen Müller ist ein Flegel, weil sie den Maßstab der „sozialen Norm", höflich zu sein, nicht einhält.

Zusätzlich gilt es in jeder Fallbearbeitung, Möglichkeitsräume, also ein Handeln in Alternativen, zu entwickeln. Fälle sind in diesem Sinne Realitätsausschnitte, bei denen es darum geht, Aspekte zu identifizieren, die es dann zu interpretieren und zu bewerten gilt. Dabei kann man mit einem bestimmten Erkenntnisinteresse an einen Fall herangehen, z.B. wenn jemand im Kontext der Lerneinheit „Erziehen" sich explizit Fälle heraussucht, bei denen es um den Umgang mit Unterrichtsstörungen geht, weil sie oder er wissen möchte, wie man diese Anforderung bewältigen kann. Man kann jedoch auch einen Fall lesen und Auffälligkeiten identifizieren. Diese Auffälligkeiten, die ein Subjekt im Moment des Lesens interessieren, können dann zu einem Erkenntnisinteresse führen. Die Aufgaben zu den Fällen bieten beide Möglichkeiten.

Für die Aufbereitung der Fälle ergibt sich in jeder Lerneinheit aus den Überlegungen zu Kamlah & Lorenzen die Konsequenz, dass die Aufgabenstellung dazu anleiten soll, zwischen diesen drei Ebenen zu unterscheiden. Beim sogenannten Fading wird diese Unterscheidung in der Aufgabenstellung zurückgenommen oder gar weggelassen. Jedoch erwarten wir im Sinne einer Denkschulung die Berücksichtigung dieser Ebenen, auch wenn sie durch die Aufgabenstellung nicht mehr explizit gefordert wird.

Zusammenfassend ergibt sich für den Umgang mit dem Buch Folgendes:

- Jedes der Arbeitskapitel folgt einer festen Struktur: Darstellung der Standards der Kultusministerkonferenz (KMK-Standards), wissenschaftliche Einordnung, Angaben zur Denkschulung; konkrete Bearbeitungsfragen, die manchmal mit Hintergrundwissen und Lösungsvorschlägen ergänzt werden; weniger konkrete Bearbeitungsfragen, am Ende gar keine Bearbeitungsfragen. Diese sollen dann eigenständig entwickelt werden.
- Auf der Basis der Bearbeitungsfragen gilt es, Lösungsmöglichkeiten im Sinne von Möglichkeitsräumen des Handelns zu entwickeln. Zunächst werden die Lösungsmöglichkeiten stark angeleitet, dann weniger angeleitet entwickelt.
- Die Entwicklung der Möglichkeitsräume soll einhergehen mit einer Denkschulung. Diese zeichnet sich durch folgende Aspekte aus: 1. Unterscheidung der drei Ebenen des Identifizierens, Interpretierens und Bewertens, 2. Denken in Alternativen bei den Möglichkeitsräumen, 3. Berücksichtigung fachbezogener Aspekte der Denkschulung, die am Ende der einleitenden Kapitel genannt werden.

2 Fälle zum Kompetenzbereich „Unterrichten"

Einführung in den Kompetenzbereich „Unterrichten"

Fall 1: Kritik an der Unterrichtsplanung
Fall 2: Stationentraining
Fall 3: Unterschiedliche Leistungsniveaus in einer Klasse
Fall 4: Überraschungsmoment im Unterricht
Fall 5: Stundenbeginn mit Organisation – Kunststunde scheitert
Fall 6: Selbstständiges Arbeiten
Fall 7: Schüler wollen Spezialfälle besprechen
Fall 8: Stören des Unterrichts
Fall 9: Unterschiedliche Rechenwege zulassen?
Fall 10: Initiative Schülerfirma

Einführung in den Kompetenzbereich „Unterrichten"

Die Standards der Kultusministerkonferenz beschreiben den Kompetenzbereich „Unterrichten" mit folgenden Kompetenzen:

> *Kompetenzbereich: Unterrichten*
> „Lehrerinnen und Lehrer planen Unterricht fach- und sachgerecht und führen ihn sachlich und fachlich korrekt durch."
> „Lehrerinnen und Lehrer unterstützen durch die Gestaltung von Lernsituationen das Lernen von Schülerinnen und Schülern. Sie motivieren Schülerinnen und Schüler und befähigen sie, Zusammenhänge herzustellen und Gelerntes zu nutzen."
> „Lehrerinnen und Lehrer fördern die Fähigkeiten von Schülerinnen und Schülern zum selbstbestimmten Lernen und Arbeiten."
> (Sekretariat der Ständigen Konferenz der Kultusminister der Länder 2004)

Unterrichten als zentrale Aufgabe von Lehrkräften in den Institutionen Schule und Hochschule kann sich auf verschiedene Traditionen beziehen. Eine gängige Vorstellung von Unterricht sind Situationen, in denen mit pädagogischer Absicht und in organisierter Weise innerhalb eines bestimmten institutionellen Rahmens von professionell tätigen Lehrenden Lernprozesse initiiert, gefördert und erleichtert werden (Reinmann & Mandl 2006, S. 615). Im Folgenden werden unterschiedliche Theoriebezüge und Befunde überblicksartig dargestellt.

Unterricht
Kiel (2008b, S. 773) zufolge „bezeichnet Unterricht die an einen institutionellen Rahmen gebundenen interdependenten Beziehungen zwischen

- Unterrichtsgegenstand (‚Stoff', ‚content');
- geplanten rational gesteuerten Tätigkeiten des Lernens und Lehrens, die von Lehrpersonen, den Lernern, computergestützten Lernplattformen oder anderen vorstrukturierten Materialien vorausplanend und prozessbegleitend gegliedert werden
- und außerplanmäßigen, bisweilen intuitiven Prozessen des Lehrens und Lernens."

Institutionell wird Unterricht vor allem in Schulen und Hochschulen sowie in der inner- und außerbetrieblichen Aus-, Fort- und Weiterbildung organisiert. Unterricht ist jedoch auch durch außerplanmäßige und intuitive Prozesse gekennzeichnet (vgl. Klingberg 1995, S. 77-94; Glöckel 1990, S. 315), einerseits in eher spontanen Prozessen der Kompetenzentwicklung mit Hilfe erfahrener Personen, andererseits in all den Situationen, in denen Lernende sich anders verhalten als erwartet. So zum Beispiel, wenn sie erwartete Voraussetzungen nicht mitbringen, zusätzliche Fragen haben, Zusammenhänge herstellen oder aufgrund eigener Zugänge Diskrepanzen zwischen dem Input durch den Lehrenden oder dessen Materialien und ihrer bisherigen Konstruktion von Wirklichkeit erkennen. Unterrichtscharakter haben auch Formen der Unterweisung außerhalb der üblichen Institutionen, z.B. wenn im Training „on the job" ein Termin vereinbart wird, in dem ein erfahrener Kollege oder Vorgesetzter grundlegende Zusammenhänge oder spezifische Abläufe erklärt bzw. anleitet.

Unterricht zwischen Instruktion und Konstruktion
Zwei Extrempositionen über Lernprozesse im Kontext von Unterricht, die technologische und die konstruktivistische Auffassung von Lernen, lassen sich mit Reinmann und Mandl (2006) wie folgt charakterisieren:

1. Technologische Auffassung von Lernen
In instruktionsorientierten Lernumgebungen übernimmt der Lehrende die aktive, der Lernende eine eher passive Rolle. Es wird systematisch-schrittweise vorgegangen, „Frontalunterricht, strenge Fächergrenzen und strikte Lernerfolgskontrollen sind typische Merkmale eines gegenstandszentrierten Unterrichts" (Reinmann & Mandl 2006, S. 618). Lernen wird als ein Prozess der Informationsverarbeitung betrachtet, der sich eindeutig beschreiben und erfolgreich steuern lässt. Im Instructional Design (Reigeluth & Stein 1983; Lowyck 1991; Lowyck & Elen 1991) wurde versucht, Unterrichtstechnologie auf der Basis empirischer Forschung zu entwickeln. Es bildet für viele E-Learning-Projekte eine wichtige Basis.
Das konventionelle Lernumfeld in Schule, Universität und kognitiv orientierter Fortbildung ist meist geprägt durch
• eine Anhäufung von anwendungsfernem Wissen
• späte oder keine Rückmeldung über den Lernerfolg
• mangelnden konkreten Bezug zum Anwendungsfeld
• Motivationsprobleme der Lernenden

Die traditionelle Auffassung von Lernen als Wissenstransfer von einer Lehrperson zu einem Lernenden steht einer konstruktivistischen Auffassung von Lernen gegenüber.

2. Konstruktivistische Auffassung von Lernen
Viele Lernprozesse im Alltag erfolgen vom Lernenden selbstgesteuert, teilweise unbewusst. Im Kontext von Schule werden traditionelle Auffassungen von Lernen und Ideen eines selbstgesteuerten Lernens seit der Reformpädagogik intensiv dis-

kutiert (selbst antike Formen von Unterricht wie das sokratische Gespräch gehen von der Eigentätigkeit des Lernenden aus). Verschiedene Formen offenen Unterrichts, u.a. Stationenlernen, Wochenplanarbeit, Projektarbeit und freie Arbeit sowie die Öffnung des Unterrichts hinsichtlich der Lernorte und Lehrpersonen, stehen einer Auffassung von Unterrichtsgestaltung gegenüber, in der Inhalte von der Lehrkraft präsentiert, Lernprozesse von ihr organisiert sowie strukturiert und Schüler durch sie motiviert werden.

Der konstruktivistischen Auffassung von Lernen zufolge ist Lernen ein aktiver Prozess, in dem der Lernende eigene Vorstellungen und kognitive Strukturen aufbaut. Während eine radikale konstruktivistische Position zwar erkenntnistheoretisch und philosophisch interessant ist, konkrete Folgerung für den Unterricht aber kaum ermöglicht, versucht die sogenannte neue konstruktivistische Auffassung von Lernen der Bedeutung der Aktivität des Lernenden Rechnung zu tragen, gleichzeitig aber den Kontext von Unterricht in Institutionen und die Vorteile von Einheiten, in denen Informationen strukturiert dargeboten werden, zu integrieren. Umkehrt wurde in einigen Publikationen über Instructional Design die konstruktivistische Position des Lernens berücksichtigt (z.B. Merill 1992; Seel & Dijkstra 1997).

3. Vermittelnde Position zwischen Instruktion und Konstruktion

Eine vermittelnde Position zwischen konstruktivistischer und technologischer Auffassung von Lernen und Unterricht betrachtet Lernen als individuelle Konstruktion von Bedeutungen, als aktiven, selbstgesteuerten, konstruktiven, emotionalen, situativen und sozialen Prozess (Reinmann & Mandl 2006, S. 638). Für die individuelle Konstruktion von Bedeutungen müsse jedoch eine Wissensbasis zur Verfügung stehen. Zum Aufbau dieser Wissensbasis könne nicht auf instruktionale Anleitung und Unterstützung verzichtet werden (vgl. Resnick, Williams & Hall 1998; Reinmann & Mandl 2006). Diese vermittelnde Position hat Konsequenzen für die Organisation und Gestaltung von Unterricht. Hohe Schüleraktivität und Spielraum für selbstgesteuertes Lernen bedürfen organisatorisch, inhaltlich und hinsichtlich des verwendeten Lehr-/Lernmaterials entsprechender Ressourcen. Instruktionsanteile und Elemente eigenständiger Auseinandersetzung mit Inhalten sollten sich sinnvoll ergänzen.

In den KMK-Standards für die Lehrerbildung (Sekretariat der Ständigen Konferenz der Kultusminister der Länder 2004) finden sich Elemente beider Auffassungen von Lernen wieder: In allen drei Kompetenzen des Bereichs „Unterrichten" wird die Rolle der Lehrkraft in der Planung und Organisation von Lernprozessen betont, in den letzten beiden Kompetenzen wird auch Schülern eine aktive Rolle zugedacht.

Unterrichtsplanung und Gestaltung – Geisteswissenschaftliche Tradition
In der geisteswissenschaftlich orientierten Pädagogik findet sich eine lange Tradition der Auseinandersetzung mit Bildung und Erziehung, insbesondere im schulischen Rahmen. Geisteswissenschaftliche Pädagogik entwirft, kommentiert und kritisiert Bildung und Erziehung, bezieht sich auf Lernprozesse und deren Gestaltung und auf Reform von Schule (z.b. Reformpädagogik und Konzeption von alternativen Schulen). Die geisteswissenschaftliche Tradition thematisiert hinsichtlich Unterrichtsplanung und -qualität unter anderem:

• Unterrichtsprinzipien (Grundsätze des Unterrichtens), die möglichst allgemeine Gültigkeit haben, sollen im Spannungsverhältnis stehen (z.b. Strukturierung und Schülerorientierung);
• Artikulationsmodelle, die fachübergreifend, z.b. Ariva-Modell (vgl. Kiel 2008a), oder fachspezifisch eingesetzt werden;
• Modelle der Unterrichtsplanung, die Lehrkräften (aber auch Lehrplankommissionen) eine Hilfe bei der Auswahl von Themen, der didaktischen Reduktion, der konkreten Planung von Zielen, Artikulationsschritten und Lernzielkontrollen bieten (z.b. Klafki 1996; Heimann, Otto & Schulz 1965);
• Unterrichtbeobachtung und -analyse als Weg zur Verbesserung des Unterrichtshandelns (vgl. Kiel 2008b); diese kann sowohl hermeneutisch zur Theoriegewinnung erfolgen als auch als Studie orientiert an empirischen Gütekriterien einzelne Fragestellungen qualitativ und/oder quantitativ untersuchen.

Empirische Zugänge zum Unterricht – Befunde über Unterrichtsqualität
Empirische Befunde geben weitere Hinweise für die Unterrichtsgestaltung. Internationale Vergleichstests, z.B. TIMSS (Baumert, Bos & Waterman 2000; Bos 2008) und PISA (Baumert 2002; Baumert et al. 2002) haben eine Diskussion über Unterrichtsqualität ausgelöst. Besonders enttäuschend waren ausgeprägte Zusammenhänge zwischen sozialer Herkunft und Schulerfolg. In diesem Zusammenhang misst sich Unterrichtsqualität (die durch Handlungen der beteiligten Personen und Rahmenbedingungen wie z.B. Ressourcen und Implementierung von Fördermaßnahmen beeinflusst ist) daran, inwieweit Schülerinnen und Schüler mit besonderen Benachteiligungen oder schwierigen Rahmenbedingungen gefördert werden. Dies gilt in gleicher Weise für besonders begabte Schülerinnen und Schüler. Während PISA das Ergebnis (den Output) von Unterricht und Schulsystem betrachtet, aber keine direkten Rückschlüsse auf den Prozess zulässt, beanspruchen Studien über die Unterrichtsgestaltung, mögliche Ursachen aufzudecken. Die Unterrichtsanalysen der TIMSS-Videostudie über Mathematikunterricht in Deutschland, Japan und den USA waren Anlass zur Kritik an gängiger deutscher Unterrichtspraxis mit hohen Anteilen fragend-entwickelnden Unterrichts (Stigler & Hiebert 1997).

Befunde über Unterrichtsqualität verweisen auf die zentrale Bedeutung der Lehrkraft (vgl. Lipowski 2006), die – auch im offenen Unterricht – Lernprozesse organisiert und begleitet, Schülerinnen und Schüler beim Kompetenzerwerb unterstützt und unterschiedliche Lernvoraussetzungen adäquat berücksichtigt. Studien über Lernerfolge in verschiedenen Klassen (Helmke 2003; Kammermeyer & Martschinke 2003) verweisen auf die Bedeutung einer Unterrichtsatmosphäre, die Fragen zulässt und eigenständiges Denken und Problemlösen fördert. Klarheit und Nachvollziehbarkeit bilden wichtige Merkmale guten Unterrichts (Helmke 2003).

In der Unterrichtsforschung wird dezidiert nach empirisch begründbaren Fähigkeiten des Lehrers gesucht (vgl. Weinert, Schrader & Helmke 1990; Helmke 2003). Dies sind:

- *fachliche Kompetenz* als die Beherrschung der zu vermittelnden Inhalte und ihrer didaktischen Strukturierbarkeit,
- *diagnostische Kompetenz* als die Fähigkeit, Leistungsstand und emotionale Befindlichkeit der Schüler einschätzen zu können,
- *didaktische Kompetenz* als die Fähigkeit, je nach Fach, Ziel und Voraussetzungen der Schüler unterschiedliche Unterrichtsformen und -methoden einsetzen zu können,
- *Klassenführungskompetenz* als die Fähigkeit, den zeitlichen und motivationalen Rahmen für Lehr-Lern-Prozesse zur Verfügung zu stellen.[1]

In der COAKTIV-Studie können Unterschiede im Unterricht und in den Lernergebnissen der Schüler durch Unterschiede in der Lehrerkompetenz vorhergesagt werden (Baumert, Blum, & Neubrand 2004; Kunter et al. 2008). Insofern sind neben persönlichen Voraussetzungen der Lehrkräfte die Qualität von Studium, Referendariat und Weiterbildung mögliche Einflussgrößen.

Auf der Basis der COAKTIV-Studie (Baumert & Kunter 2006; Brunner et al. 2006) wird derzeit die Bedeutung des Fachwissens der jeweiligen Lehrkraft für die Unterrichtsqualität betont. Nicht von den Autoren selbst, aber in der öffentlichen Wahrnehmung wird der für den Mathematikunterricht untersuchte Zusammenhang oft so interpretiert, dass andere Wissensbestände von geringerer Relevanz seien. Krauss (2007), einer der Mitarbeiter der Studie, differenziert wie folgt: „Die so spezifizierten Ergebnisse verstärken insgesamt den Eindruck, dass eine solide fachmathematische Wissensbasis eine unabdingbare Grundlage für professionelles Wissen von Lehrerinnen und Lehrern ist [...]. Keineswegs aber ist dieses Wissen ausreichend für das Unterrichten selbst. Hierzu sind noch weitere Wissensbestän-

---

1 Helmke (2003) fasst die Motivierungsqualität als eigenen Aspekt von Lehrerexpertise und grenzt sie damit von der Klassenführungskompetenz ab.

de notwendig (z.B. pädagogisches Wissen), die über die in diesem Beitrag vorgestellten beiden Wissenskategorien hinausgehen (siehe z.b. Baumert & Kunter 2006)" (Krauss 2007, S. 4).

Ergebnisse der Schulentwicklungsforschung verweisen auf die Bedeutung institutioneller Kompetenz (der Fähigkeit, mit Kollegen zu kooperieren und die Handlungseinheit Schule weiterzuentwickeln; vgl. z.b. Bauer 2004; Herrmann & Hertramph 1997; Buhren & Rolff 2002).

Ditton (2000) verweist auf der Basis empirischer Studien auf die Bedeutung von Bedingungen (strukturell, materiell, finanziell und personell), Intentionen (Bildungsziele/Lehrpläne, Leistungen, Einstellungen, Haltungen), Qualität der einzelnen Bildungseinrichtung (Kultur und Ethos, Management, Koordination und Kooperation, Personalentwicklung und Politik) und die Qualität der Lehr- und Lernsituation.

Insofern wäre eine Attribuierung der Qualität von Lernprozessen und in der Folge der Kompetenz von Schülern (Output und Outcome) allein auf die Kompetenz und das Verhalten der Lehrkraft verfehlt.

Dimensionen, die Unterrichtsqualität beeinflussen

Ob die Bereitschaft der Schülerinnen und Schüler zum Lernen aktiviert und genutzt werden kann, hängt Helmke zufolge von einem Faktorenbündel ab, wie

- der Lehrerpersönlichkeit (Expertise in Fachwissenschaft, Fachdidaktik, Klassenführung, Diagnostik, Werte und Ziele, subjektive Theorien, Bereitschaft zur Selbstreflexion und Selbstverbesserung, Selbstwirksamkeit)
- der Qualität des Unterrichts (Passung, Adaptivität, Klarheit, Methodenvariation, Individualisierung, Motivierung, Effizienz der Klassenführung)
- quantitativen Merkmalen (aktive Lernzeit im Unterricht, außerschulische Lernaktivitäten)
- der Qualität des eingesetzten Materials
- dem Klassenkontext (historischer und kultureller Kontext; regionaler, kommunaler und schulischer Kontext; Zusammensetzung und Eingangsvoraussetzungen der Schüler; Alters- und Fachspezifik); individuelle Eingangsvoraussetzungen (Intelligenz, Vorkenntnisniveau, Lernstrategien, Fähigkeitsselbstkonzept, Leistungsangst, Lernmotivation und -emotion) (vgl. Helmke 2003, 42f.)

Brophy (2002) kennzeichnet forschungsgestützt Kriterien für guten Unterricht, deren Anwendung oder Fehlen entscheidenden Einfluss auf den Lernerfolg der Schüler haben:

1. Ein unterstützendes Klassenklima (Schüler lernen am besten in intakten und rücksichtsvollen Lerngemeinschaften).

2. Gelegenheit zu lernen (Schüler lernen mehr, wenn der überwiegende Teil der Unterrichtzeit für lehrplanbezogene Aktivitäten verwendet wird und wenn die Klassenführung betont, dass Schüler sich auf lehrplanbezogene Aktivitäten konzentrieren sollen).

3. Ausrichtung des Lehrplans (Alle Bestandteile des Lehrplans sind auf ein stimmiges Gesamtkonzept hin ausgerichtet, mit dem die Unterrichtsziele und -zwecke erreicht werden können).

4. Die Herstellung von Lernorientierungen (Lehrer können Schüler auf das Lernen vorbereiten, indem sie vorab eine Ausgangsposition bieten, die erklärt, welche Ergebnisse erreicht und welche Lernstrategien angewendet werden sollen).

5. Stimmige und zusammenhängende Unterrichtsinhalte (Um sinnvolles Lernen und Behalten zu ermöglichen, werden die Inhalte klar erklärt. Dabei wird besonders eingegangen auf ihre Struktur und ihren inneren Zusammenhang).

6. Sinnhafte Unterrichtsgespräche (Fragen sind so angelegt, dass sie bei Schülern eine längere, strukturierte themenbezogene Beschäftigung/Auseinandersetzung auslösen).

7. Schaffung von Übungs- und Anwendungsmöglichkeiten (Schüler brauchen genügend Möglichkeiten, um das, was sie gelernt haben, zu üben und anzuwenden, und um ihre Leistung nach einer Rückmeldung zu verbessern).

8. Das Interesse der Schüler an Aufgaben unterstützen (Lehrer geben Schülern alle notwendige Hilfe und Unterstützung für eine produktive Beteiligung am Lernen in der Schule).

9. Die Vermittlung von Lernstrategien (Lehrer zeigen und vermitteln den Schülern Lern- und Arbeitsstrategien).

10. Kooperatives Lernen (Schüler profitieren oft vom Arbeiten zu zweit oder in kleinen Gruppen, um Verständigung aufzubauen oder sich gegenseitig zu Fähigkeiten zu verhelfen).

11. Lernzielorientierte Leistungsbewertung (Lehrer nutzen eine Vielfalt formeller und informeller Beurteilungsverfahren, um zu überprüfen, ob die Schüler die Lernziele erreichen).

12. Formulierung von Lernerwartungen (Lehrer formulieren angemessene Erwartungen an Lernergebnisse und verfolgen auch, ob diese Lernergebnisse erreicht werden).

Die folgenden herausfordernden Situationen (Fälle) zum Kompetenzbereich „Unterrichten" sind unter anderem gekennzeichnet durch Probleme bei der Unterrichtsplanung (Fall 1); eine Diskrepanz zwischen geplantem Unterricht und tatsächlichem Verlauf (Fall 2); einer herausfordernden Heterogenität der Schülerschaft (Fall 3); einer Situation, die durch flexiblen Umgang mit dem Unerwarteten positiv verläuft und Schülern zusätzliche Lerngelegenheit bietet (Fall 4); Schwierigkeiten, die Schüler zu motivieren und Organisatorisches ökonomisch zu handhaben (Fall 5); ein Beispiel selbstständig arbeitender Schüler, das die Frage nach Rahmenbedingungen hierfür aufwirft (Fall 6); unterschiedliche Lehrererwartungen und die Frage nach der fachlichen Kompetenz (Fall 7). In Fall 8 treffen interessierte und störende Schüler aufeinander; Fall 9 ist durch einen Konflikt über Rechenverfahren zwischen Eltern und Lehrkraft gekennzeichnet. Fall 10 zeigt eine gelungene Eigeninitiative von Schülern.

Ziele der Denkschulung (vgl. S. 27ff.) im Kontext „Unterrichten" sind:
- Heterogenität als Chance der Unterrichtsgestaltung sehen (vgl. Fall 3)
- Classroom-Management als Teil der Unterrichtsgestaltung verstehen und anwenden (vgl. Fall 5)
- Eigene Ressourcen und Motivationen in herausfordernden Situationen identifizieren und zur Fortentwicklung nutzen (z.B. angesichts einer wechselseitigen Demotivation bei Lehrer und Schülern; vgl. Fälle 5 und 7)
- Unerwartete Unterrichtssituationen als notwendig für den Unterrichtsprozess begreifen und fruchtbar machen (vgl. Fall 4)
- Selbststeuerungsfähigkeiten von Schülern stärken und Bedingungen für deren Eigeninitiative herstellen lernen (vgl. Fälle 6 und 10)
- Als Lehrer eine Position im Umgang mit eigenen Wissenslücken finden sowie Möglichkeiten entwickeln, dass Schüler in Gebieten, in denen Sie als Lehrer kein Experte sind, Antworten auf ihre Fragen erhalten (vgl. Fall 7)
- Konflikte konstruktiv bearbeiten (vgl. Fall 9)

Fall 1: Kritik an der Unterrichtsplanung

> Ein Referendar wird im Deutschunterricht von seinem Betreuungslehrer visitiert. Diesem fällt auf, dass die Schüler im Unterricht wenig mitarbeiten und der Inhalt des behandelten Textes nur sehr oberflächlich herausgearbeitet wird. In einem Gespräch nach dem Unterricht weist der Betreuungslehrer den Referendar darauf hin, dass mangelnde Schüleraktivität auch in der Unterrichtsplanung begründet sein kann.

1 Falldarstellung

Ein Referendar unterrichtet Deutsch in einer 5. Klasse. Von Zeit zu Zeit besucht ihn sein Betreuungslehrer, um seinen Unterricht zu beobachten und ihm anschließend Tipps zu geben. In einer Lesestunde mit dem Thema „Lesen und Verstehen einer Geschichte" behandelt der Referendar eine Geschichte über zwei Personen, die ständig miteinander konkurrieren. Der Schwächere gleicht die Stärke des anderen mit Witz und Intelligenz aus. Ziel der Stunde ist es, die Lesefertigkeit zu fördern und den vorgelegten Text hinsichtlich der Kernaussagen zu bewerten.

Dem Betreuungslehrer fällt auf, dass der Unterricht des Referendars nicht die gesamte Klasse anspricht, es melden sich immer dieselben Schüler. Einige Schüler fangen während der Stunde an zu schwätzen. Am Ende der Sitzung sollen sich die Schüler zu den Kernaussagen des Textes äußern, was allerdings nur sehr oberflächlich geschieht.

In einem Gespräch nach der Sitzung weist der Betreuungslehrer den Referendar auf die mangelnde Schülermitarbeit hin. Der Referendar bestätigt diese Beobachtung, gibt an, dass er selbst mit dem Stundenverlauf nicht zufrieden gewesen sei, und fragt seinen Mentor, wie man eine höhere Schüleraktivität erreichen könne. Der Betreuungslehrer weist darauf hin, dass man Schüler auch durch eine entsprechende Unterrichtsplanung besser motivieren könnte. Anhand des Unterrichtsverlaufsmodells des Referendars überlegen die beiden, wo Ansatzpunkte für eine vermehrte Schülermitarbeit gegeben sein könnten.

Modell des Referendars zum Unterrichtsverlauf „Lesen und Verstehen einer Geschichte"

Methode	Verlauf	Medien
I. Hinführung		
Impuls	Schüler erzählen, was auf den Bildern passiert, und vermuten, wie die Geschichte weiter verläuft	Bildgeschichte (repräsentiert Beginn des Textes) auf Folie
II. Erarbeitung		
stilles Lesen der Geschichte		ausgeteilte Lesetexte
Erschließen des Inhalts	Lehrer fragt, Schüler antworten und ergänzen Wortkarten	Tafelbild
III. Vertiefung		
Wertendes Überdenken	Meinungsäußerungen der Schüler über den Text, Zusammenfassung	Tafelbild

2 Fallbearbeitung

▸ **Identifizieren**
Mit welcher Schwierigkeit wird der Referendar konfrontiert?

▸ **Interpretieren**
Was sind mögliche Gründe für das Verhalten der Schüler?

▸ **Bewerten**
Wie bewerten Sie die vorliegende Unterrichtsplanung der Lehrkraft?

▸ **Handlungs- und Möglichkeitsräume**
Welche Möglichkeiten hat die Lehrkraft, die Mitarbeit zu verbessern? Beziehen Sie sich dabei konkret auf die Unterrichtsplanung. Lesen Sie die Informationen im Abschnitt „Hintergrundwissen" zum ARIVA-Schema (S. 46f.). Wie könnte die Lehrkraft die bestehende Unterrichtsplanung nach diesem Artikulationsschema sinnvoll erweitern?

Ist die Planung einer Lesestunde nach diesem Schema aus Ihrer Sicht sinnvoll?

Kennen Sie alternative Formen der Unterrichtsstrukturierung? Hinweise finden Sie in der angegebenen Literatur.

📖 **Literaturvorschlag**
Gonschorek, G. & Schneider, S. (2005): Einführung in die Schulpädagogik und die Unterrichtsplanung. Donauwörth. (Informationen zu Artikulationsschemata: S. 186-194)

3 Hintergrundwissen

Das ARIVA-Schema zur Strukturierung von Unterricht

Artikulationsschemata dienen der Unterstützung bei der Strukturierung des Unterrichts im Rahmen der Unterrichtsplanung. Mit dem ARIVA-Schema liegt ein einfach zu handhabendes Modell vor, das an der ETH Zürich entwickelt wurde. Das Modell ist in folgende fünf Phasen unterteilt: Ausrichten, Reaktivieren, Informieren, Verarbeiten, Auswerten (ARIVA).

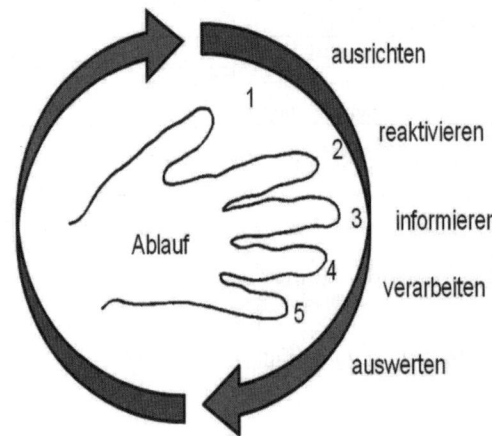

Nach: Frey (1990)

Ausrichten

Mit dem Ausrichten verfolgt man das Ziel, die Schüler auf den Unterricht einzustimmen und Interesse am Unterrichtsthema zu wecken. Eine „klassische" Variante des – in diesem Fall kognitiven – Ausrichtens ist der sogenannte informierende Unterrichtseinstieg, in dem die Lehrkraft einen Überblick über die kommende Stunde gibt und kurz über Thema, Lernziele und Arbeitsschritte aufklärt. Eine weitere Möglichkeit des kognitiven Ausrichtens kann in Form eines „stummen Impulses" erfolgen, bei dem man die Schüler ohne weitere Angaben mit einem nonverbalen Impuls (z.B. einem Gegenstand, einem Bild, einem Experiment) konfrontiert und möglichst frei assoziieren lässt. Eine eher affektive Variante des Unterrichtseinstiegs ist es z.B., die Schüler mit einem Widerspruch oder einer Provokation zu irritieren und damit eine Reaktion der Schüler herauszufordern. Genauso ist es aber im Sinne des Ausrichtens auch denkbar, je nach der konkreten Situation – z.B. nach einer vorangegangenen Klassenarbeit, nach dem Wochenende oder nach einer vorangegangenen Konfliktsituation – auf die Umsetzung der Unterrichtsplanung vorerst zu verzichten und die Schüler erzählen und diskutieren zu lassen, um sie emotional auf den Unterricht vorzubereiten.

Reaktivieren

Hier geht es um das Reaktivieren des bei den Schülern bereits vorhandenen Wissens. Auf diesem Weg werden vorhandene kognitive Strukturen aktiviert und es wird die Voraussetzung dafür geschaffen, altes und neues Wissen verknüpfen zu können. Mögliche Elemente zum Reaktivieren sind z.b. Brainstorming, Quiz, Test oder auch das Besprechen von Hausaufgaben.

Informieren

Hier geht es primär um die Vermittlung neuer Inhalte. Diese Phase kann aus Schülersicht sowohl eine eher aktive als auch eine eher passive Rolle verlangen. So können sich Schüler z.b. im Rahmen einer Aufgabe selbstständig informieren, indem sie relevante Informationen recherchieren. Andererseits können die Schüler auch informiert werden, z.b. mittels eines Lehrervortrags oder eines Referats durch einen Mitschüler, mittels Medieneinsatz (Schulbuch, Film, Präsentation) oder auch auf Exkursionen.

Verarbeiten

Diese Phase bezeichnet das aktive Auseinandersetzen mit neuen Inhalten, in der Regel mit Hilfe von Aufgaben. Als Aufgaben bezeichnet man in diesem Zusammenhang Anforderungen, die komplexerer Natur sind und sich nicht spontan beantworten lassen. Das Verarbeiten beinhaltet das Finden von Lösungen, die Vernetzung und den Transfer von Wissen genauso wie das Entwickeln von mentalen Modellen.

Auswerten

Hier geht es zum einen um die Reflexion des Lernprozesses („Was haben wir auf welche Weise gelernt, was hat uns gefallen bzw. nicht gefallen?"), zum anderen aber auch um die Überprüfung des Erreichens von Lernzielen bzw. die Leistungsfeststellung durch die Lehrkraft.

Das ARIVA-Schema stellt kein starres Modell der Unterrichtsplanung dar, die einzelnen Phasen können auch mehrfach durchlaufen werden. So ist es z.b. denkbar, mehrere Phasen des Informierens mit Phasen des Verarbeitens zu kombinieren, während des Unterrichts nochmals Vorwissen zu aktivieren oder die Klasse im Unterrichtsverlauf erneut auszurichten.

Quelle

Kiel, E. (2008a): Strukturierung. In: Kiel, E. (Hrsg.): Unterricht sehen, analysieren und gestalten. Bad Heilbrunn, S. 21-35.

4 Lösungsvorschläge

▶ **Identifizieren**
Mit welcher Schwierigkeit wird der Referendar konfrontiert?
- Wenig Mitarbeit
- Schwätzen, Unterrichtsstörung
- Oberflächliches Herausarbeiten der Kernaussagen
- Kritik des Mentors

▶ **Interpretieren**
Was sind aus Ihrer Sicht mögliche Gründe für das Verhalten der Schüler?
- Langeweile, mangelnde Aktivierung/Motivation etc.

▶ **Bewerten**
Wie bewerten Sie die vorliegende Unterrichtsplanung der Lehrkraft?
- „In einer Lesestunde muss gelesen werden."
- Fehlende Schüleraktivität > z.B. Geschichte nachspielen
- Vorlesen fehlt, Schüler lesen nur still
- Es fehlt eine Verarbeitungsphase (z.B. gegenseitiges Vorlesen von Textstellen)
- Insgesamt mangelnde Differenzierung, auch in der Unterrichtstruktur, keine Arbeitsanweisungen (z.B. Unterstreichen) an Schüler: z.B. Gruppenarbeit (wörtliche Rede im Text anstreichen und mit verteilten Rollen lesen lassen)

▶ **Handlungs- und Möglichkeitsräume**
Welche Möglichkeiten hat die Lehrkraft, die Mitarbeit zu verbessern? Beziehen Sie sich dabei konkret auf die Unterrichtsplanung.
Das zentrale Problem im Fall stellt die mangelnde Schüleraktivierung dar, entsprechend sind Ansatzpunkte überwiegend im Bereich „Verarbeiten" zu suchen. Zu beachten ist, dass die Phasen nicht chronologisch aufeinanderfolgen müssen und ggf. eine Phase auch mehrmals durchlaufen werden kann, z.B. kann die hier beschriebene Phase „Reaktivieren" am Anfang oder am Schluss des Unterrichts stehen.
- *Ausrichten*: ist im beschriebenen Fall mit dem Impuls „Bildergeschichte" umgesetzt. Ein Impuls mittels einer Bildergeschichte bietet z.B. Anknüpfungspunkte für Schüleräußerungen.
- *Reaktivieren*: Schüler beziehen Kernaussagen der Geschichte auf ihre eigenen Stärken und Schwächen, auf Konkurrenzsituationen, auf ihre Lebenswelt usw.
- *Informieren*: z.B. Textstellen von den Schülern markieren, vorlesen und Zeilenangaben machen lassen (sich selbstständig informieren)
- *Verarbeiten*: differenzierende Arbeitsaufträge, z.B. wörtliche Rede markieren und mit verteilten Rollen lesen lassen, Schüler erzählen sich gegenseitig im Partnergespräch ihre Lieblingsstellen

• *Auswertung*: z.B. Reflexion des Lernprozesses mit der Klasse: „Was habt ihr gelernt? Hat sich die Stunde gelohnt?"

Ist die Planung einer Lesestunde nach diesem Schema aus Ihrer Sicht sinnvoll?
Mit dem Ziel der grundlegenden Strukturierung, ja – solange eine Strukturierung nach einem Schema nicht zu „schematischem Unterricht" verkommt. Die Phasen können und sollten flexibel gehandhabt werden (z.B. um auf Ereignisse im Unterricht reagieren zu können), zudem können einzelne Phasen mehrfach durchlaufen werden. Zusätzlich erlaubt ein solches Schema eine tiefergehende Diagnostik bei Unterrichtsstörungen und kann so auch in der Nachreflexion angewendet werden: Was lief schief? Woran kann das gelegen haben? Habe ich vielleicht nicht hinreichend zum Thema hingeführt oder das Auswerten vergessen?

Kennen Sie alternative Formen der Unterrichtsstrukturierung?
Beispiele:
Roth, H. (1963): Pädagogische Psychologie des Lehrens und Lernens. Hannover.
Herbart, J. F. (1964): Pädagogische Schriften, Band II. Düsseldorf.
Dewey, J. (1951): Wie wir denken. Zürich.

Fall 2: Stationentraining

Eine Lehramtsanwärterin führt im Heimat- und Sachunterricht einen „Sinnesparcours" durch. Sie stellt Gruppen zusammen. Auf ein akustisches Signal hin soll jede Gruppe zur nächsten Station wechseln. Bei der Durchführung des Parcours läuft nicht alles reibungslos.

1 Falldarstellung

Ich habe vor kurzem ein Stationentraining in einer 3. Klasse im Heimat- und Sachunterricht durchgeführt. Ich hatte einen Sinnesparcours vorbereitet, da es um das Thema „Die menschlichen Sinne" ging. Während ich die Stationen erklärte, gab es schon Getuschel, wer mit wem in der Gruppe sein wollte. Ich sagte aber, dass hier wie beim Sport ausgezählt werde, und teilte die Kinder in feste Gruppen ein. Die Stationen waren im Klassenraum verteilt. Ich selbst blieb an der Station „Schmecken", damit ich den Kindern das zu diesem Zweck vorbereitete Essen geben konnte. Jede Gruppe wurde einer Station zugeteilt und erhielt Laufzettel. Ich wusste, dass die erste Station länger dauern würde, da die Schüler viel probieren mussten. Ein akustisches Signal sollte den Stationenwechsel signalisieren.

Das Problem war, dass das Arbeitspensum an den Stationen unterschiedlich war und manche Kinder nicht wussten, was sie noch machen sollten, nachdem sie fertig waren. Darüber haben sie sich beschwert. Außerdem arbeiteten die Kinder in den Gruppen unterschiedlich schnell. Einige wechselten einfach an die nächste Station, wenn sie meinten, mit einer Station fertig zu sein. So kamen immerzu einzelne Schüler und nicht die ganze Gruppe zu mir, wie es eigentlich ausgemacht war. Manche versuchten, Zeit zu sparen, indem sie nicht selbst die Experimente ausprobierten, sondern sich die Ergebnisse einfach von anderen mitteilen ließen, um sie auf ihrem Laufzettel „abhaken" zu können.

2 Fallbearbeitung

▸ **Identifizieren**
Mit welchen Schwierigkeiten ist die Lehrkraft konfrontiert?

Haben Sie selbst in Ihrer Schulzeit Erfahrungen mit offenen oder handlungsorientierten Unterrichtsformen gemacht? Tauschen Sie Ihre Erfahrungen bezüglich Ihres eigenen Lernprozesses, Ihrer subjektiven Zufriedenheit und Ihres Lernerfolgs in Bezug auf solche Unterrichtsformen aus.

▶ **Interpretieren**

Was sind aus Ihrer Sicht mögliche Gründe für das Verhalten der Schüler?

▶ **Bewerten**

Wie bewerten Sie die Unterrichtsgestaltung der Lehrkraft? Was hätte aus Ihrer Sicht bei der Unterrichtsplanung beachtet werden müssen? Beachten Sie auch die Hinweise im Abschnitt „Hintergrundwissen" (S. 53) bezüglich der Bedingungen für ein gelingendes Stationenlernen.

Würden Sie in der beschriebenen Situation Frontalunterricht bevorzugen?

▶ **Handlungs- und Möglichkeitsräume**

Wie könnte offener bzw. handlungsorientierter Unterricht in dieser Situation alternativ gestaltet werden? Sammeln Sie verschiedene Möglichkeiten der Unterrichtsgestaltung und diskutieren Sie mögliche Einsatzszenarien sowie Vor- und Nachteile der jeweiligen Methoden. Hinweise finden Sie im Abschnitt „Hintergrundwissen" (siehe unten) sowie in der angegebenen Literatur.

📖 **Literaturvorschlag**

Bönsch, M. (2002c): Selbstgesteuertes Lernen in der Schule. Praxisbeispiele aus unterschiedlichen Schulformen. Neuwied.

Krieger, C. G. (2005): Wege zu offenen Unterrichtsformen. Leitfaden zur Unterrichtsgestaltung für die Sekundarstufe. Hohengehren.

Jürgens, E. (2006): Lebendiges Lernen in der Grundschule. Ideen und Praxisbausteine für einen schüleraktiven Unterricht. Weinheim.

Welche Möglichkeiten sehen Sie, im Rahmen offener Unterrichtsformen Ergebnisse zu sichern?

Welche Möglichkeiten sehen Sie, im Rahmen offener Unterrichtsformen Leistungen zu beurteilen?

📖 **Literaturvorschlag**

Bohl, T. (2003): Neuer Unterricht – neue Leistungsbewertung. Grundlagen und Kontextbedingungen eines veränderten Bewertungsverständnisses. In: Vorndran, O. & Schnoor, D. (Hrsg.): Schulen für die Wissensgesellschaft. Ergebnisse des Netzwerkes Medienschulen. Gütersloh, S. 211-231.

3 Hintergrundwissen

Offener Unterricht

Es existiert bis heute keine eindeutige Definition zum „offenen Unterricht". In der fachlichen Diskussion hat sich allerdings der Begriff als Attribut für ein handlungsorientiertes, entdeckendes, problemlösendes und selbstgesteuertes Lernen im Kontrast zu rein instruktiven Formen des Frontalunterrichts, bei denen der

Schüler eine weitgehend passive Rolle einnimmt, etabliert. Offener Unterricht als Konzept wird in verschiedenen Abstufungen interpretiert, bis hin zur Position, dass die Schüler Inhalte, Methoden und Sozialformen des Unterrichts aus einem von der Lehrkraft arrangierten Angebot vollkommen selbstständig wählen oder eigene Vorschläge umsetzen.

Offener Unterricht kann in unterschiedlichen Lernarrangements durchgeführt werden, die auch verschiedene Grade der Öffnung repräsentieren. Typische Formen, die sich allerdings in der Praxis selten präzise abgrenzen lassen, sind z.B. das bereits in der Falldarstellung angesprochene Stationenlernen, Projektarbeit, Wochenplanarbeit, Lernen durch Lehren oder Freiarbeit als weitestgehende Form der Öffnung. Alle genannten Formen offenen Unterrichts benötigen aufgrund der veränderten Rollen von Lehrern und Schülern und der in der Regel ungewohnten Arbeitsformen, die teils in starkem Kontrast zu den traditionellen Formen des Unterrichtens stehen, eine gut strukturierte Einführung durch die Lehrkraft. In einer vermittelnden Perspektive (Gudjons 2007, vgl. auch die Einführung in den Kompetenzbereich „Unterrichten", S. 36-43) ergänzen sich Phasen der Instruktion und Konstruktion zu einem integrativen Gesamtkonzept von Unterricht, welches die Vorteile beider Konzepte nutzbar macht.

Beispiele von Formen offenen Unterrichts:

- Wochenplan (in der Regel vom Lehrer erstellter Plan mit Themen und Zielen für einen bestimmten Zeitraum, z.B. eine Schulwoche), Reihenfolge und Art der Bearbeitung kann meist von den Schülern gewählt werden, häufig mit Pflicht- und Wahlanteilen, kann individuell oder für die gesamte Schulklasse angefertigt werden)
- Projektarbeit/Projektunterricht (gemeinsames Finden eines Themas, Formulierung von Projektzielen, Zeitplanung und Verantwortlichkeiten, oft fachübergreifende Themenfelder, Bearbeitung häufig arbeitsteilig in Gruppen)
- Freiarbeit (je nach Freiheitsgrad weitgehend freie Wahl der Inhalte, Aufgaben, Sozialformen und räumlichen Verteilung und/oder Materialien aus dem Angebot der Lehrkraft)
- Lernen durch Lehren (Schüler lernen durch gegenseitiges Unterrichten)

Quellen

Gudjons, H. (2007): Frontalunterricht – neu entdeckt. Integration in offene Unterrichtsformen. Bad Heilbrunn.
Krieger, C. G. (2005): Wege zu offenen Unterrichtsformen. Leitfaden zur Unterrichtsgestaltung für die Sekundarstufe. Hohengehren.

Stationenlernen

Beim Stationenlernen wird ein Thema in mehrere Teilgebiete unterteilt. An den räumlich verteilten Stationen werden vorab Materialien und Arbeitsaufträge unterschiedlicher Art und Aufbereitung ausgelegt, die von den Schülern alleine oder in Gruppen bearbeitet werden. Häufig bestehen die Arbeitsaufträge aus einem Pflichtteil, der von allen Schülern bearbeitet werden muss, und einem Wahlteil, welcher der Vertiefung dient. Aufgrund des vergleichsweise hohen Grades an Strukturierung gilt das Stationenlernen als gut geeignet, um Schüler an selbstorganisiertes Lernen heranzuführen.

Bedingungen für gelingendes Stationenlernen (in Anlehnung an Krieger 2005, S. 77):

- Sinnvolle Untergliederung des Lerngebietes in mehrere Teilgebiete
- Übersichtliche Struktur, die entweder klar erkennbar ist oder in die durch die Lehrkraft klar eingeführt wird
- Übersichtliche Organisation: klare Abläufe (z.B. Zeitplanung, Stationenwechsel), klare Regeln, klare Gruppenaufteilung
- Unterschiedliche Schwierigkeitsgrade: stärkere und schwächere Schüler brauchen Erfolgserlebnisse (Differenzierung der Anforderungen an den Stationen, z.B. durch Pflicht- und Wahlaufträge)
- Möglichst selbsterklärende Aufgabenstellung an den Stationen bzw. eindeutige Anweisungen
- Motivierendes Material
- Überprüfbare Arbeitsergebnisse (möglichst durch den Lerner selbst)
- Lernen mit allen Sinnen auf unterschiedlichen Kanälen, eventuell auch Parallelstationen für unterschiedliche Lerntypen
- Laufzettel (Dokumentationspflicht) und geeignete Formen der Ergebnissicherung

Quellen

Krieger, C. G. (2005): Wege zu offenen Unterrichtsformen. Leitfaden zur Unterrichtsgestaltung für die Sekundarstufe. Hohengehren.

Hegele, I. (1999) (Hrsg): Lernziel: Stationenarbeit. Weinheim.

Bönsch, M. (2002a): Lernpartitur I: Lernen an Stationen. In: Ders. (Hrsg.): Selbstgesteuertes Lernen in der Schule. Praxisbeispiele aus unterschiedlichen Schulformen. Neuwied, S. 162-167.

4 Lösungsvorschläge

▶ **Identifizieren**
Mit welchen Schwierigkeiten ist die Lehrkraft konfrontiert?
Das Stationenlernen funktioniert nicht so, wie es die Lehrkraft erwartet hat: Die Arbeitsaufträge an den Stationen erfordern ein unterschiedliches Pensum, so dass der Wechsel der Gruppen nicht reibungslos abläuft. Einige Schüler beschweren sich, da sie nicht wissen, was sie machen sollen, wenn der jeweilige Arbeitsauftrag erledigt ist. Auch ist das Arbeitstempo innerhalb der zufällig zusammengestellten Gruppen unterschiedlich, so dass die Gruppen zerfallen. Einige Schüler umgehen die Arbeitsaufträge und schreiben einfach die Ergebnisse ab.

▶ **Interpretieren**
Was sind aus Ihrer Sicht mögliche Gründe für das Verhalten der Schüler?
Augenscheinlich sind die Schüler nicht mit der Methode des Stationenlernens vertraut. Allerdings benötigen gerade Formen offenen Unterrichts eine gut strukturierte Einführung durch die Lehrkraft. Der Parcours ist zudem nicht optimal geplant, die Schüler wissen z.B. nicht genau, was sie machen sollen, wenn sie eine Station abgeschlossen haben, aber das Signal zum Wechsel der Stationen noch nicht erklungen ist. Weitere mögliche Einflussfaktoren (Vorerfahrungen mit offenen Lernformen, Zusammensetzung der Klasse, Gruppenzusammensetzung usw.) sind aus der Fallbeschreibung nicht klar erkennbar.

▶ **Bewerten**
Wie bewerten Sie die Unterrichtsgestaltung der Lehrkraft? Was hätte aus Ihrer Sicht bei der Unterrichtsplanung beachtet werden müssen?
Die Lehrkraft hat einige wichtige Grundsätze im Umgang mit dem Stationenlernen nicht beachtet. So wurden die Schüler nicht ausreichend auf das Stationenlernen sowie die entsprechenden Abläufe und Regeln vorbereitet. Hier könnte eine umfangreichere Einführungsphase helfen, die entsprechende Methodenkompetenz der Schüler zu entwickeln. Die Lehrerin wusste vorher, dass eine der Stationen mehr Zeit beanspruchen würde, hat dies allerdings in der Planung nicht weiter berücksichtigt. Unterschiedlichen Arbeitstempi der Schüler könnte man mit der Vergabe unterschiedlicher Arbeitsaufträge (Pflicht- und Wahlteil) oder mit dem Aufbau zusätzlicher Differenzierungsstationen begegnen. Um die Tendenz des Umgehens von Arbeitsaufträgen durch Abschreiben zu verringern, könnte man zuvor in einer gemeinsamen Besprechung Verständnisfragen und Regeln klären.

Würden Sie in der beschriebenen Situation Frontalunterricht bevorzugen?
Sinnvoll erscheint eine Mischung verschiedener methodischer Ansätze. Unterricht kann und sollte entsprechend Elemente des instruktionalen, lehrerzentrierten Frontalunterrichts sowie auch Elemente des handlungsorientierten Unterrichts enthalten. Im beschriebenen Fall bietet sich – bei Beachtung der oben genannten Bedingungen eines gelungenen Stationenlernens (siehe S. 53) – die Unterrichtsform des entdeckenden Lernens an. Gerade das Thema der menschlichen Sinne lässt sich mit reinem Frontalunterricht wohl kaum sinnvoll bearbeiten – nichtsdestotrotz hat aber auch der Frontalunterricht phasenweise bzw. für bestimmte Themen seine Berechtigung.

▸ **Handlungs- und Möglichkeitsräume**
Wie könnte offener bzw. handlungsorientierter Unterricht in dieser Situation alternativ gestaltet werden? Sammeln Sie verschiedene Möglichkeiten der Unterrichtsgestaltung und diskutieren Sie mögliche Einsatzszenarien sowie Vor- und Nachteile der jeweiligen Methoden.
Beispiellösung Projektarbeit: Die Schüler bekommen den Auftrag, für das Sommerfest der Schule einen Sinnesparcours zu entwerfen. An fünf Stationen sollen die Besucher in die menschlichen Sinne eingeführt werden. Neben Plakaten mit grundlegenden Informationen auf Stellwänden sollen insbesondere verschiedene Sinnesspiele dazu dienen, die Sinneswahrnehmung erfahrbar zu machen.
Beispiele: Sehen > Memoryspiel; Fühlen > Gegenstände ertasten usw.
Die Lehrkraft teilt die Klasse in Gruppen ein und unterstützt diese bei der Ausgestaltung der Stationen.
Vorteil: Alle Schüler sind aktiv beteiligt und müssen die Ergebnisse beim Sommerfest vorstellen. Die Schüler können neben den fachlichen Inhalten auch sozial-kommunikative, methodische und personale Kompetenzen erwerben.
Nachteil: Die Methode verlangt im Vergleich zum Stationenlernen einen höheren zeitlichen Aufwand bei der Einführung und Umsetzung.

Welche Möglichkeiten sehen Sie, im Rahmen offener Unterrichtsformen Ergebnisse zu sichern?
Dies könnte durch das Herstellen von „Verbindlichkeit" der erarbeiteten Ergebnisse und das Vorbeugen von Vergessen, z.B. mit Hilfe von Zusammenfassungen seitens der Schüler (z.B. Plakat) oder Lehrer, Korrektur von möglichen Fehlern, Tafelanschrieb, Hefteintrag oder Hausaufgaben, erfolgen.

Welche Möglichkeiten sehen Sie, im Rahmen offener Unterrichtsformen Leistungen zu beurteilen?

Im Zusammenhang mit offenen Unterrichtsformen sollte auch über ein erweitertes Verständnis von Schulleistungen nachgedacht werden, die sich traditionell auf fachliche bzw. inhaltliche Kompetenzen der Schüler beziehen. So sollten u.a. methodische, sozial-kommunikative und personale Kompetenzen mit in die Bewertung eingehen. Neben herkömmlichen Noten kommen Punktesysteme oder Bewertungsbögen, Formen des Feedbacks oder Portfolios in Betracht, die wiederum jeweils in eine Note einfließen können. Die Bewertung einer Projektarbeit kann sich im Rahmen der Bewertung des Arbeitsprozesses der Gruppe (z.B. Portfolio als Reflexion des Arbeitsprozesses), der Präsentation der Ergebnisse (z.B. Referat) und des Produkts (Bewertung der schriftlichen Ausarbeitung des Themas) abspielen. Beachten Sie auch den Abschnitt „Hintergrundwissen" zu Fall 22 (siehe S. 138ff.), in dem auf den Unterschied zwischen Produkt- und Prozessbewertung eingegangen wird.

Fall 3: Unterschiedliche Leistungsniveaus in einer Klasse

Eine Lehrerin macht die Erfahrung, dass Fünftklässler mit sehr unterschiedlichen Leistungsniveaus in Englisch aus der Grundschule kommen. Die Feststellung von Vorkenntnissen und eine angemessene Differenzierung bereiten ihr Probleme, so dass sie mit erheblichen Unterrichtsstörungen zu kämpfen hat.

1 Falldarstellung

Es geht um den Englischunterricht in einer 5. Klasse. Ich finde es sehr schwierig, den Unterricht für alle angemessen und ansprechend vorzubereiten, so dass sich ein gemeinsamer Level erreichen lässt. Die Kinder kommen mit einem sehr unterschiedlichen Leistungsniveau von der Grundschule. Diese Unterschiede sind insbesondere von den vorherigen Grundschullehrern abhängig. Es ist durchaus zu merken, wenn der Unterricht engagiert gewesen ist, mit spielerischen und musikalischen Ideen, oder nicht.

Mein Unterricht muss so vorbereitet sein, dass sich niemand langweilt. In mehreren Unterrichtsstunden habe ich aber festgestellt, dass einige Schüler schon alles können. Diese Schüler langweilen sich dann natürlich oder rufen immer sofort die richtige Lösung durch die Klasse, weil sie zeigen wollen, dass sie es schon können. Die Schwächeren bleiben auf der Strecke. Sie trauen sich schon gar nichts mehr zu sagen, da die Guten sie überrumpeln. In meiner Klasse ist das extrem. Ich versuche, die Situation mit Zusatzaufgaben für die besseren Schüler aufzufangen, was allerdings eher schlecht angenommen wird.

2 Fallbearbeitung

▶ **Identifizieren**
Welche Erfahrungen macht die Lehrkraft im Hinblick auf die Vorkenntnisse ihrer Schüler?

▶ **Interpretieren**
Warum beschreibt die Lehrkraft die Situation als problematisch?

Warum werden die Zusatzaufgaben von den besseren Schülern nicht angenommen?

▶ **Bewerten**
Wie beurteilen Sie die klare Ursachenzuweisung an die Grundschule?

▶ **Handlungs- und Möglichkeitsräume**
Welche Möglichkeiten sehen Sie, die schwächeren Schüler zu unterstützen ohne die besseren Schüler zu unterfordern? Beziehen Sie die Informationen aus dem Abschnitt „Hintergrundwissen" (siehe unten) in Ihre Überlegungen mit ein.

Sollte aus Ihrer Sicht eine Homogenisierung der Leistungen in der Klasse das Ziel der Lehrkraft sein?

3 Hintergrundwissen

Differenzierung und Individualisierung im Unterricht
Klassenunterricht nach dem linearen Prinzip, der sich an der durchschnittlichen Leistungsfähigkeit einer Klasse orientiert, basiert auf einem grundlegenden Dilemma: Eine Schulklasse ist in Bezug auf die Schulleistungen – trotz aller äußeren Differenzierung in verschiedene Schularten – immer heterogen. Jeder Schüler hat seine individuellen kognitiven Voraussetzungen, sein eigenes Lerntempo, seinen eigenen Lernstil, seine Motivation oder auch sein spezifisches persönliches Umfeld. Dieser Heterogenität versucht man mit Formen der Differenzierung beizukommen. Unterschieden werden dabei Formen der „äußeren Differenzierung" und der „inneren Differenzierung", wobei erstere eine Differenzierung im institutionellen Rahmen und letztere – hier im Fokus stehend – eine Differenzierung im Rahmen des Unterrichts einer Klasse bezeichnet. Differenzierung versucht, den Schüler mit seinen Bedürfnissen in den Mittelpunkt zu stellen.
„Differenzierung bezeichnet alle Maßnahmen schul- und unterrichtsorganisatorischer Art, die zur Förderung von Schülern und Schülerinnen oder von Lerngruppen aufgrund unterschiedlicher Neigungen, Begabungen, Interessen, Schwächen und Stärken unter Berücksichtigung des jeweiligen Entwicklungsstandes ergriffen werden, was zu einer Individualisierung des Unterrichts [beitragen kann]" (Saalfrank 2008, S. 66).

Äußere Differenzierung
Äußere Differenzierung findet im institutionellen Rahmen statt:
1. interschulisch > Aufteilung der Schüler in Schularten
2. intraschulisch > Wahlkurse, AGs, Geschlecht (z.B. Sport), Religion, Förderunterricht, Aufteilung nach Leistung (Gesamtschulen)
3. Profildimension > Schulprofil (musisch, bilingual, konfessionell …)

Innere Differenzierung

Innere Differenzierung, häufig auch als Binnendifferenzierung bezeichnet, kann an verschiedenen Dimensionen des Unterrichts ansetzen (vgl. Saalfrank 2008; Bräu 2005; Scholz 2007), was wiederum unterschiedliche Formen der konkreten Ausgestaltung im Unterricht ermöglicht.

Ausgewählte Dimensionen innerer Differenzierung und Möglichkeiten der Ausgestaltung:

Materialien Aufgaben Inhalte	• **Umfang des Lernstoffs**, z.B. Unterteilung des Stoffs in Pflicht- und Wahlanteile, Zusatzaufgaben • **Niveau des Lernstoffs** • **Inhalte, Themen und Interessen,** z.B. Auswahl bestimmter Inhalte durch Schüler • **Lernstile, Methoden und Medien,** z.B. Auswahl nach Lernpräferenzen (visuell, auditiv, haptisch, kognitiv) • **Materialien** • **Hilfestellungen,** z.B. spezielle Förderung lernschwacher Schüler, unterschiedliche Hilfsmittel im Unterricht
Unterrichtsformen	• **eher instruktionsorientiert** • **eher entdeckend**
Sozialformen	• Einzelarbeit • Partnerarbeit • Gruppenarbeit • Klassenunterricht

Die konkrete Ausgestaltung der Differenzierung im Unterricht basiert in der Regel auf einer Kombination verschiedener Aspekte dieser Dimensionen.

Auch im Rahmen sogenannten klassischen, lehrerzentrierten Unterrichts gibt es die Möglichkeit, mittels unterschiedlicher Ansprache bestimmter Schüler oder Schülergruppen zu differenzieren, z.B. in Bezug auf Fragestellungen oder Feedback. Dies bedeutet kaum (Mehr-)Aufwand für die Lehrkraft, allerdings ist auch der Ertrag solch einer einfachen Form der Differenzierung als eher gering einzuschätzen.

Aufwendigere Formen der Differenzierung stellen z.B. die Aufteilung der Klasse in Teilgruppen bzw. Einzelarbeit und die Ausgabe unterschiedlicher Materialien, Unterrichtsinhalte oder Aufgaben an die Schüler dar.

Voraussetzung für alle diese Formen der Differenzierung ist eine ausgeprägte diagnostische sowie methodische Kompetenz der Lehrkraft, um Förder- und Differenzierungsbedarfe bei den Schülern feststellen und entsprechende Maßnahmen umsetzen zu können. Situativ können auch die Schüler selbst Aufgaben je nach

Schwierigkeitsgrad auswählen. Allerdings ist zu beachten, dass misserfolgsorientierte Schüler dazu tendieren, zu schwierige bzw. zu leichte Fragen auszuwählen. Neben dieser notwendigen diagnostischen Kompetenz von Lehrern und Schülern ist auf einige weitere limitierende Faktoren hinzuweisen, die gegen einen „unbegrenzten" Einsatz von Differenzierung und Individualisierung im Rahmen des Unterrichts sprechen (Wischer 2008; Riedl 2008):

- Deutliche Erhöhung der Komplexität des Unterrichts (z.B. parallel ablaufende Lernprozesse)
- Notwendige Kompetenzen aufseiten der Lehrer (Diagnostik/Methodik) und Schüler (selbstständiges, eigenverantwortliches Lernen, individuell oder in Gruppen, Methodenkompetenz)
- In der Regel ungünstige institutionelle Rahmenbedingungen (Räumlichkeiten, Personalausstattung) für Differenzierung
- Erhöhter Aufwand bei Vorbereitung und Durchführung (z.B. Erstellen unterschiedlicher Materialien)
- Probleme bei der Leistungsbeurteilung (Vergleichbarkeit von Schülerleistungen bei Leistungsdifferenzierung, gerechte Benotung)
- Gruppenbildung (leistungshomogen bzw. leistungsheterogen)
- Motivationale Aspekte

Quellen

Bönsch, M. (2002b): Die Modellierung von individuellen und kooperativen Lernwegen. In: Ders. (Hrsg.): Selbstgesteuertes Lernen in der Schule. Praxisbeispiele aus unterschiedlichen Schulformen. Neuwied, S. 145-206.

Bräu, K. (2005): Individualisierung des Lernens – Zum Lehrerhandeln bei der Bewältigung eines Balanceproblems. In: Bräu, K. & Schwerdt, U. (Hrsg.): Heterogenität als Chance. Vom produktiven Umgang mit Gleichheit und Differenz in der Schule. Münster, S. 129-149.

Riedl, A. (2008): Innere Differenzierung – Herausforderung für modernen Unterricht. (Internet: www.lrz-muenchen.de/~riedlpublikationen/pdf/inneredifferenzierungriedl2008.pdf)

Scholz, I. (2007): Es ist normal, verschieden zu sein – Unterrichten in heterogenen Klassen. In: Scholz, I. (Hrsg.): Der Spagat zwischen Fördern und Fordern: Unterrichten in heterogenen Klassen. Göttingen, S. 7-23.

Saalfrank, W.-T. (2008): Differenzierung. In: Kiel, E. (Hrsg.): Unterricht sehen, analysieren, gestalten. Bad Heilbrunn, S. 65-95.

Wischer, B. (2008): „Binnendifferenzierung ist ein Wort für das schlechte Gewissen des Lehrers". In: Erziehung & Unterricht, 158 (9/10), S. 714-722.

Fall 4: Überraschungsmoment im Unterricht

Eine Lehramtsanwärterin bringt zum Thema „Wald" Zweige, Rinden und Zapfen verschiedener Bäume mit. Bei der Gruppenarbeit schütteln die Kinder die Zapfen, und es krabbeln überraschend verschiedene Käferarten heraus. Nachdem die Aufregung sich gelegt hat und die Käfer in Gläser gesetzt wurden, ändert die Lehramtsanwärterin das Thema der Stunde.

1 Falldarstellung

In meiner 3. Klasse habe ich eine Heimat- und Sachunterrichtsstunde zum Thema „Wald" gehalten. Es ging an diesem Tag um Nadelbäume, und ich hatte den Kindern sehr viel Material mitgebracht: zu jedem Baum einen Zweig, ein Stück Rinde und Zapfen. Die Aufgabe sollte in Gruppenarbeit durchgeführt werden. Zunächst wurden die Teile des Baumes in Schälchen verteilt. Diesen sollten die jeweiligen Gruppen Namenskärtchen zuordnen – so hatten wir es vorher gemeinsam besprochen.

Die Schüler waren sehr motiviert und hatten viel Spaß, bis die ersten Kinder anfingen, die Zapfen zu schütteln und viele Käfer aus den Zapfen krochen. Der ganze Tisch war voll davon. Die Kinder haben sich sehr aufgeregt. Daraufhin habe ich spontan den Ablauf der Stunde geändert und den Kindern Gläser gegeben, in die sie die Käfer hineinsetzen konnten. Nun sollten sie auf einem Block das Aussehen der Käfer beschreiben (Beine, Körper etc.). Da ich aus der Bibliothek verschiedene Bücher mitgebracht hatte, darunter auch einige zum Thema „Tiere des Waldes", haben einige Kinder nachgelesen, welche Tiere es sein könnten. Andere Kinder, denen dies zu schwer war, haben einzelne Tiere gemalt.

Ich habe die Stunde also einfach umgestellt und wollte in der nächsten Stunde auf die Nadelbäume eingehen. Das heißt, dass ich mich dazu entschieden habe, das Problem situativ zu lösen, um das Interesse nicht zu dämpfen. Es lief gut.

2 Fallbearbeitung

▶ **Identifizieren**
Welches Problem taucht in der geschilderten Szene auf?

▶ **Interpretieren**
Wie geht die Lehrkraft mit der ungeplanten Situation um?
Warum wechselt die Lehrerin das Unterrichtsthema?

▶ **Bewerten**
Wie bewerten Sie das Vorgehen der Lehrkraft?

▶ **Handlungs- und Möglichkeitsräume**
Erinnern Sie sich an Ihre eigene Schulzeit: Können Sie sich an ein unvorherge-
sehenes Ereignis im Rahmen des Unterrichts erinnern? Wie sind Ihre damaligen
Lehrkräfte mit diesem Ereignis umgegangen? Entwickeln Sie Kriterien für die
Entscheidung, wann bei unvorhergesehenen Ereignissen vom Unterrichtsthema
abgewichen werden sollte bzw. wann das Thema beibehalten werden sollte.

Welche Voraussetzungen muss die Lehrkraft für diese Flexibilität mitbringen?

Informieren Sie sich über „entdeckendes Lernen" und sammeln Sie Möglichkeiten und Grenzen einer Integration dieser Unterrichtsform in den Unterricht. Beachten Sie dabei die unterschiedlichen Schulformen und Unterrichtsfächer.

📖 **Literaturvorschlag**
Aepkers, M. & Liebig, S. (2002): Entdeckendes, forschendes und genetisches Lernen. Hohengehren.
Zocher, U. (2000): Entdeckendes Lernen lernen. Zur praktischen Umsetzung eines pädagogischen Konzepts in Unterricht und Lehrerfortbildung. Donauwörth.

Fall 5: Stundenbeginn mit Organisation – Kunststunde scheitert

Eine Lehrerin stellt fest, dass Kunstunterricht nur dann durchführbar ist, wenn die Schüler sofort nach Eintritt ins Klassenzimmer „etwas Aktives machen" dürfen. Ihrer Erfahrung nach kann eine reine Organisationsphase zu Unterrichtsbeginn so starke disziplinäre Probleme hervorrufen, dass die Stunde vollständig scheitert.

1 Falldarstellung

Mein Fall bezieht sich auf den Kunstunterricht in einer 7. Klasse Realschule. Da nur einstündig unterrichtet wird, ist Kunst kein Hauptfach. Seit den Faschingsferien war Kunst von der ursprünglich sechsten in die vierte Stunde verlegt worden. Bis dahin war mir noch nicht so bewusst, dass es ein großer Unterschied ist, ob man eine Kunstklasse in der vierten oder sechsten Stunde hat. Inzwischen habe ich die Erfahrung gemacht, dass der Verlauf der Stunde davon abhängig ist, wie ich einsteige. Wenn es viel Vorgeplänkel oder Gerede gibt, ist die Stunde eigentlich gelaufen. Sobald ich die Schüler sofort etwas Aktives machen lasse, funktioniert die gesamte Stunde, und auch disziplinär gibt es keine Probleme.

Bereits in den Ferien hatte ich mir Listen über die Werke der Schüler angefertigt, Noten gemacht und überprüft, von wem ich noch Bilder benötige. Beim ersten Unterricht nach den Ferien kamen die Schüler in dieser sechsten Stunde sehr aufgeregt und laut ins Klassenzimmer. Ich habe nicht richtig „geschaltet", sondern bin, wie geplant, mit meinen Nachfragen zu fehlenden Bildern eingestiegen. Diese Stunde war die größte Katastrophe, die ich je erlebt habe. Niemand hat mir zugehört. Nach ca. zehn Minuten war meine Geduld am Ende. Ich habe die Stunde abgebrochen und die Schüler schreiben lassen. Organisatorische Dinge kläre ich jetzt überhaupt nicht mehr, und wenn, dann nur am Rande oder während die Schüler arbeiten. Ich bin dazu übergegangen, den Schülern mit einer kurzen Einführung ein Thema vorzulegen und sie dann gleich praktisch arbeiten zu lassen. Ich bereite beispielsweise eine Lernstation vor, mit der sich die Schüler dann beschäftigen sollen. Im Endeffekt mache ich also kaum Unterricht, wie er sein soll.

2 Fallbearbeitung

▶ **Identifizieren**

Mit welchem Problem ist die Lehrkraft konfrontiert?

▶ **Interpretieren**

Was sind mögliche Gründe für das Verhalten der Schüler?

Analysieren Sie die Situation vor dem Hintergrund der Theorien über effektive Klassenführung. Hinweise dazu finden Sie im Einleitungstext zum Kapitel „Erziehen" (S. 77ff.).

▶ **Bewerten**

Die Lehrerin beendet die Beschreibung ihrer Maßnahmen mit den Worten: „Im Endeffekt mache ich also kaum Unterricht, wie er sein soll." Wie bewerten Sie diese Aussage der Lehrerin?

Ist der „Rückzug" der Lehrkraft aus Ihrer Sicht vertretbar?

▶ **Handlungs- und Möglichkeitsräume**

Welche Möglichkeiten gibt es für die Kunstlehrerin, die Schüler für den Unterricht zu motivieren? Sie können dazu auch das ARCS-Modell des Motivierens (Attention, Relevance, Confidence, Satisfaction) von John Keller (siehe Braune 2008) heranziehen. Wie kann aus Ihrer Sicht eine konkrete Umsetzung der im Modell beschriebenen Punkte im Schulalltag aussehen?

📖 **Literaturvorschlag**

Braune, A. (2008): Motivation. In: Kiel, E. (Hrsg.): Unterricht sehen, analysieren, gestalten. Bad Heilbrunn, S. 37-64.

Welche Hinweise zu einer qualitativen Verbesserung des Kunstunterrichts können Sie dem ARIVA-Artikulationsschema entnehmen? Siehe Abschnitt „Hintergrundwissen" zu Fall 1 auf S. 46f.

Fall 6: Selbstständiges Arbeiten

Eine Klasse wird nach einem unruhig verlaufenen ersten Schuljahr mit häufigem Klassenleitungswechsel und vielen Situationen ungeregelten Unterrichts von der Zweitklassenlehrerin bewusst an wichtige Rituale und Regeln herangeführt sowie an selbstständige und soziale Arbeitsformen gewöhnt. Ein zufälliges Ereignis zeigt der Lehrerin, wie erfolgreich ihre Bemühungen schon nach einigen Monaten sind.

1 Falldarstellung

Ich übernahm eine 2. Klasse mit 30 Kindern. Vor der Übernahme der Klasse wurde ich von der Direktorin informiert, dass die Kinder im ersten Schuljahr durch den krankheitsbedingten Ausfall der Klassenlehrkraft keinen geregelten Unterricht erhalten haben. Die Kinder hatten durch den damit verbundenen häufigen Wechsel im ersten Schuljahr keine feste Bezugsperson. In den ersten Schulwochen des zweiten Schuljahres war es mir ein Anliegen, die Kinder an wichtige Rituale und Regeln sowie an grundlegende Arbeitsformen zu gewöhnen und das soziale Miteinander zu stärken. Ich regte die Schüler in der unterrichtlichen Arbeit zur Selbsttätigkeit an und wollte vor allem das eigenverantwortliche Handeln der Kinder stärken, was durch den täglichen offenen Unterrichtsbeginn in Form von Wochenplanarbeit von mir praktiziert wurde. Kurz vor den Weihnachtsferien wurde ich während der Wochenplanarbeit von einer Schülermutter, die ein dringendes Anliegen hatte, vor die Klassenzimmertür gebeten. Ich kam ins Klassenzimmer zurück und stellte fest, dass meine Schüler die Wochenplanarbeit bereits beendet, die Arbeitsmaterialien aufgeräumt und sich zum gemeinsamen morgendlichen Sitzkreis zusammengefunden hatten, um das tägliche Anfangsritual miteinander durchzuführen. Auf meinen erstaunten Kommentar hin meinte ein Kind: „Wir brauchen dich doch gar nicht. Wir wissen doch, was wir tun sollen und wie wir das machen."

2 Fallbearbeitung

▶ **Identifizieren**
Welche Erfahrungen macht die Lehrerin in ihrer Klasse?

▶ **Interpretieren**
Suchen Sie mögliche Gründe, warum sich die Schüler so verhalten wie im beschriebenen Fall.

▶ **Bewerten**
Die Lehrerin hält die Situation für bedeutsam. Stimmen Sie dieser Ansicht zu?

Was spricht dafür, dass die Situation mit eigenverantwortlichem Handeln der Schüler zu tun hat? Was spricht möglicherweise für andere Motive der Schüler?

▶ **Handlungs- und Möglichkeitsräume**
Diskutieren Sie Möglichkeiten, Grenzen und Voraussetzungen selbstständigen Arbeitens im Rahmen des Unterrichts.

Fall 7: Schüler wollen Spezialfälle besprechen

Ein Lehrer berichtet von Problemen im Fach Wirtschaft und Recht: Zum einen wollten die Schüler nur rechtliche Spezialfälle besprechen, die ihren Lebensbereich berührten, und interessierten sich nicht für das geplante Thema „Strafrecht". Zum anderen forderten sie eine reine Darbietung der prüfungsrelevanten Inhalte. Ein Erarbeiten des Stoffs im Rahmen des Unterrichts fände daher nicht statt.

1 Falldarstellung

Ich unterrichte in der 9. Jahrgangsstufe das Fach Wirtschaft und Recht. Das Thema war Strafrecht. Ich wollte die Schüler über das Thema sachlich aufklären, aber die Schüler wollten nur rechtliche Spezialfälle, die für sie selbst interessant sind, behandeln. Ich konnte aber keine Rechtsberatung leisten und lenkte die Fälle auf mein Thema um. Die Schüler meinten daraufhin, ich sei nicht kompetent. Dies belastet meinen Unterricht.

Ein weiteres Problem ist, dass in dieser Klasse ein regelrechtes Desinteresse am Stoff herrscht. Die Schüler wollen nur das lernen, was für die Stegreifaufgabe wichtig ist. „Abschreiben" des Stoffes kommt gut an. Aber sie wollen den Stoff nicht erarbeiten, was ich sehr bedauere. Nun fällt es mir immer schwerer, mich selber für den Unterricht zu motivieren.

2 Fallbearbeitung

▶ **Identifizieren**
Mit welchen Problemen sieht sich die Lehrkraft konfrontiert?

▶ **Interpretieren**
Warum schildert der Lehrer die Situation als belastend?
Warum verhalten sich die Schüler wie im Fall beschrieben?

▶ **Bewerten**
Wie bewerten Sie das Vorgehen der Lehrkraft im ersten Absatz? Bis zu welchem Punkt ist es aus Ihrer Sicht vertretbar oder gar notwendig, auf Schülerinteressen einzugehen?

Wie kann es dazu kommen, dass Schüler Themen nicht erarbeiten wollen? Reflektieren Sie dabei auch die Bedingungen des Schulsystems und verbreitete unterrichtliche Praktiken.

Handelt es sich Ihrer Meinung nach um zwei Problemkreise (Schülerinteressen sowie Erarbeitung des Themas)? Oder gehören diese Probleme zusammen?

▶ **Handlungs- und Möglichkeitsräume**
Welche Möglichkeiten sehen Sie, die Klasse für den Unterricht zu motivieren?

Fall 8: Stören des Unterrichts

In einer leistungsschwachen 7. Klasse können Partnerübungen oder Lernspiele nicht ohne Störungen durchgeführt werden.

1 Falldarstellung

Bei dieser Klasse handelt es sich um eine sehr heterogene Gruppe. Es gibt zum einen eine „brave" und interessierte Mädchengruppe, zum anderen zwei pubertierende und „zickige" Mädchen sowie mindestens fünf hyperaktive Jungen, die permanent stören und mit vulgären Ausdrücken um sich werfen. Der Rest der Jungen ist eher teilnahmslos und desinteressiert. Nur in einer Hinsicht ist sich die Klasse weitgehend einig: in ihrer Abneigung gegenüber dem Fach Englisch. Trotzdem habe ich es immer wieder mit Partnerarbeit oder Lernspielen versucht. In dieser Stunde wollte ich, dass die Schüler eine Dolmetschersituation mit Hilfe von Rollenkarten durchspielen. Es sollte dabei durchgewechselt werden, wer den deutschen bzw. englischen Part übernimmt. Leider musste ich nach zwei Minuten wieder abbrechen, da die Mehrheit nicht in der Lage war, das Ganze sinnvoll auszuprobieren und nicht ins Lächerliche zu ziehen. Die Lautstärke nahm dementsprechend zu. Damit die „braven" Mädchen nicht immer die Dummen sind, durften sie auf dem Gang weitermachen, die anderen bekamen etwas zum Schreiben.

Das Traurige an der Sache ist, dass ich mehr und mehr die Motivation verliere, Zusatzmaterial zu erstellen bzw. andere Methoden auszuprobieren, weil ich schon im Vorfeld denke, dass es sowieso nicht klappen wird. Außerdem tun mir die ruhigen Mädchen leid, die dann oft für etwas bestraft werden, wofür sie eigentlich nichts können. Vonseiten des Klassenleiters bekam ich leider keine Unterstützung.

2 Fallbearbeitung

Für die Bearbeitung des Falls orientieren Sie sich bitte an den Fragestellungen zu den Fällen 1–7 (S. 44–68).

▸ **Identifizieren**   ▸ **Interpretieren**   ▸ **Bewerten**
▸ **Handlungs- und Möglichkeitsräume**

Fall 9: Unterschiedliche Rechenwege zulassen?

> Im Mathematikunterricht wird das Prozentrechnen behandelt. Um auf das geforderte höhere Anforderungsniveau zu kommen, verlangt die Lehrkraft, dass nur noch mit der Formel gerechnet wird. Einige Eltern sehen das jedoch anders und erklären die Thematik ihrem Kind auf ihre Weise, was erst recht Verwirrung stiftet.

1 Falldarstellung

Während in der vorangegangenen Jahrgangsstufe Prozentaufgaben noch mit dem Dreisatz gerechnet wurden, sollten diese ab sofort mit der Prozentformel gelöst werden. Je nach gefordertem Ergebnis kann dann ein und dieselbe Formel umgestellt werden, was von einem Schüler auf der Realschule durchaus verlangt werden kann.

Einige Eltern sahen dies jedoch anders und erklärten ihrem Kind zu Hause, wie sie früher immer gerechnet hatten und dass ihr Rechenweg viel einfacher sei. Dies hatte zur Folge, dass einige Schüler erst recht verwirrt waren.

Am Elternsprechtag wurde das Problem ebenfalls thematisiert. Ich versuchte, den Eltern zu verdeutlichen, dass es wichtig sei, das Umstellen von Formeln zu beherrschen, und das nicht nur beim Prozentrechnen. Wenn man das Prinzip einmal verstanden habe, sei es auch auf andere Bereiche (z.B. Physik) anwendbar. Als weiteres Argument führte ich an, dass auf der Realschule ein höheres Anforderungsniveau bestehe, welches in der Praxis auch umgesetzt werden müsse.

2 Fallbearbeitung

Für die Bearbeitung des Falls orientieren Sie sich bitte an den Fragestellungen zu den Fällen 1–7 (S. 44-68).

▸ **Identifizieren**   ▸ **Interpretieren**   ▸ **Bewerten**
▸ **Handlungs- und Möglichkeitsräume**

Fall 10: Initiative Schülerfirma

> Im Kunstunterricht wurden für die Verabschiedung des Schulrats große Acryl-
> bilder auf Holzplatten angefertigt. Während und nach der Feier wurden die
> Bilder von allen Seiten gelobt und es wurde auch gefragt, ob man sie kaufen
> könne. Daraufhin entstand bei den Schülern die Idee, eine Schülerfirma zu
> gründen, die Bilder auf Bestellung anfertigt.

1 Falldarstellung

In diesem Fall ging es zunächst darum, das Thema „Moderne Kunst" im Lehrplan der 9. Klasse einmal großflächig umzusetzen. Da außerdem für die Verab-
schiedung des Schulrates in der Turnhalle noch Dekorationsbedarf bestand, be-
schlossen wir, auf großflächigen Holzplatten Bilder mit Acrylfarben zu malen.
An jedem Bild waren zwei bis vier Schüler beteiligt. Es machte ihnen großen
Spaß, einmal nicht auf Papier zu malen, und die Ergebnisse waren beeindruckend.
Auch die geladenen Gäste waren begeistert von den Kunstwerken, einige hätten
wir sofort verkaufen können. Das Lob habe ich natürlich gleich an die Schüler
weitergegeben, woraufhin die Idee entstand, eine Schülerfirma zu gründen. Im
darauffolgenden Schuljahr starteten wir dann das Projekt Schülerfirma im Fach
Arbeit – Wirtschaft – Technik, wobei auch andere Fächer wie Kunst und Deutsch
mit einbezogen wurden. Zwei Schüler übernahmen die Geschäftsleitung, außerdem gab es verschiedene Unterabteilungen wie Produktion, Marketing usw. Die
Schüler konnten sich je nach Interessen und Fähigkeiten selbst einteilen. Ein Fir-
menlogo wurde entwickelt; die Geschäftsidee war, Bilder und Bilderrahmen zu
verkaufen, wobei große Bilder nur auf Bestellung angefertigt werden sollten. Im
Vorfeld wurde ein Fragebogen entwickelt, der den Bedarf bzw. die Wünsche, beispielsweise im Lehrerkollegium, feststellen sollte. Schwierig war manchmal, dass
nicht alle Abteilungen immer gleich viel zu tun hatten. In solchen Fällen half z.B.
die Beschaffungsgruppe der Produktion aus. Verkauft wurde am Elternsprechtag,
bei Schulveranstaltungen und Flohmärkten. Am besten verkauft wurden die be-
malten und gestalteten Bilderrahmen. Insgesamt haben wir 450 Euro eingenom-
men, worüber die Schüler sehr stolz waren. So ist für jeden Schüler die Abschluss-
fahrt etwas günstiger ausgefallen.

2 Fallbearbeitung

Für die Bearbeitung des Falls orientieren Sie sich bitte an den Fragestellungen zu den Fällen 1–7 (S. 44-68).

▶ Identifizieren   ▶ Interpretieren   ▶ Bewerten
▶ Handlungs- und Möglichkeitsräume

3 Fälle zum Kompetenzbereich „Erziehen"

Einführung in den Kompetenzbereich „Erziehen"

Fall 11: Zermürbende Kleinkriege
Fall 12: Klassengespräch über Verhalten – Wutausbruch des Vaters
Fall 13: Angedrohte Konsequenzen
Fall 14: Rassistische Äußerungen
Fall 15: Eltern setzen die Empfehlungen der Lehrkräfte nicht um
Fall 16: Igor stört
Fall 17: „Dreckige Schwuchtel"
Fall 18: Schwierige Klasse übernehmen
Fall 19: Cybermobbing
Fall 20: Regelmäßiges Zuspätkommen

Einführung in den Kompetenzbereich „Erziehen"

Die Standards der Kultusministerkonferenz beschreiben den Kompetenzbereich „Erziehen" mit folgenden Kompetenzen:

Kompetenzbereich: Erziehen
„Lehrerinnen und Lehrer kennen die sozialen und kulturellen Lebensbedingungen von Schülerinnen und Schülern und nehmen im Rahmen der Schule Einfluss auf deren individuelle Entwicklung."
„Lehrerinnen und Lehrer vermitteln Werte und Normen und unterstützen selbstbestimmtes Urteilen und Handeln von Schülerinnen und Schülern."
„Lehrerinnen und Lehrer finden Lösungsansätze für Schwierigkeiten und Konflikte in Schule und Unterricht."
(Sekretariat der Ständigen Konferenz der Kultusminister der Länder 2004)

Alle drei genannten Kompetenzen sind Ausdruck eines sogenannten intentionalen Erziehungsbegriffs. Wenn davon die Rede ist, dass Lehrerinnen und Lehrer „Einfluss" auf die individuelle Entwicklung von Schülern und Schülerinnen nehmen, Werte und Normen vermitteln und Lösungsansätze für Schwierigkeiten und Konflikte finden, dann üben sie, im Sinne von Wolfgang Brezinka, mit „sozialen Handlungen" Einfluss auf psychische Dispositionen von Schülerinnen und Schülern aus und versuchen diese psychischen Dispositionen zu erhalten, zu verbessern oder zu verändern (vgl. Brezinka 1990, S. 95). In diesem Sinne etwa sollen Lehrpersonen die ihnen anvertrauten Kinder und Jugendliche darin beeinflussen, demokratisch zu denken und zu handeln, die Würde des Menschen zu achten, pünktlich und höflich zu sein. Sie versuchen, Einfluss auf Dispositionen von Schülern zu nehmen. Sie tun dies beispielsweise mit sozialen Handlungen des Lobens, Erklärens, des Ermahnens oder der Verhängung von Sanktionen.

Gleichzeitig, so die von der KMK formulierten Kompetenzen, geht es darum, Kinder und Jugendliche dabei zu unterstützen, selbstbestimmt zu urteilen und zu handeln. Einerseits nehmen sie Einfluss auf das Urteilen und Handeln von Schülern, andererseits sollen Schüler gerade ohne diesen Einfluss urteilen und handeln. Dies verweist auf ein zentrales Paradox von erzieherischem Handeln, auf das schon Kant in seiner Einführungsvorlesung in die Pädagogik hingewiesen hat. Es geht um das Paradox, jemanden in Unfreiheit zur Freiheit zu erziehen (Kant 1803/1983).

Der intentionale Erziehungsbegriff ist nur eine Möglichkeit, sich mit dem Phänomen Erziehung zu befassen. Den wohl radikalsten Widerspruch zu einem solchen Erziehungsbegriff hat die deutsche Antipädagogik formuliert. Bei Ekkehard von Braunmühl heißt es dazu plakativ: „Der Anspruch, andere Menschen in ihren

Grundstrukturen zu formen, ihnen Ziele der Lebensgestaltung, den ‚Kurs fürs Leben' zu setzen, [...], dieser Anspruch ist es, der mit dem Begriff ‚Erziehung' gekennzeichnet wird. Ihn zu durchschauen, als seinem Wesen nach intolerant, misstrauisch, totalitär und auf Unterwerfung zielend, ist die Voraussetzung dafür, die Erziehung nicht nur als überflüssig, sondern als kinder-, menschen-, lebensfeindlich, als verbrecherisch zu erkennen" (Braunmühl 1988, S. 78). Die Antipädagogik fordert, Kinder nicht zu erziehen. Stattdessen sollen sich Erwachsene authentisch verhalten. Dadurch erzeugten sie Widerstände, welche erzieherisch wirken.

Eine andere Kritik an einem intentionalen Erziehungsbegriff entzündet sich an der Annahme, dass lediglich Erwachsene Einfluss auf Kinder nehmen, Kinder nur „Objekt" von Erziehung seien. Hiermit tut man Brezinka Unrecht, weil er durchaus in Kenntnis des Kant'schen Erziehungsparadoxons die Entwicklung vom Objekt zum Subjekt sieht. Hilfreich zur weiteren Differenzierung ist in diesem Zusammenhang eine Analogie des Psychoanalytikers Erich Fromm. Fromm konstatiert, dass die Passagiere eines Flugzeugs dem Piloten kaum Vorschriften machen können, wie dieser das Flugzeug zu fliegen habe. Sie sind dafür im Allgemeinen nicht kompetent genug, und tatsächlich wird dies wohl auch kaum vorkommen. Betrachtet man die Piloten als Erzieher und die Kinder als Fluggäste, dann können Kinder zwar Wünsche äußern, aber ihren Eltern keine Vorschriften machen, Sanktionen verhängen etc. Das heißt, in der erziehenden Beziehung zwischen Erwachsenen und Kindern wird das Kompetenzgefälle unter Absehung denkbarer Ausnahmen (wie etwa geisteskranke oder drogensüchtige Eltern) als gegeben vorausgesetzt. Hieraus ergeben sich ein Recht und eine Verpflichtung für die Eltern, zu erziehen. Dabei haben im Regelfall die Kinder zwar Einfluss auf die Eltern, aber umgekehrt nicht das Recht, die Verpflichtung oder auch die Kompetenz, Eltern zu erziehen (vgl. Gudjons 2003. S. 199). Moderne Erziehungstheorien sehen in den Verhandlungen von Eltern mit ihren Kindern einen wichtigen Einfluss der Kinder. In diesen Verhandlungen sind es jedoch die Eltern, die nicht verhandelbare Grenzen setzen können (vgl. Schneewind 2008; Oelkers 2001a).

Ein weiterer Kritikpunkt an intentionalen Erziehungsbegriffen ergibt sich aus der Frage, wer denn eigentlich bestimme, welches die richtigen Erziehungsziele seien und wie diese Erziehungsziele konkret aussehen sollten. Brezinka selbst, Popularisierer eines intentionalen Erziehungsbegriffs, würde diese Frage eher von sich weisen. Für ihn ist dies eine Frage von Normen, und eine solche Frage hat seines Erachtens nichts mit Wissenschaft zu tun. Hinzu kommt, dass sich Werte und Normen im Laufe der Zeit einerseits verändern. Andererseits gelten sie im Zuge der sogenannten postmodernen Partikularisierung der Gesellschaft zumindest teilweise nur noch für bestimmte Milieus. So beschreibt neuere Forschung zur Erziehung konsequent milieubedingte Erziehungsstile (vgl. Liebenwein 2008).

Dort wird z.B. konstatiert, dass es Milieus gebe, in denen maximale Konsumbefriedigung ein wichtiges Erziehungsziel sei, während in anderen Milieus Fragen von Bildung und Intellektualität eine größere Rolle spielten (ebd.). Gleichzeitig jedoch hat die postmoderne Fragmentierung ihre Grenzen, denn es gibt eine Reihe breit akzeptierter Erziehungsziele. So finden sich in einer empirischen Studie des Bundesministeriums für Familie, Senioren, Frauen und Jugend (2006) folgende Antworten auf die Frage: Was sollen Kinder im Elternhaus lernen?

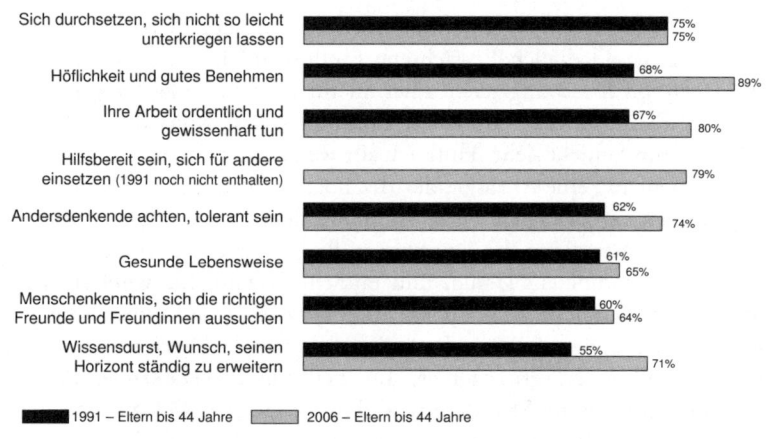

Nach: Bundesministerium für Familie, Senioren, Frauen und Jugend (2006, S. 9)

Eine dritte Gegenposition zum intentionalen Erziehungsbegriff ergibt sich aus der Schwierigkeit, diesen Begriff von anderen Einflussnahmen abzugrenzen. Im sogenannten funktionalen Erziehungsbegriff werden Begriffe wie „Bildung", „Sozialisation" und „Erziehung" kaum voneinander abgegrenzt (vgl. Liebenwein 2008). Heutzutage ist diese Position wenig populär. Stattdessen haben sich spezifische Ausdifferenzierungen ergeben wie etwa die empirische Bildungsforschung, Sozialisationsforschung oder die Erziehungsforschung. Erziehung kann vor diesem differenzierenden Hintergrund als Intentionalisierung von Sozialisation verstanden werden (vgl. Luhmann 2004b), bei dem Eltern oder Lehrer die wesentlichen Agenten des Erziehungshandelns sind. Kinder werden nur dann zu Agenten, wenn sie sich widersetzen und/oder mit den Eltern in Erziehungsfragen in Verhandlungssituationen eintreten. Bildung hingegen kann in einer Tradition, die von Pico della Mirandola in der Renaissance über Humboldt bis zu Hartmut von Hentig führt, als die Entwicklung der im Individuum liegenden Fähigkeiten verstanden werden. Wesentlicher Agent dieser Entwicklung ist das Individuum selbst und nicht Eltern oder Lehrer. Von Hentig akzentuiert diese Sichtweise, wenn er schreibt, dass der richtige Gebrauch des Wortes „bilden" in einer reflexiven Verwendung im Sinne von „sich bilden" liege (Hentig 2007).

Fasst man die bisherigen Überlegungen zusammen, dann orientiert sich die Kultusministerkonferenz an einem intentionalen Erziehungsbegriff. Dieser Begriff kann zwar aus unterschiedlichen Positionen kritisiert werden, ist aber wohl zurzeit in der Wissenschaft als auch in der pädagogischen Praxis anerkannt und konsensfähig.

Mit dieser Festlegung auf einen intentionalen Erziehungsbegriff ist jedoch noch nicht geklärt, welche Bedeutung das Erziehen für Lehrerinnen und Lehrer hat. Johann Friedrich Herbart (1776–1841), der Urvater der deutschen Pädagogik, hat der Antwort auf diese Frage eine bis heute wichtige Richtung gegeben. Bei ihm heißt es: „Und ich gestehe gleich hier, keinen Begriff zu haben von Erziehung ohne Unterricht; so wie ich rückwärts in dieser Schrift wenigstens keinen Unterricht anerkenne, der nicht erzieht" (Herbart 1986, S. 75). Für Herbart sind Erziehen und Unterrichten nicht voneinander zu trennen, Unterricht ohne Erziehung ist für ihn nicht denkbar. Dieses lange geltende Herbart'sche Diktum ist heute nicht unumstritten. In Anbetracht einer postmodernen, pluralen Gesellschaft, die Schwierigkeiten hat, Erziehungsziele zu legitimieren und Erziehungshandlungen durchzusetzen, gibt es einige, die den Beruf des Lehrers am liebsten nur auf das Unterrichten beschränken würden und das Erziehen als Aufgabe der Eltern betrachten. Der radikalste Vertreter einer solchen These ist Herrmann Giesecke mit seiner berühmten Schrift „Wozu ist die Schule da?" (Giesecke 1995). Diese Radikalität wird nur von wenigen Erziehungswissenschaftlern geteilt, findet aber bei Lehrern durchaus Anerkennung, die sich gern von der Aufgabe des Erziehens entlastet sehen würden. Die populärste Position in diesem Zusammenhang dürfte wohl die Position von Ewald Terhart sein. Terhart (2000) sieht den Kernbereich der Kompetenz von Lehrerinnen und Lehrern in der gezielten Planung, Organisation, Gestaltung und Reflexion von Lehr-/Lernprozessen. Erziehen ist für ihn lediglich eine Anforderung an Lehrerinnen und Lehrer, die das Unterrichten ermöglichen soll. Diese Position findet sowohl in der Wissenschaft als auch in der Kultusbürokratie, die für die Erstellung von Lehrplänen zuständig ist, große Anerkennung.

Erziehung als Mittel der Ermöglichung von Unterricht wird häufig unter dem Begriff „Klassenführung" diskutiert. Diese befasst sich mit der „Gestaltung der auf Lernarbeit zielenden Interaktion zwischen Schüler/innen und Lehrer/innen in dem institutionalisierten sozialen Rahmen der Schulklasse" (Kiel 2004, S. 343). Sie will aktivieren, anleiten und beraten, Lernarbeit grundsätzlich ermöglichen, das Lernen für Schüler zur Verpflichtung machen und auch die Lehrer auf Vorbereitung und Durchführung von angemessenen Lehrtätigkeiten festlegen (Kiel ebd.). In dieser Definition wird bereits deutlich, dass sich Klassenführung nicht nur als Reaktion der Lehrkraft auf Unterrichtsstörungen verstehen lässt, sondern dass im Rahmen gelungener Klassenführung vorbeugende, proaktive und reaktive Elemente kombiniert werden. Zentral für alle Formen von Klassenführung sind die Dimensionen, Gewähren von Freiheit, das Setzen von Grenzen sowie Grad der Wertschätzung. Dies sind zentrale Erziehungsfragen. In der deutschsprachigen Tradition haben Tausch und Tausch (1973) ihr Erziehungsstilmodell und Klassenführungsstilmodell parallel mit Hilfe dieser Dimensionen gestaltet.

Klassenführung wird, wie oben mit Bezug zu Terhart skizziert, nicht über die Notwendigkeit von Erziehung legitimiert. Klassenführung geht von einer grundsätzlich schwierigen Lernsituation aus. Sie will Lernen in einer Situation ermöglichen, die komplex ist und durch Unsicherheit bestimmt wird. Doyle (1986) etwa charakterisiert die Situation in der Klasse wie folgt. Unterricht in der Klasse sei geprägt durch:

- *Multidimensionality* – große Anzahl an Ereignissen, deren Vernetzung und multiple Konsequenzen
- *Immediacy* – Ereignisse geschehen schnell, folgen schnell aufeinander
- *Unpredictability* – Ereignisse nehmen unerwartete unvorhersehbare Wendungen, werden gemeinsam produziert und sind daher kaum antizipierbar
- *History* – frühere Erfahrungen in der Klasse formen nachfolgende Ereignisse
- *Simultanity* – verschiedene Ereignisse geschehen zeitgleich
- *Publicness* – Klassenräume sind öffentliche Plätze und Ereignisse werden häufig von einem Großteil der Schüler miterlebt

Schulische Erziehung, sei es durch Klassenführung, sei es durch die Vermittlung spezifischer Inhalte oder Werte, kann im Konflikt mit elterlicher Erziehung stehen. Dies ist z.B. der Fall, wenn, wie einer der Autoren berichtet, ein türkischer Schüler im Sozialkundeunterricht etwas über die Grundrechte und speziell über die Menschenwürde lernt, sich zu Hause über die seine Würde verletzenden Schläge beschwert, und die Eltern vom Lehrer verlangen, solche „unsinnigen Theorien" nicht weiter zu verbreiten, weil dies ihre Erziehungsaufgabe erschwere. Gerade in Erziehungsfragen kann die in fast allen Schulgesetzen geforderte Zusammenarbeit von Schule und Elternhaus sehr schwierig werden. Juristisch sind solche Konflikte ein schwieriges Gebiet, ganz besonders, wenn in der Schule vermittelte Inhalte, Werte oder auch konkrete Erziehungsmaßnahmen vom Erziehungsverhalten im Elternhaus emanzipieren sollen.

Wenden wir uns abschließend der Frage zu, welches Erziehungshandeln von Eltern und Lehrern Kindern gegenüber angemessen ist. Damit sind wir bei der Frage der Erziehungsstile. Hierzu gibt es spätestens seit den 1970er Jahren vielerlei Diskussionen, die in der Bundesrepublik vor allem durch das von Tausch und Tausch entwickelte Erziehungsstilmodell geprägt wurden. Ausgehend von einem humanistischen Menschenbild der kritischen Theorie, Lewins sozialpsychologischer Erziehungstheorie, die nach Möglichkeiten der Umerziehung von Menschen im Nachkriegsdeutschland forschte (Lewin 1948), und geprägt durch die Nachkriegsdiskussionen um den sogenannten „autoritären Charakter" wurde der „partnerschaftlich sozialintegrative Stil" als Erziehungsstil und Klassenführungsstil mit mittlerer Lenkung und großer Wertschätzung zum Leitbild erklärt. National und international besonders populär ist das Modell von Maccoby & Martin (1983).

Kontrolle / Wärme	hoch	niedrig
hoch	autoritativ	permissiv-verwöhnend
niedrig	autoritär	zurückweisend-vernachlässigend

Nach: Maccoby & Martin (1983)

Folgt man Maccoby und Martin, so ist ein autoritativer Stil besonders erstrebenswert. Dieser Stil ist durch ein hohes Maß an liebevoller Zuwendung und Wärme sowie ein hohes Maß an Kontrolle und Bekräftigung von Regeln gekennzeichnet. In der griffigen Formulierung von Klaus Schneewind ist dies ein Erziehungsstil, der sich durch „Freiheit in Grenzen" auszeichnet (vgl. Schneewind 2008; vgl. S. 83ff. in diesem Band). Dem steht der autoritäre Erziehungsstil gegenüber, der ein hohes Maß an Kontrolle beinhaltet und gleichzeitig wenig Verhandlungsbereitschaft und menschliche Wärme zeigt. Der permissiv-verwöhnende Erziehungsstil kann allenfalls für das Säuglingsalter als angemessen betrachtet werden. Der zurückweisende-vernachlässigende Erziehungsstil führt häufig zu Problemen im sozialen Verhalten sowie bei der Identitätsbildung. Die milieuspezifische Erziehungstheorie weist den hier genannten Erziehungsstilen zum Teil spezifische Milieus zu – so sei der autoritäre Stil vor allem in traditionalen Milieus anzutreffen (vgl. Liebenwein 2008). Der hier geschilderte autoritative Erziehungsstil ist von den Kernkompetenzen, wie sie von der Kultusministerkonferenz formuliert wurden, nicht weit entfernt.

Fragt man sich am Ende dieser Einführung, inwieweit Wissenschaft erzieherisches Handeln beeinflussen sollte, und folgt nicht der radikalen Position Brezinkas, der beide Bereiche trennt, dann lohnt es sich, noch einmal an Herbart zu erinnern, bei dem es heißt:

„... *Dass unvermeidlich der Takt in die Stellen eintrete, welche die Theorie leer ließ, und so der unmittelbare Regent der Praxis werde. Glücklich ohne Zweifel, wenn dieser Regent zugleich ein wahrhaft gehorsamer Diener der Theorie ist [...]. Die große Frage nun, an der es hängt, ob jemand ein guter oder ein schlechter Erzieher sein werde, ist einzig diese: wie sich jener Takt bei ihm ausbilde, ob getreu oder ungetreu den Gesetzen, welche die Wissenschaft in ihrer weiten Allgemeinheit ausspricht?" (Herbart 1986, S. 56f.)*

Ziele der Denkschulung (vgl. S. 27ff.) im Kontext „Erziehen" sind:
- Die Etablierung von Regeln und deren Einhaltung und Sanktionierung als wichtige Aspekte von Erziehungsverhalten verstehen, z.B. im Fall 11 im Hinblick auf Konflikterfahrungen im Unterricht
- Ablehnung und Provokation als Aufforderung zum Erziehungshandeln verstehen, z.B. im Fall 14
- Formen der Prävention und Intervention im Rahmen von Classroom-Management kennenlernen und als Handlungsmöglichkeiten identifizieren, z.B. in den Fällen 11 und 13
- Den konstruktiven Umgang mit Konflikten als Entwicklungschance für alle Beteiligten begreifen und sich trotz Widerständen um einen solchen konstruktiven Umgang bemühen, z.B. im Fall 15
- Zusammenarbeit mit den Eltern als notwendiges Element von Erziehungshandeln in der Schule verstehen und trotz Schwierigkeiten angehen, z.B. in den Fällen 12 und 15
- Eine eigene Position zu Nähe und Distanz aufbauen, z.B. im Fall 17
- Eine systemische Sichtweise auf Schulschwierigkeiten kennenlernen, z.B. im Fall 12
- Eigenes Handeln vor dem Hintergrund des „pädagogischen Taktes" abwägen, z.B. im Fall 13

Fall 11: Zermürbende Kleinkriege

Als größte Belastung im Schulalltag empfindet eine Gymnasiallehrerin tägliche zermürbende Auseinandersetzungen, vor allem mit Mittelstufenschülern, über an sich als selbstverständlich geltende Verhaltensregeln. Dies kostet ihrer Ansicht nach Lehrerkraft und Unterrichtszeit.

1 Falldarstellung

Ich finde es schlimm, mich den Schülern gegenüber immer wieder rechtfertigen bzw. durchsetzen zu müssen. Das ist sehr zermürbend.

Bei uns an der Schule hat ein pädagogisches Team vor einigen Jahren einen Grundkonsens zu bestimmten Regeln erarbeitet, die wir und die Schülermitverwaltung als sinnvoll erachteten und die deshalb auch gültig sein sollten. Dazu gehört unter anderem auch das Verbot von elektronischen Wiedergabegeräten. Das Problem ist, dass die Einhaltung dieser Regeln von dem Kollegium sehr unterschiedlich gehandhabt wird. Es gibt einige, die sich überhaupt nicht daran halten und teilweise kontraproduktiv verhalten. Was man von den Schülern einfordert, das sollte man auch selbst beherzigen. Wenn durch den Grundkonsens bestimmte Dinge geregelt wären, wäre vieles einfacher.

Situation 1
Am Mittwoch hatte ich während einer Präsentation in der 8. Klasse einen Schüler, der hinter mir saß, mit einem MP3-Player erwischt. Ich habe ihn darauf hingewiesen, dass das nicht erlaubt sei, und ihn auf die Konsequenzen aufmerksam gemacht. Ich wollte das Gerät konfiszieren. Er sollte sich den MP3-Player am nächsten Tag im Direktorat wieder abholen. Wie sich herausstellte, gehörte der MP3-Player aber einem anderen Schüler, der nun empört versuchte, eine lange Diskussion anzuzetteln. Ich sagte aber, ich wolle nicht darüber diskutieren. Die Schüler, die präsentieren sollten, kamen aus zeitlichen Gründen nicht mehr dazu. Als ich merkte, dass die Situation dabei war, aus dem Ruder zu laufen, habe ich jemanden von der Schulleitung geholt, damit die Schüler von anderer Stelle hören sollten, dass nicht ich persönlich sie ärgern wollte, sondern dass es Regeln in der Schule gibt, an die sie sich halten müssen.

Ich habe den dritten Chef geholt und ihm auf dem Weg die Lage geschildert. Er war ganz ruhig und hat den Schülern deutlich gesagt, dass das so nicht gehe. Danach war auch Ruhe.

Situation 2
Es wird immer versucht, die Verantwortung auf andere abzuschieben. Das reicht bis ins Elternhaus hinein. Ein weiteres Beispiel: Es ist schon fast eine „Selbstverständlichkeit" geworden, dass die meisten Schüler ihren Müll einfach auf den Boden fallen lassen. Eine Schülerin hatte ihr Heft nicht dabei; sie schrieb nicht mit, und ihre Jacke lag vor ihr auf dem Tisch. Deswegen habe ich sie ermahnt, dass sie auf einem Blatt Papier mitschreiben sollte. Ein anderer Schüler sagte dann, dass die Schülerin eine Mandarine esse, die sie hinter der Jacke versteckt halte und dass sie die Schalen auf den Boden geworfen habe. Die Schülerin behauptete, die Schalen seien nicht von ihr. Da diese schon vertrocknet waren, habe ich ihr geglaubt, sie aber aufgefordert, sie trotzdem aufzuräumen. Da es bei uns einen Schülerputzdienst gibt, der am Ende der sechsten Stunde putzt, hätten bestimmt auch schon andere Schüler Müll von ihr aufgeräumt. Ich sagte zu ihr, dass ich möchte, dass sie die Schalen aufhebt, wenn ich sie darum bitte. Daraufhin wurde sie sehr aggressiv, und es kam zu einer Auseinandersetzung. Dann gab ich ihr einen Verweis, weil sie sich ganz massiv meiner Anweisung widersetzt hat. Als die Schülerin behauptete, ich würde sie mobben und „auf dem Kieker haben", ging ich einfach aus dem Klassenzimmer. In der nächsten Stunde hat sie sich entschuldigt. Daraufhin habe ich sie aufgefordert, darüber nachzudenken, was sie eigentlich gesagt und mir unterstellt hatte. Wenn die Schüler persönlich werden, dann trifft mich das immer. Das Gute bei uns im Kollegium ist, dass wir miteinander reden. Das ist nicht überall so. Für jemanden, der neu da ist oder Probleme hat, ist es sehr schwierig, wenn er nicht im Kollegium darüber reden kann. Schon das Wissen, dass sich die Schüler auch bei anderen Lehrern so aufführen, ist beruhigend und hilft einem.

2 Fallbearbeitung

▶ **Identifizieren:**
Mit welchen Schwierigkeiten wird die Lehrkraft konfrontiert?

Welche Konflikte haben Sie selbst während Ihrer Schulzeit wahrgenommen? Wie haben die Lehrer in diesen Situationen reagiert? Sammeln Sie in Einzel- bzw. Gruppenarbeit entsprechende Situationen.

▶ **Interpretieren**
Ein Raster kann helfen, Situationen im Unterricht zu analysieren und zu beurteilen. Rainer Winkel (2009) hat einen Diagnosebogen zur Analyse von Unterrichtsstörungen erarbeitet, der einen differenzierten Blick auf Formen von Störungen, auf die Frage wer oder was gestört wird, auf Störungsrichtungen, -folgen und mögliche Ursachen erlaubt. Mit solch einer differenzierten Betrachtung können

monokausale Erklärungen vermieden werden, die dem komplexen Gefüge „Unterricht" nicht gerecht werden.

Betrachten Sie den Fall nochmals unter Einbeziehung des Diagnosebogens im Abschnitt „Hintergrundwissen" (S. 86f.). Wie können die beschriebenen Situationen aus Ihrer Sicht interpretiert werden?

Interpretieren Sie das Verhalten der Schüler unter Berücksichtigung der Reaktanztheorie. Hinweise finden Sie im Abschnitt „Hintergrundwissen" (S. 85).

▶ **Bewerten**
Wie bewerten Sie das Verhalten der Lehrerin in Situation 1?
Wie bewerten Sie das Verhalten der Lehrerin in Situation 2?

▶ **Handlungs- und Möglichkeitsräume**
Welche Handlungsoptionen hat die Lehrkraft vor dem Hintergrund der Theorie „Freiheit in Grenzen"? Hinweise finden Sie im Abschnitt „Hintergrundwissen" (siehe unten).

Wie kann eine wirksame Intervention im beschriebenen Fall aussehen? Sammeln Sie weitere Möglichkeiten, als Lehrer zu intervenieren. Hinweise finden Sie auch in der angegebenen Literatur.

Wie kann man als Lehrer bzw. als Kollegium oder Schulgemeinschaft Unterrichtsstörungen präventiv vorbeugen? Sammeln Sie weitere Möglichkeiten der Prävention. Hinweise finden Sie auch im angegebenen Literaturvorschlag.

📖 **Literaturvorschlag**
Nolting, H.-P. (2007): Störungen in der Schulklasse. Ein Leitfaden zur Vorbeugung und Konfliktlösung. Weinheim.

3 Hintergrundwissen

Erziehungsstil „Freiheit in Grenzen"
Erziehungsstile im Sinne einer erzieherischen Grundhaltung von Eltern werden in der Literatur nach unterschiedlichen Kriterien diskutiert. Schneewind hat mit seiner Gegenüberstellung von „Freiheit in Grenzen" (autoritativ, siehe Einleitung in den Kompetenzbereich „Erziehen", S. 79), „Grenzen ohne Freiheit" (autoritär) und „Freiheit ohne Grenzen" (in der Ausprägung „Laisser-faire" oder „vernachlässigend") eine anschauliche Darstellung vorgelegt.

Für positive Erziehungskompetenzen sind nach dem Stand der Forschung drei Dimensionen charakteristisch, auf denen das Konzept „Freiheit in Grenzen" beruht. Dieses zeichnet sich durch ein hohes Maß an elterlicher Wertschätzung, Fordern und Grenzensetzen sowie Gewähren und Fördern von Eigenständigkeit aus.

Damit lassen sich die beiden anderen genannten Erziehungskonzepte leicht abgrenzen.

Eine Erziehung nach dem Grundsatz „Grenzen ohne Freiheit" (autoritärer Stil) bedeutet demnach, dass die Eltern viele Forderungen an die Kinder stellen und enge Grenzen ziehen, diesen andererseits aber wenig Wärme und Wertschätzung entgegenbringen sowie wenig Spielräume für eigenständiges Handeln zulassen.

„Freiheit ohne Grenzen" letztlich kann sich in einer nachgiebig-verwöhnenden oder einer vernachlässigenden Erziehung ausprägen. Bei Ersterer wird den Kindern ein hohes Maß an Wertschätzung entgegengebracht und viel Eigenständigkeit zugestanden, allerdings wird wenig von den Kindern gefordert. Eine vernachlässigende Erziehung zeigt sich darin, dass sich Eltern eher zurückweisend verhalten und wenig Kontrolle ausüben.

„Mit dem Konzept ‚Freiheit in Grenzen' ist gemeint, dass Eltern unter Berücksichtigung der Individualität und des Entwicklungsstands ihres Kindes sowohl dessen Bedürfnisse nach einem liebevollen, akzeptierenden und unterstützenden Verhalten beantworten als auch an ihr Kind Forderungen stellen sowie klare Grenzen für unerwünschtes Verhalten setzen. Neben den Aspekten ‚elterliche Wertschätzung' und ‚Fordern und Grenzensetzen' kennzeichnet das Prinzip ‚Freiheit in Grenzen' noch eine wichtige dritte Dimension. Es ist die ‚Gewährung und Förderung von Eigenständigkeit', die es Kindern und Jugendlichen wiederum entsprechend ihrer Individualität und ihres jeweiligen Entwicklungsstandes ermöglicht, Erfahrungen als Konsequenzen ihres eigenen Handelns zu machen und damit zu selbstverantwortlichen und eigenständigen Personen heranzuwachsen" (Wissenschaftlicher Beirat für Familienfragen 2005, S. 56).

Zahlreiche Studien haben gezeigt, dass ein am Prinzip „Freiheit in Grenzen" orientierter Erziehungsstil zur prosozialen und autonomen Persönlichkeitsentwicklung von Kindern und Jugendlichen einen wichtigen Beitrag leisten kann. Freiheit in Grenzen impliziert allerdings auch, dass elterliche Erziehungsbemühungen nicht immer konfliktfrei ablaufen – insbesondere gilt dies im Hinblick auf die kindliche Eigenwilligkeit.

Dafür ist es erforderlich, dem Entwicklungsstand des Kindes angemessene Regeln zu vereinbaren und Grenzen zu setzen, die mit den übergeordneten Entwicklungszielen im Einklang stehen. Hierzu besteht eine grundsätzliche Dialektik zwischen elterlichem Grenzensetzen und kindlichem Grenzentesten. Dabei gilt es durchaus zu bedenken, dass Eltern – in manchen Situationen oder bei manchen (z.B. scheuen) Kindern – auch die Aufgabe zufällt, statt Grenzen zu setzen, Grenzen zu überwinden. Wenn es jedoch um inakzeptables Kindverhalten geht, stellt es eine erhebliche erzieherische Herausforderung für die Eltern dar, einem derartigen Verhalten Einhalt zu gebieten – und zwar einerseits unter Anerkennung der kindlichen Eigenwilligkeit, andererseits aber auch mit der erforderlichen Klarheit und Konsequenz des Einhaltens von vereinbarten Regeln und Grenzen.

Quellen

Wissenschaftlicher Beirat für Familienfragen (2005) (Hrsg.): Familiale Erziehungskompetenzen. Beziehungsklima und Erziehungsleistungen in der Familie als Problem und Aufgabe. Weinheim/München.

Schneewind, K. A. & Böhmert, B. (2008): Kinder im Grundschulalter kompetent erziehen. Der interaktive Elterncoach „Freiheit in Grenzen". Bern.

Weiterführende Informationen zum Konzept „Freiheit in Grenzen":
www.freiheit-in-grenzen.org

Bedrohung der (Wahl-)Freiheit: Die Reaktanztheorie

Die Reaktanztheorie basiert auf der Annahme, dass der Mensch grundlegend motiviert ist, seine Freiheit – hier im Sinne seiner Handlungsspielräume – zu erhalten. Mit Reaktanz wird oppositionelles Verhalten beschrieben, welches entsteht, wenn der Mensch eine Einschränkung seiner Wahlfreiheit erlebt und das Ziel hat, diese Freiheit wieder herzustellen.

Die Ausprägung der Reaktanz ist stärker:
• je mehr Freiheiten bedroht sind,
• je wichtiger die bedrohte Freiheit dem Individuum ist,
• je stärker die Freiheitsbedrohung ist.

Wenn also von vielen Handlungsoptionen nur eine wegfällt, ist die Reaktanz geringer, als wenn z.B. durch Verbote alle Möglichkeiten bis auf eine einzige eliminiert werden.

Deshalb haben Verhaltensvorschriften ein besonders hohes Potenzial an Reaktanz – einem Schüler z.B. mittels Verboten ein bestimmtes Verhalten vorzuschreiben bedeutet letztlich nichts anderes, als ihm die anderen möglichen Handlungsoptionen zu nehmen. Häufig kommt es zu einer „Aufwertung der eliminierten Alternative", d.h. gerade das, was verboten ist, übt einen hohen Reiz aus.

Typische Reaktionen als Ausprägung der Reaktanz sind Trotzreaktionen (bewusste Zuwiderhandlungen) oder das übersteigerte Ausführen von Anweisungen (z.B. wenn ein Schüler auf die Anweisung, sich ordentlich hinzusetzen, übertrieben aufrecht sitzt und die Hände auf den Tisch legt) ebenso wie allgemeine Verstimmung oder gar Aggression.

Quellen

Dickenberger, D. (1985): Reaktanz in der Erziehung. In: Bildung und Erziehung, 38, S. 441-453.
Witte, E. H. (1994): Lehrbuch Sozialpsychologie. Weinheim.

Diagnosebogen

Geringfügig verändert nach: Winkel, R. (2009): Der gestörte Unterricht. Diagnostische und therapeutische Möglichkeiten. Baltmannsweiler, S. 96f.

a) Mögliche Formen von Unterrichtsstörungen
- Disziplinstörungen
- Provokationen und Aggressionen
- Akustische und visuelle Störungen, allgemeine Unruhe, Konzentrationsstörungen
- Störungen aus dem Außenbereich des Unterrichts
- Lernverweigerung und Passivität
- Desmotivationen
- Neurotisch bedingte Störungen

b) Auf welcher Ebene wird die Unterrichtsstörung als solche definiert?
- Ausschließlich vom Lehrer
- Ausschließlich von den Schülern
- Vom beeinträchtigten Lehr- und Lernprozess her

c) Lassen sich Störungsrichtungen ausmachen?
- Schüler – Schüler
- Schüler – Lehrer
- Lehrer – Schüler
- Lehrer – Lehrer

- Objekt – Schüler
- Schüler – Objekt
- Objekt – Objekt
- Lehrer – Objekt

- Norm – Schüler
- Schüler – Norm
- Norm – Lehrer
- Lehrer – Norm

d) Lassen sich Störungsfolgen ausmachen?
Beispiele: kurze Stockung, längere Unterbrechung, Blockade, allgemeine Verstimmung, Einfluss auf Lehrinhalte, Lehrmethoden oder Kommunikation in der Klasse

e) Wo liegen mögliche Ursachen?
Eher im schulisch-unterrichtsbezogenen Kontext?
- Lehrerzentrierter Verbalunterricht
- Angstbesetzter Schulalltag
- Geheime Lehrplanstrategien
- Fehlendes Interesse für Lehrinhalte
- Schulorganisatorische Probleme
- Fehlende Möglichkeiten des Abreagierens
- Weitere Ursachen

Eher im psychisch-sozialen Kontext?
- Beim Schüler
- Beim Lehrer
- In der Lehrer-Schüler-Interaktion
- Im familiären Hintergrund
- In der Peergroup
- In der medialen Reizüberflutung
- Weitere Ursachen

4 Lösungsvorschläge

▶ **Identifizieren**
Mit welchen Schwierigkeiten wird die Lehrkraft konfrontiert?
Situation 1 – Regeln werden nicht eingehalten: Ein Schüler benutzt unerlaubter-weise einen MP3-Player im Unterricht, die Lehrkraft will ihm diesen abnehmen, allerdings gehört der MP3-Player eigentlich einem Mitschüler. Die anschließende Diskussion mit dem Eigentümer stört den Fortgang des Unterrichts vehement.
Situation 2 – Eine Schülerin widersetzt sich der Aufforderung, Mandarinenscha-len vom Boden aufzuheben, wobei unklar ist, ob die Schalen von ihr stammen. Die Schülerin reagiert zunehmend aggressiv und wirft der Lehrkraft Mobbing vor.

▶ **Interpretieren**
Betrachten Sie den Fall nochmals unter Einbeziehung des Diagnosebogens. Wie kön-nen die beschriebenen Situationen interpretiert werden?
Bitte beachten Sie: Allein auf Basis der beschriebenen Situationen können die Unter-richtsstörungen kaum abschließend interpretiert werden, da einige Angaben fehlen bzw. Kontextbedingungen oder auch vorausgehende Vorfälle nicht klar erkennbar sind. Es handelt sich an dieser Stelle entsprechend um mögliche Lösungsräume.

	Situation 1	Situation 2
Formen von Störungen	• Akustische Störungen (falls MP3-Player genutzt wird) • Disziplinstörung (Regeln werden nicht eingehalten) • Provokation und Aggression (Anzetteln von Diskussion, je nach „Wortwahl" des Eigentümers)	• Disziplinstörung (Regeln werden nicht eingehalten) • Provokation und Aggression
Ebene, auf der die Störung als solche definiert wird	• Sowohl die Lehrkraft als auch die Schüler (insbesondere die präsentierende Gruppe) empfinden den Vorfall als Störung	• Lehrkraft • Beeinträchtigung des Lehr-Lern-Prozesses (Lehrkraft verlässt Klassenzimmer)
Störungsrichtung	• Objekt – Schüler • Schüler – Lehrer • Schüler – Schüler • Schüler – Norm	• Schüler – Lehrer • Schüler – Norm
Störungsfolgen	Einfluss auf Präsentation der Mitschüler, Verlust an Lernzeit, Belastung für Lehrer …	Unterbrechung, andere Folgen (z.B. auf das Klima in der Klasse) nicht klar erkennbar …
Mögliche Ursachen	Aus Fallbeschreibung nicht umfassend erkennbar. Denkbare Ursachen: Langeweile beim Schüler, pubertäres Verhalten (8. Klasse), Einfluss durch Peergroup, schlechte Klassenführung, mangelndes Durchsetzungsvermögen der Lehrkraft, geringe Zusammenarbeit im Kollegium bzw. Inkonsequenz bei der Regeldurchsetzung …	siehe Situation 1

Bewerten Sie das Verhalten der Schüler unter Berücksichtigung der Reaktanztheorie.
Mögliche Bewertung:
- Die Schüler zeigen eine bewusste Zuwiderhandlung (Trotzreaktion: bewusstes Überschreiten von Regeln bei Benutzung des MP3-Players), da ihr individueller Handlungsspielraum vorab durch Regeln (keine elektronischen Geräte im Unterricht, nicht im Unterricht essen) eingeschränkt ist. Im Umfeld der Schule sind im Sinne der Reaktanztheorie relativ viele „Freiheiten" durch Regeln beschränkt. Ganz allgemein wird die Freiheit des Schülers durch die Schulpflicht eingeschränkt.
- Die Schüler zeigen in der Situation oppositionelles Verhalten (Aggression gegen Lehrkraft), da ihr Handlungsspielraum eingeschränkt wird (Wegnahme MP3-Player, Aufforderung zum Aufheben der Mandarinenschalen).

▶ **Bewerten**

Wie bewerten Sie das Verhalten der Lehrerin in Situation 1?
Die Lehrerin befindet sich in einem Konflikt zwischen den Anforderungen „Unterrichten" und „Erziehen". Indem sie das Klassenzimmer verlässt, entscheidet sie sich zugunsten des „Erziehens" und verzichtet auf eine Fortführung des Unterrichts. Das Hinzuziehen einer Autoritätsperson (Konrektor) kann ihre Position gegenüber der Klasse durchaus schwächen. Andererseits zeigt sie Konsequenz, indem sie auf Einhaltung der Regeln beharrt.

Wie bewerten Sie das Verhalten der Lehrerin in Situation 2?
Die Lehrerin entscheidet sich für eine Bestrafung (Verweis) und versucht so, die Situation zu beenden. Der Widerstand der Schülerin wird geweckt, woraufhin die Lehrerin die Klasse verlässt. Der Konflikt wird durch die Bestrafung eher verschärft als gelöst. Die Lehrerin riskiert, dass sich die Beziehung zwischen ihr und der Schülerin verschlechtert. Sie versucht zwar einerseits, konsequent auf die Einhaltung von Regeln zu drängen, jedoch um den Preis, dass eine Fortführung des Unterrichts kaum mehr möglich erscheint.

▶ **Handlungs- und Möglichkeitsräume**

Welche Handlungsoptionen hat die Lehrkraft vor dem Hintergrund der Theorie „Freiheit in Grenzen"?
Mögliche Lösungsräume: Das Konzept „Freiheit in Grenzen" ist im Sinne einer erzieherischen Grundhaltung auch auf das Verhältnis Lehrer – Schüler anwendbar. Es geht darum, den Schülern sowohl hohe Wertschätzung entgegenzubringen und Eigenständigkeit zuzulassen als auch klare Grenzen zu ziehen.
• Hohe Wertschätzung: Einzelgespräch außerhalb des Unterrichts, kooperative Strategien etc.
• Hohes Maß an Fordern und Grenzensetzen: gegebenenfalls Tadel, Androhung von Konsequenzen, Hinweis auf Regeln etc.
• Hohes Maß an Gewähren von Eigenständigkeit: selbstgesteuertes Lernen ermöglichen, demokratische Klassenführung etc.

Wie kann eine wirksame Intervention im beschriebenen Fall aussehen?
Lehrerzentrierte Strategien bei akuten Vorfällen, jeweils in Abhängigkeit von der Schwere der Störung, zum Beispiel durch:
• Nonverbale Signale
• Bewusstes Ignorieren
• Direkte Aufforderung an Schüler, das unerwünschte Verhalten zu unterlassen
• Tadeln, Androhung von Strafe
• Hinweis auf Regeln

- Sitzordnung ändern
- Klasse oder einzelne Schüler nach möglichen Lösungen fragen
- Arbeiten mit Anreizen
- Einzelgespräch außerhalb des Unterrichts

Kooperative Strategien (im Vordergrund stehen kollektive, also die Klasse betreffende Probleme und kollektiv ausgerichtete Strategien der Problemlösung):
- Konfliktlösungsgespräche (bilateral)
- Kooperative Verhaltensänderung (u.a. den Konflikt zum Thema eines Klassengesprächs machen)
- Konstruktives Konfliktgespräch nach Gordon (Lehrer-Schüler-Konferenz)
- Elterngespräch über den Konflikt
- Gegebenenfalls Schulpsychologen/Schulsozialarbeit hinzuziehen

Wie kann man als Lehrer bzw. als Kollegium oder Schulgemeinschaft präventiv vorbeugen?

Lehrer:
- Grundsätze des Klassenmanagements beachten, z.B. breite Aktivierung, Vorbereitung von Unterrichtsabläufen, Unterrichtsfluss herstellen, Abwechslung
- Regeln gemeinsam festlegen
- Metakommunikation bei starken Störungen

Schule/Kollegium:
- Regeln, Schulvertrag, Schulklima, Schulentwicklung

Fall 12: Klassengespräch über Verhalten – Wutausbruch des Vaters

Eduard stört den Unterricht seit der 1. Jahrgangsstufe erheblich. Seine Klassenkameraden sind immer wieder verbalen und körperlichen Attacken ausgesetzt. In seiner Klasse hat er eine Außenseiterposition. In der 4. Jahrgangsstufe kommt es unter dem Druck des „Übertritts" zu einer Eskalation: Eltern seiner Mitschüler beklagen sich darüber, dass ein geregelter Unterricht in angenehmer Atmosphäre in Anwesenheit Eduards nicht durchführbar sei. Die Klassenlehrerin führt daraufhin ein Klassengespräch zum Verhalten Eduards durch. Am nächsten Tag fängt der Vater Eduards die Lehrerin auf dem Weg ins Schulzimmer ab: Er brüllt sie an und droht ihr mit rechtlichen Schritten.

1 Falldarstellung

Es geht um den Fall eines Schülers, der vor kurzem in meine Klasse kam. Er ist das jüngste Kind der Familie. Die beiden älteren Kinder waren bereits an unserer Schule, mit den Eltern gab es in dieser Zeit nie Schwierigkeiten. Der Vater ist ein Mann in hoher beruflicher Position. Ich kannte den Jungen schon aus den beiden Vorjahren. Er wurde häufiger in meine Klasse gesetzt, da er Verhaltensauffälligkeiten zeigte und es oft Schwierigkeiten mit ihm gab. Das erste Schuljahr mit diesem Kind war sehr schwierig. Eduard hat unglaublich oft den Unterricht gestört, provoziert und ständig nach zusätzlicher Aufmerksamkeit gesucht, die er letztendlich auch bekommen hat. Es kam auch häufig vor, dass Eduard Mitteilungen an die Eltern weggeworfen hat, weil er die Konsequenzen fürchtete. Er hatte häufig Hausarrest.

Von der Mutter habe ich erfahren, dass er als Kleinkind sehr krank gewesen war. Er hat Asthma und war in den ersten beiden Lebensjahren mehrfach sehr lange im Krankenhaus, so dass er schon immer das Sorgenkind der Familie war. Er wurde mehrfach auf ADHS untersucht, allerdings habe ich nie Auskunft über die Ergebnisse erhalten. Es hieß, er dürfe zusätzlich zu seinen starken Asthma-Medikamenten keine weitere Medizin einnehmen, wie z.B. Ritalin. Das habe ich akzeptiert. Aufgrund seiner Krankheit hat Eduard immer wieder wochenweise in der Schule gefehlt. Dann hat sich seine Mutter um ihn gekümmert; der Vater kam nur am Wochenende nach Hause, so dass er sich nur in diesen zwei Tagen ein Bild von seiner Familie und von Eduard machen konnte. Am Wochenende wurde Bilderbuchfamilie gespielt. Es war aber auch schon einmal von Trennung die Rede. Der von mir beschriebene Zeitraum bezieht sich etwa auf Februar/März des 4. Schuljahres. Es ging allmählich um den Übertritt. Einige Monate zuvor war der Vater auf eigenen Wunsch wieder in die Heimatstadt zurückversetzt worden und konnte sich daher mehr um die Erziehung seiner Söhne kümmern, insbesondere um Eduard, bei dem der Übertritt auf der Kippe stand. Eduard ist zwar ein sehr schlaues Kind und hätte das sicherlich auch geschafft, aber er machte nur mit größter Hilfe und Anstrengung Hausaufgaben. Häufig hat er seine Sachen unter der Bank versteckt oder sogar weggeworfen. Jegliches Schulmaterial ging ständig verloren.

Nachmittags holte sich die Mutter sehr oft Hilfe von einer Kollegin. Das ging sogar so weit, dass das Kind 3- bis 5-mal zu der Kollegin zum Hausaufgabenmachen geschickt wurde, da zu Hause die Situation wohl unerträglich war. Die Mutter hat das jedoch immer bestritten, Eduard verteidigt und die Situation immer mit seiner Krankheit entschuldigt. Eine Therapie wurde oft vorgeschlagen, doch die Eltern waren immer dagegen.

Viele der Kinder, die anfänglich mit Eduard befreundet waren, haben sich zurückgezogen und wollten ihm am Schluss nicht einmal mehr die Hausaufgabe bringen, da er sie ständig angestachelt hat, Unsinn zu machen und kleinere Delikte auszuführen. Wenn es um den Übertritt geht, ist die Situation normalerweise immer etwas verschärft, auch was die Sensibilität der Eltern in Bezug auf Noten anbelangt. Hinzu kam, dass sich einige Eltern beschwerten, dass Eduard den Unterricht so sehr störe, dass die anderen Schüler zu kurz kämen. Es wurde in der Elternschaft immer wieder darüber gesprochen, dass ich darauf hinwirken möge, dass Eduard sich im Klassenzimmer sozialer verhalten und nicht so sehr in den Vordergrund drängen würde. Ich sollte Maßnahmen ergreifen. Deshalb wollte ich einen Vertrag mit ihm abschließen. Bereits in der 1. Klasse musste die Direktorin einen Vertrag mit ihm darüber machen, welche Dinge Eduard unterlassen sollte. Damals hat es funktioniert. Deswegen wollte ich dieses Mittel nun auch in der 4. Klasse einsetzen. Eduard sollte den anderen Kindern versprechen, dass er sich bis zu einem geplanten Ausflug gut benimmt. Wir haben ihm dazu einige Punkte auf einem Zettel aufgeschrieben, die er bereitwillig unterschrieben hat. Er war auch stolz darauf, dass er im Mittelpunkt stand, dass wir uns um ihn kümmerten und das auch schriftlich fixierten. Er hat auch nicht geweint oder sich geweigert. Man hatte das Gefühl, dass er froh sei, ein Gerüst erhalten zu haben und noch einmal zu hören, was er nicht machen sollte. Er hat auch immer wieder beteuert, wie leid ihm alles tue, dass er das alles gar nicht wolle und dass es nicht wieder vorkomme.

Am nächsten Morgen tauchte kurz vor Unterrichtsbeginn der Vater in der Schule auf. Er fing mich auf dem Weg zu meinem Klassenzimmer ab und beschimpfte mich wüst: Ich würde Nazimethoden anwenden, und er habe erst, seitdem er wieder in der Heimatstadt arbeite, begriffen, wie ich mit seinem Sohn umginge und was dieser alles ertragen müsse. Seiner Meinung nach sei es geradezu lächerlich, was Eduard vorgeworfen werde. Wir hätten völlig überzogene Maßnahmen ergriffen. Er drohte, mir große Schwierigkeiten zu bereiten, wenn so etwas noch einmal vorkäme. Er ließ sich nicht beruhigen. Ich schlug ihm vor, in meine Sprechstunde zu kommen. Er sagte, dass er zu dieser Zeit arbeiten müsse.

2 Fallbearbeitung

▶ **Identifizieren**
Welche Probleme der Lehrkraft im Hinblick auf den Schüler Eduard lassen sich im Text benennen?
Welche Probleme der Lehrkraft im Hinblick auf die Eltern des Schülers lassen sich im Text benennen?
Welche Maßnahmen ergreift die Lehrkraft?

▶ **Interpretieren**
Probleme wie eine hohe Aggressionsbereitschaft erfahren häufig durch monokausale Erklärungen eine unzulässige Vereinfachung. Damit erfolgversprechende Lösungsstrategien entwickelt werden können, sollten auftretende Probleme einer systemischen Betrachtung unterzogen werden. Informieren Sie sich im Abschnitt „Hintergrundwissen" (S. 96ff.) über die systemische Sichtweise von Schulschwierigkeiten und interpretieren Sie das Verhalten Eduards vor dem Hintergrund dieser Erkenntnisse.
Analysieren Sie die Kommunikation des Vaters mit der Lehrkraft nach dem Vier-Ebenen-Kommunikationsmodell Schulz von Thuns. Beziehen Sie sich dabei auf die Informationen im Abschnitt „Hintergrundwissen" (S. 95f.) und unterscheiden Sie die dort beschriebenen Ebenen „Sachinhalt", „Appell", „Beziehung" und „Selbstoffenbarung".

▶ **Bewerten**
Wie bewerten Sie das Vorgehen der Lehrkraft in Bezug auf Eduard?

▶ **Handlungs- und Möglichkeitsräume**
Die Durchführung von Elterngesprächen kann, wie im vorliegenden Fall, eine große Herausforderung darstellen. Angenommen, ein Termin mit dem Vater

kommt im Rahmen der Sprechstunde doch zustande: Worauf muss die Lehrerin in Bezug auf eine Lösung des Konflikts besonders achten? Sammeln Sie in Einzel- bzw. Gruppenarbeit entsprechende Punkte.

Sie können sich in der angegebenen Literatur zusätzlich über die „2 x 4 Kommunikationsformen" sowie die Phasen eines Elterngesprächs informieren und diese Punkte in Ihre Überlegungen einbeziehen.

📖 **Literaturvorschlag**

> Hennig, C. & Ehinger, W. (2003): Das Elterngespräch in der Schule. Von der Konfrontation zur Kooperation. Donauwörth.

Was versteht man unter „kooperativer Konfliktintervention"? Sammeln Sie in Einzel- bzw. Gruppenarbeit wichtige Eckpunkte. Zusätzliche Informationen finden Sie in der angegebenen Literatur.

📖 **Literaturvorschlag**

> Nolting, H.-P. (2007): Störungen in der Schulklasse. Ein Leitfaden zur Vorbeugung und Konfliktlösung. Weinheim.

Ist die kooperative Konfliktinterventionsstrategie „Klassengespräch", in deren Rahmen ein Vertrag zwischen der Lehrkraft, Eduard und der Klasse geschlossen wurde, Ihrer Meinung nach ein sinnvoller Lösungsansatz für die in der Falldarstellung geschilderten Probleme? Sammeln Sie in Einzel- bzw. Gruppenarbeit Argumente und diskutieren Sie darüber.

Material: Vertrag zwischen Eduard, seiner Klasse und der Lehrerin, entwickelt im Rahmen des Klassengesprächs

---

Vertrag zwischen Eduard, seiner Klasse und der Lehrerin

1. Ich achte auf meine Hefte und Bücher.

2. Während des Unterrichts bleibe ich auf meinem Platz.

3. Im Unterricht störe ich niemanden beim Lernen und lasse meine Mitschüler ausreden.

4. Ich löse Konflikte mit Worten.

5. Ich achte meine Mitschüler und gehe freundlich mit ihnen um.

Nur wenn ich diese Regeln einhalte, darf ich beim nächsten Ausflug am ... mitgehen.

Ort und Datum   Unterschrift von Eduard

3 Hintergrundwissen

a) Das Kommunikationsmodell nach Schulz von Thun

Eine Ursache für viele Konflikte besteht nach Schulz von Thun darin, dass Botschaften beim Empfänger häufig anders verstanden werden, als es der Sender eigentlich gemeint hat.

Mit jeder Nachricht wird nicht nur eine bestimmte, klar definierte Botschaft übermittelt, vielmehr existieren nach dem Modell Schulz von Thuns vier Seiten einer Nachricht, d.h. der Sender übermittelt vier Botschaften, der Empfänger nimmt vier Botschaften auf.

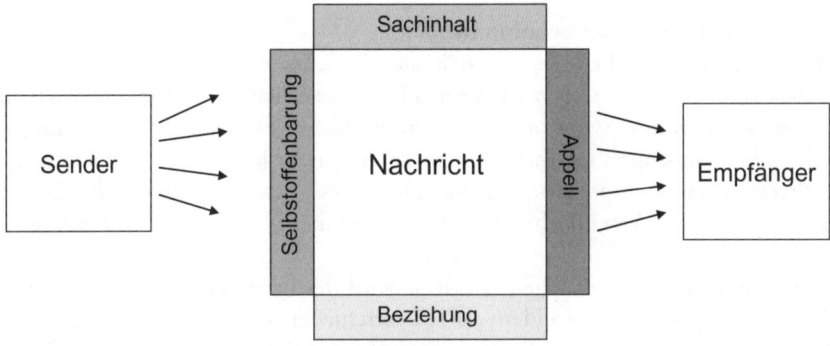

Darstellung in Anlehnung an Schulz von Thun (2006, S. 30)

Sachinhalt: Hier steht die Sachinformation im Fokus (Daten, Fakten, Sachverhalte).

Selbstoffenbarung: Jeder Sender, der eine Nachricht übermittelt, tut dies nicht, ohne bewusst oder unbewusst auch Informationen über sich selbst, wie etwa seine aktuelle Stimmungslage, zu kommunizieren.

Beziehung: Mit der Nachricht übermittelt der Sender bewusst oder unbewusst auch, wie er zum Empfänger steht – z.B. über die Art der Formulierung, den Tonfall, Mimik und Gestik.

Appell: Unter Appell versteht man die Intention des Senders, die dieser mit dem Übermitteln der Nachricht verbindet. In der Regel will der Sender – ob offen oder verdeckt – auf den Empfänger in irgendeiner Art und Weise Einfluss nehmen.

Botschaften der vier Ebenen können nach Schulz von Thun explizit oder implizit übermittelt werden und kongruent (die vier Botschaften der Nachricht weisen in eine Richtung) oder inkongruent (die vier Botschaften passen nicht zusammen) sein. Bedenkt man nun noch die Bedeutung der Anteile nonverbaler Kommunikation (Stimme, Betonung und Aussprache, Mimik und Gestik), die nicht immer kongruent mit dem Gesagten sein müssen, wird schnell offensichtlich, wie viele „Stolperschwellen" in der zwischenmenschlichen Kommunikation lauern.

Quellen
Schulz von Thun, F. (2006): Miteinander reden 1: Störungen und Klärungen. Reinbek bei Hamburg.

b) Systemische Sicht auf Schulprobleme

Eine systemische Sichtweise, die sich auf die Überlegungen Bronfenbrenners (1993) zu sozialökologischen Zusammenhängen zurückführen lässt, geht davon aus, dass bestimmte Symptome wie Schulprobleme oder Unterrichtsstörungen sich nicht monokausal interpretieren lassen. Vielmehr birgt die monokausale Interpretation von Symptomen, die im Rahmen der Schule auftreten, die Gefahr einer unzulässigen Vereinfachung, ohne dass auf mögliche Ursachen eingegangen wird.

Im Rahmen einer systemischen Diagnose wird der betroffene Schüler nicht nur als isoliertes Individuum, sondern als Teil verschiedener sozialer Systeme gesehen, der sowohl von außen beeinflusst wird als auch selbst sein Umfeld beeinflusst. Neben dem Schüler sind daher auch die Familie, die Schule bzw. Schulklasse und die Umwelt sowie deren jeweilige Einflüsse auf das Verhalten in die Überlegungen mit einzubeziehen.

Schüler	Schule
Begabungshöhe	Lehrerpersönlichkeit
Kenntnisse und Fertigkeiten	Befindlichkeit des Lehrers
Begabungskomponenten	Psychohygiene des Lehrers
Lernmotivation	Lehrer-Schüler-Beziehung
Lerntechniken und -strategien	Erziehungs- und Unterrichtsstil
Kognitive Stile	Unterrichtsmethodik
Schul- und Leistungsangst	Leistungsanforderungen
Konzentrationsfähigkeit	Leistungsbeurteilung
Entwicklungskrisen	Erwartungshaltung
Identitätskrisen	Schulklima, Schulumwelt
Selbstkonzept und Selbstbild	Schulorganisation
Affektivität, Stimmung	Beziehungen im Kollegium
Konstitution und Gesundheit	Schüler-Schüler-Beziehungen
Organische Ursachen	Lehrplan
Hyperaktivität	Bildungspolitik
Speicherkapazität	Pädagogischer Konsens
Behinderung	Kooperation mit dem Elternhaus
Familie	**Umwelt**
Familienstruktur	Reizüberflutung
Familienregeln	Medien, Fernsehen
Familienklima, Familienkonflikte	Permanenter Lärm
Trennung und Scheidung	Belastung von Luft, Wasser, Boden, Nahrung
Erziehungseinstellung und -stil	Elektromagnetische Wellen
Verwöhnung	Zunahme von Allergien
Eltern-Kind-Beziehung	Bewegungsmangel
Geschwisterrivalität	Schularchitektur
Überforderte Eltern	Bildungspolitik
Vernachlässigung, Missbrauch	Gesellschaftsordnung, -struktur
Hohe Leistungserwartungen	Wandel der Gesellschaft
Anregung und Förderung	Werteverfall
Ablösekrisen	Zukunftsperspektive
Familienrhythmus und Freizeit	Wohnverhältnisse
Krankheit und Tod	Familienpolitik
Belastungen, Sorgen	Jugendszene, Peergruppen, Clique

Hennig, C. & Ehinger, W. (2003, S. 20)

Zwischen all diesen Systemen existieren Wechselwirkungen, so trägt z.B. unter Umständen eine schlechte Klassenarbeit aus dem System „Schule" zu Veränderungen im System „Familie" bei, wenn der Schüler dafür Hausarrest bekommt.

Quellen

Hennig, C. & Ehinger, W. (2003): Das Elterngespräch in der Schule. Von der Konfrontation zur Kooperation. Donauwörth.
Bronfenbrenner, U. (1993): Die Ökologie der menschlichen Entwicklung. Natürliche und geplante Experimente. Stuttgart.

4 Lösungsvorschläge:

▶ **Identifizieren**

Welche Probleme der Lehrkraft im Hinblick auf den Schüler Eduard lassen sich im Text benennen?

Es werden nicht näher beschriebene Verhaltensauffälligkeiten, Unterrichtsstörungen und Provokationen seitens des Schülers benannt. Dazu kommen das Verschwindenlassen von Mitteilungen an die Eltern, fehlendes Schulmaterial und Probleme bei der Hausaufgabenbearbeitung. Mögliche Probleme stellen auch die häufigen Fehlzeiten des Schülers (chronische Erkrankung) sowie der aufkommende Druck der Eltern von Mitschülern dar.

Welche Probleme der Lehrkraft im Hinblick auf die Eltern des Schülers lassen sich im Text benennen?
• Die Mutter beschönigt die Situation und weigert sich, Hilfe anzunehmen.
• Zentral: Beschimpfung durch Vater

Welche Maßnahmen ergreift die Lehrkraft?
• Klassenvertrag
• Therapievorschlag/Kontaktversuche zu den Eltern (aus Fallbeschreibung nicht klar erkennbar)

▶ **Interpretieren**

Probleme wie eine hohe Aggressionsbereitschaft erfahren häufig durch monokausale Erklärungen eine unzulässige Vereinfachung. Damit erfolgversprechende Lösungsstrategien entwickelt werden können, sollten auftretende Probleme einer systemischen Betrachtung unterzogen werden. Informieren Sie sich im Abschnitt „Hintergrundwissen" über die systemische Sichtweise von Schulschwierigkeiten und interpretieren Sie das Verhalten Eduards vor dem Hintergrund dieser Erkenntnisse.

Denkbare Einflussfaktoren:
• Schüler: Schul- und Leistungsangst, Konzentrationsfähigkeit, evtl. ADHS, Identitätskrise, Suche nach Aufmerksamkeit, Aggressivität
• Familie: schwierige familiäre Situation und Struktur (Spannungen, innerfamiliäre

Beziehungen), Eduard als „Sorgenkind", Leistungserwartungen, Überforderung
* Schule: Übertrittssituation, Notendruck, Position Eduards in der Klasse, Lehrer-Schüler-Beziehung (z.B. Attribution > Vergleich mit Geschwistern), Kooperation mit Elternhaus, Eltern von Mitschülern
* Umwelt: Reizüberflutung (ADHS?), Bewegungsmangel, Bildungspolitik (z.B. Selektion), unsichere Zukunftsperspektive

Analysieren Sie die Kommunikation des Vaters mit der Lehrkraft nach dem Vier-Ebenen-Kommunikationsmodell Schulz von Thuns. Beziehen Sie sich dabei auf die Informationen im Abschnitt „Hintergrundwissen" und unterscheiden Sie die dort beschriebenen Ebenen „Sachinhalt", „Appell", „Beziehung" und „Selbstoffenbarung".

Sachinhalt („das passiert"):
* Der Vater erscheint unangekündigt.
* Er äußert in Überlautstärke Vorwürfe.
* Die Maßnahme „Klassenvertrag" sowie der Umgang mit Eduard insgesamt werden infrage gestellt.
* Er droht weitere Konsequenzen an.

Selbstoffenbarung („so geht es mir dabei"):
* Der Vater ist wütend über die aus seiner Sicht ungerechte Behandlung seines Sohnes.
* Er fühlt sich gleichzeitig überlegen (aufgrund seiner hohen beruflichen Position) und ausgeliefert (als Vater).
* Er fürchtet eventuell, dass die Lehrerin mit der Beurteilung seines Sohnes recht haben könnte, versucht dies aber zu verdrängen.
* Er fürchtet eventuell, als Vater versagt zu haben, versucht dies aber zu verdrängen.
* Die Lehrerin fühlt sich respektlos behandelt und den plötzlichen Beschuldigungen und Bedrohungen hilflos ausgeliefert.
* Sie will nicht in die Unterlegenheitsposition geraten, in die sie sich gedrängt fühlt.
* Sie fürchtet eventuell, etwas falsch gemacht oder versäumt zu haben, versucht dies aber zu verdrängen.

Beziehung („das halte ich von Ihnen"):
* Der Vater hält die Lehrerin für parteiisch und inkompetent (z.B. ihre Strategie der Streitschlichtung).
* Er glaubt, seinen Sohn gegen „Angriffe" der Lehrerin verteidigen zu müssen.
* Er glaubt, die Lehrerin einschüchtern zu müssen.

- Die Lehrerin hält den Vater für respektlos und anmaßend, was ihre Person und ihre Arbeit betrifft.
- Sie hält den Vater für einen angriffslustigen Machtmenschen, der ihr Verhalten durch Drohgebärden zu beeinflussen versucht.
- Sie kämpft gegen die Opferrolle an, in die sie sich gedrängt fühlt.

Appell („ich will, dass Sie das tun"):
- Der Vater will nicht, dass sein Sohn Gegenstand von Klassengesprächen ist, dass er Klassenverträge unterschreiben muss, dass er an Ausflügen nicht teilnehmen darf oder immer wieder „strafversetzt" wird.
- Er will, dass das Verhalten seines Sohnes geduldet wird.
- Er will, dass sein Sohn den Übertritt auf das Gymnasium schafft.

- Die Lehrerin will möglichst schnell aus der Situation herauskommen.
- Sie will, dass der Schüler ein Verhalten zeigt, das einen geregelten Unterrichtsablauf zulässt.
- Sie will, dass die Eltern das inakzeptable Verhalten des Sohnes wahrnehmen und Maßnahmen dagegen ergreifen.
- Sie will als Person und als kompetente Lehrerin geschätzt werden.
- Sie will, dass die Eltern konstruktiv mit ihr zusammenarbeiten.

▶ **Bewerten**
Wie bewerten Sie das Vorgehen der Lehrkraft in Bezug auf Eduard?
Die Lösung „Klassenvertrag" hatte nach Ansicht der Lehrerin zumindest zum Zeitpunkt der Unterzeichnung des Vertrags eine positive Wirkung auf den Schüler Eduard. Langfristige Wirkungen auf sein Verhalten im Unterricht sind allerdings aus der Fallbeschreibung nicht abzusehen. Das Vorgehen der Lehrkraft in Bezug auf Eduard erscheint allerdings etwas überstürzt, es hat den Anschein, dass sie eher auf den Druck der Eltern reagiert, als selbst zu agieren. Das Vorgehen (Klassengespräch, Vertrag) hätte dringend mit den Eltern des Schülers Eduard abgesprochen werden müssen. Die Lösung „Klassengespräch" mit dem Ziel der Erarbeitung eines „Vertrags" erscheint bei sensibler Durchführung als ein möglicher sinnvoller Lösungsansatz, allerdings kann man sich fragen, ob die Durchführung im beschriebenen Fall gelungen ist.

▶ **Handlungs- und Möglichkeitsräume**
Die Durchführung von Elterngesprächen kann, wie im vorliegenden Fall, eine große Herausforderung darstellen. Angenommen, ein Termin mit dem Vater kommt im Rahmen der Sprechstunde doch zustande: Worauf muss die Lehrerin in Bezug auf eine Lösung des Konflikts besonders achten?

Die Lehrerin hat, wenn sich die Situation beruhigt und ein Termin in der Sprechstunde zustande kommt, verschiedene Möglichkeiten der Kommunikation, die sich nach dem Grad der Aktivität bzw. der Lenkung des Gesprächs unterscheiden lassen.

- Nonverbales Zuhören: Gestik und Mimik (z.B. Kopfnicken, Lächeln, „zugewandte Körperhaltung") signalisieren Aufmerksamkeit bzw. die Bereitschaft zum Zuhören, geringe Aktivität/Lenkung
- Umschreibendes Zuhören (Paraphrasieren): Wiedergabe des Gesagten mit eigenen Worten, so kann auch ein gemeinsames Verständnis sichergestellt werden
- Aktives Zuhören: Formulieren von Fragen, die dem Gesprächspartner helfen, seine Sicht darzulegen („Sie meinen …"? „Sie haben das Gefühl, dass …?")
- Offene W-Fragen: Geben dem Gesprächspartner die Möglichkeit zu reflektieren und letztlich gemeinsam zu Lösungen zu kommen; hier besteht auch die Möglichkeit, bewusst die oben genannten Ebenen anzusprechen und so z.B. die Appellebene offenzulegen („Wie sehen Sie …?", „Was wäre …?")
- Vorschläge, Ratschläge, Anweisungen: klare Aussagen über weiteres Vorgehen, stärkste Form der Lenkung eines Gesprächs

Was versteht man unter „kooperativer Konfliktintervention"? Sammeln Sie in Einzel- bzw. Gruppenarbeit wichtige Eckpunkte.

Form: Gespräch aller am Konflikt beteiligten Parteien (Gruppen von Schülern bzw. Klasse, Lehrer). Die Schüler werden als freie und vernunftbegabte Persönlichkeiten gesehen, die selbstständig reflektieren und eigenaktiv Entscheidungen treffen können.

Ziel: Konfliktlösung, die von allen beteiligten Parteien akzeptiert wird. Schüler und Lehrer suchen gemeinsam nach Lösungen.

Beispiel: kooperative Verhaltensmodifikation nach Redlich und Schley (1978)

Phase 1: Problemdiagnose
Die Lehrkraft schildert ihre Sicht des Problems und bittet auch die Schüler um eine Einschätzung (evtl. auch anonym per Fragebogen).

Phase 2: Planung
Nach der Diagnose wird in dieser Phase gemeinsam festgelegt, was auf welchem Weg erreicht werden soll (dies kann z.B. in einem Klassenvertrag festgehalten werden).

Phase 3: Intervention
In dieser Umsetzungsphase wird mit den neuen Regeln gearbeitet und der Erfolg der Maßnahmen überwacht.

Ist die kooperative Konfliktinterventionsstrategie „Klassengespräch", in deren Rahmen ein Vertrag zwischen der Lehrkraft, Eduard und der Klasse geschlossen wurde, Ihrer Meinung nach in diesem Fall ein sinnvoller Lösungsansatz? Sammeln Sie in Einzel- bzw. Gruppenarbeit Argumente und diskutieren Sie darüber.

- Zu hinterfragen ist, ob ein gemeinsames Klassengespräch über einen Schüler, bei dem der Betreffende anwesend ist, angemessen ist (Gefahr: „alle gegen einen"). Einzelgespräche, ggf. unter Hinzuziehen von schulpsychologischem Fachpersonal, vor dem Klassengespräch wären hier vermutlich effektiver. Zudem erscheint die Anwendung des Klassengesprächs ohne Hinführung der Klasse zu abrupt (Interventionsstrategien sollten langsam eingeführt und regelmäßig angewendet werden und nicht im akuten Fall erstmalig zum Einsatz kommen).
- Auf einer anderen Ebene ist zu fragen, ob die „Sonderrolle" des Schülers Eduard angemessen ist.
- Das Vorgehen der Lehrkraft hätte mit den Eltern des Schülers abgesprochen werden müssen. Insgesamt sollte vielschichtigen Problemen auf verschiedenen Ebenen begegnet werden (nicht nur auf Ebene der Klasse, auch individuell beim Schüler, bei den Eltern, bei der Schule usw.).
- Zumindest kurzfristig zeigen sich positive Effekte in Bezug auf das Verhalten des Schülers, zudem gibt es positive Erfahrungen mit einem Klassenvertrag aus Jahrgangsstufe 1.
- Der Vertrag ist positiv formuliert und die Erfüllung bietet einen Anreiz (Teilnahme an einer Klassenfahrt).

Fall 13: Angedrohte Konsequenzen

Eine junge Lehrerin fühlt sich durch das ständige Schwätzen einer Schülerin in ihrem Unterricht gestört. Sie kündigt der Schülerin an, sie nach der Stunde zu einer Unterredung zum Direktor mitzunehmen. Daraufhin ändert sich das Verhalten der Schülerin abrupt, sie arbeitet sogar mit. Am Ende der Stunde steht die Lehrerin vor einem Problem: Soll sie die Schülerin für das Schwätzen bestrafen oder für die Mitarbeit belohnen?

1 Falldarstellung[1]

Eine junge Lehrerin, die neu im Beruf ist, fühlt sich durch das ständige Schwätzen einer etwa 13-jährigen Schülerin im Unterricht gestört. Zunächst übergeht sie das auffällige Verhalten der Schülerin, die pausenlos laut quasselt und sich über andere Schüler lustig macht. Nachdem sich schließlich auch die Mitschüler vom Verhalten der Schülerin gestört zeigen, schreitet die Lehrerin ein und droht der Schülerin, sie nach der Stunde mit zum Direktor zu nehmen, wenn sie nicht endlich ruhig sei. Dort könne sie sich sicher „ein Donnerwetter anhören". Die Schülerin lässt sich von der Drohung der Lehrerin jedoch nicht beeinflussen und schwätzt weiter. Daraufhin platzt der Lehrerin der Kragen und sie kündigt an, nach der Stunde mit ihr zum Direktor zu gehen. Sie hätte sie ja davor gewarnt.

Mit dieser Ankündigung ändert sich das Verhalten der Schülerin schlagartig. Sie wird ruhiger, arbeitet sogar mit. Die Lehrerin ist erstaunt und merkt, dass sich die Schülerin um die Korrektur ihres Störverhaltens bemüht und ihre anfänglichen Fehler ausbessern möchte.

Am Ende der Stunde steht die Lehrerin vor einem Dilemma: Soll sie die angekündigte Bestrafung ausführen oder nicht? Einerseits möchte sie nicht inkonsequent wirken und vor der gesamten Klasse ihr Gesicht verlieren. Andererseits will sie der Schülerin auch vermitteln, dass ihr die Besserung ihres Verhaltens aufgefallen sei. Sie erwägt sogar, sie dafür zu loben.

---

1 Dieser Fall wurde von Florian Ascher im Rahmen seiner Magisterarbeit „Aus dem, was wirklich ist, lernen, was möglich ist – Fallbasiertes Lernen in der Lehrerbildung" am Lehrstuhl Schulpädagogik der Ludwig-Maximilians-Universität München erhoben.

2 Fallbearbeitung

▶ **Identifizieren**
Wie geht die Lehrerin mit der Unterrichtsstörung um?

▶ **Interpretieren**
Welchen unterschiedlichen Anforderungen möchte die Lehrkraft gerecht werden?
Warum beschreibt die Lehrkraft die Situation als problematisch?

▶ **Bewerten**
Informieren Sie sich über „klassisches" und „operantes" Konditionieren, insbesondere über die Begriffe „Verstärkung" und „Bestrafung". Inwiefern arbeitet die Lehrkraft nach dem Grundprinzip der Konditionierung? Weshalb ist Bestrafen als Erziehungstechnik kritisch zu betrachten?

📖 **Literaturvorschlag**
Zimbardo, P. G. & Gerrig, R. J. (2008): Psychologie. München et al.
Woolfolk, A. (2008): Pädagogische Psychologie. München.

Lesen Sie die folgende Auflösung des Falls und diskutieren Sie das Vorgehen der Lehrkraft sowie ihre Reflexion der Geschehnisse.

> Die Lehrerin entschließt sich dazu, mit der Schülerin zum Direktor zu gehen. Dieser reagiert nach Empfinden der Lehrerin „recht heftig" und „zu hart" und hält der Schülerin eine Moralpredigt. Die Schülerin selbst gibt sich daraufhin bockig und uneinsichtig. Der Verweis, den der Direktor ausstellen will, wird auf Drängen der Lehrerin zu einer Mitteilung an die Eltern abgemildert.
> Am Schluss erfährt die Lehrerin, dass die Eltern der Schülerin geschieden sind und die Schülerin seit Jahren keinen Kontakt mehr zu ihrem Vater hat. Zudem müsse sie mit der Rückgabe der Mitteilung zwei Wochen warten, da die Mutter gerade auf Mallorca im Urlaub sei. Zurzeit wohne die Schülerin nicht einmal zu Hause, sondern bei einer Tante. Die Lehrerin befindet für sich, dass dieses Verhalten der Mutter gerade jetzt, zum Schulbeginn, verantwortungslos sei.
> Ihr eigenes Verhalten schätzt die Lehrerin wie folgt ein: Sie habe gelernt, im Unterricht nicht mehr unnötig bzw. nur noch im Extremfall Strafen anzudrohen und auch nur unter der Voraussetzung, dass sie die angedrohte Strafe ausführen kann. Erziehung ohne Drohen und Strafen findet sie schwierig bzw. gar nicht so einfach. Wirksame Verhaltensalternativen zur

Strafandrohung kennt sie keine, obwohl sie einmal in einem pädagogischen Fachmagazin gelesen hat, dass man negatives Verhalten einfach ignorieren soll, damit das Kind nicht lernt, über negatives Verhalten Aufmerksamkeit zu erlangen. Diese Theorie hält sie für ihren persönlichen Unterrichtsalltag völlig unpraktisch. Zudem, so gibt die Lehrerin an, habe sie erkannt, dass man als Lehrer häufig nur einen Teil des Ganzen, d.h. der Gesamtsituation des Schülers, sehe, nie aber das Ganze selbst. Indem sie sich nun häufiger mit Kollegen abspreche, erhalte sie dennoch einen besseren Einblick in das Verhalten bestimmter Schüler.

▸ **Handlungs- und Möglichkeitsräume**
Lesen Sie in der Einleitung des Kapitels „Erziehen" die Informationen zum Thema „Klassenführung" (S. 77ff.) und recherchieren Sie ggf. weitere Informationen. Inwiefern lassen sich daraus Handlungsmöglichkeiten im beschriebenen Fall ableiten? Sammeln Sie in Einzel- bzw. Gruppenarbeit entsprechende Punkte.

Inwiefern bietet sich in so einem Fall die sogenannte „Trainingsraum-Methode" an? An welche Grenzen kann dieses Programm im Schulalltag stoßen? (Hinweise im Abschnitt „Hintergrundwissen", S. 106f.)

Informieren Sie sich über Methoden der Verstärkung im Rahmen operanten Konditionierens wie z.B. das Premack-Prinzip (Hinweise im Abschnitt „Hintergrundwissen", siehe unten). Inwiefern können solche Prinzipien der Lehrkraft in Zukunft helfen, Bestrafung zu vermeiden?

📖 **Literaturvorschlag**
Lingenkamp, F. (2009): Operante Methoden. In: Schneider, S. & Margraf, J. (Hrsg.): Lehrbuch der Verhaltenstherapie. Band 3: Störungen im Kindes- und Jugendalter. Heidelberg, S. 209-220.

3 Hintergrundwissen

Premack-Prinzip
Das Premack-Prinzip wurde 1962 von dem US-amerikanischen Psychologen David Premack (*1925) formuliert. Es ist eine Fortentwicklung der Theorie des Belohnungslernens (Operantes Konditionieren), denn Premack konnte zeigen, dass Verstärkung nicht unbedingt ein biologisches Bedürfnis (z.B. nach Nahrung) befriedigen muss, sondern dass jedes Verhalten, das spontan häufiger gezeigt wird als ein anderes, dieses verstärken kann. So ist z.B. beim Kind das Spielen eine Verhaltensweise mit hoher spontaner Auftretenshäufigkeit, die deshalb vom Erzieher als Verstärker für eine Verhaltensweise mit niedriger Auftretenshäufigkeit (z.B. Vokabeln lernen) benutzt werden kann.

Premack führte folgendes Experiment mit Kindergartenkindern durch: Zuerst wurden die Kinder in ihrem freien Tun beobachtet, um Verhaltenshäufigkeiten festzustellen und damit mögliche Verstärker zu identifizieren. Einige Kinder spielten in diesem Zeitraum lieber mit einem Spielautomaten, andere aßen lieber Bonbons. Man teilte sie nach ihren Vorlieben in zwei Gruppen ein. Nachfolgend konnte man in der Spielautomatengruppe das Bonbonessen mit dem Spielen verstärken und in der Bonbongruppe das Spielen mit Bonbons. Man konnte jedoch in keiner Gruppe das höher wahrscheinliche Verhalten mit dem weniger wahrscheinlichen verstärken.

Quellen
Premack, D. (1965): Reinforcement Theory. In: Levine, D. (Hrsg.): Nebraska symposium on motivation, Vol. 13, Lincoln, NE, S. 123-180.
Woolfolk, A. (2008): Pädagogische Psychologie. München.

Trainingsraum-Methode
Die Trainingsraum-Methode ist ein Programm zur langfristigen Reduktion von Unterrichtsstörungen. Schüler, die sich nicht an Regeln halten, werden aufgefordert, den sogenannten Trainingsraum aufzusuchen, um dort mit einer in Konfliktbewältigung geschulten Person einen „Rückkehrplan" zu erarbeiten. Das Modell bezieht sich auf ein amerikanisches Konzept zur Entwicklung von schulischem Sozialverhalten, das deutschen Verhältnissen angepasst wurde (Bründel & Simon 2004, zitiert nach Büchner 2006). Dabei wird davon ausgegangen, dass das Verantwortungsbewusstsein junger Menschen durch eine strukturierte Vorgehensweise systematisch gestärkt werden kann. Die Schüler sollen lernen, die Rechte anderer zu respektieren, die Konsequenzen ihrer Handlungen zu überdenken und über ihr Verhalten selbst zu entscheiden. Ziel ist es, durch einen Appell an die Einsicht mehr (Selbst-)Disziplin zu schaffen. Die Methode, Störern „Auszeiten" außerhalb des Klassenzimmers zu ermöglichen, dient nicht nur deren Aggressionsabbau, sondern der Entlastung aller an der Konfliktsituation beteiligten Personen. Lehrer können durch diese Unterstützung ihrer Doppelaufgabe, erzieherische Probleme bei gleichzeitiger Aufrechterhaltung des Unterrichtsflusses lösen zu müssen, besser gerecht werden, und lernwillige Schüler müssen nicht zu sehr unter den Störungen durch andere leiden.

Die Trainingsraum-Methode basiert auf drei Grundregeln, die in der Schulgemeinschaft nicht verhandelbar sind:
1. Jeder Schüler hat das Recht, ungestört zu lernen.
2. Jeder Lehrer hat das Recht, ungestört zu unterrichten.
3. Jeder muss stets die Rechte der anderen respektieren.

Der Methode liegt ein fester Ablaufplan zugrunde:

1. Bei Regelverletzungen wird der betreffende Schüler von der Lehrperson mit fünf Fragen konfrontiert, die das eigene Verhalten und dessen Konsequenzen bewusst machen sollen:
   - Was tust du gerade?
   - Gegen welche Regel verstößt du?
   - Was passiert, wenn du gegen diese Regel verstößt?
   - Wofür entscheidest du dich?
   - Wenn du wieder störst, was passiert dann?

   Wichtig ist, dass der Schüler selbst und nicht der Lehrer das störende Verhalten benennt. Daraufhin muss der Schüler eigenverantwortlich die Entscheidung treffen, ob er einlenkt und bleibt oder in den Trainingsraum geht. Er weiß, dass er diese Entscheidungsfreiheit nicht mehr hat, wenn er in der Klasse nochmals gegen die Regeln verstößt. Dann hat er keine andere Wahl mehr, als den Trainingsraum aufzusuchen.

2. Signalisiert der Schüler der dort anwesenden Betreuungsperson seine Bereitschaft zur Mitarbeit, hat er nun die Gelegenheit, ihr die Konfliktsituation aus seiner Sicht zu schildern, sich in die Perspektive der anderen Beteiligten hineinzuversetzen und zu überlegen, welche Möglichkeiten es für ihn gibt, sich in Zukunft anders zu verhalten. Wichtig ist dabei, dass ein schriftlicher „Rückkehrplan" erstellt wird, der Zielvereinbarungen fixiert, damit deren spätere Erreichung überprüft werden kann. Verweigert der Schüler jedoch seine Mitarbeit, entscheidet er sich dafür, im Trainingsraum zu bleiben. Die Weigerung gilt wiederum als Störung, auf die der pädagogische Helfer mit dem Stellen der fünf Leitfragen reagiert.

3. Tritt auf Dauer keine Besserung des Verhaltens ein, sind die Eltern zu einem Beratungsgespräch hinzuzuziehen.

Quellen

Büchner, R. (2006). Soziale Kompetenz und Gewaltprävention – das Interventionsprogramm „Konfrontative Pädagogik in der Schule". In: Kilb, R.; Weidner, J. & Gall, R. (Hrsg.): Konfrontative Pädagogik in der Schule. Anti-Aggressivitäts- und Coolnesstraining. Weinheim/München, S. 161-218.

Balke, S. (2003): Die Spielregeln im Klassenzimmer. Das Handbuch zum Trainingsraum-Programm. Bielefeld.

Fall 14: Rassistische Äußerungen

Eine Lehrerin erfährt von rassistischen Äußerungen gegenüber einer Schülerin. Die betroffene Schülerin streitet allerdings ab, dass sie beschimpft worden sei. Die Lehrerin entschließt sich, die Vorgänge in der Klasse genau zu beobachten. Sie trifft auf ein sehr komplexes Sozialgefüge innerhalb der Klasse.

1 Falldarstellung

Ich habe eine 8. Klasse übernommen, deren Zusammensetzung seit einem Jahr, seit der Zweigwahl in der 7. Klasse, so bestand. Zwei, drei neue Schüler sind mit Schuljahresbeginn noch dazugekommen, darunter ein schwarzes Mädchen, das bereits als Baby aus Afrika adoptiert worden war, also schon sehr lange in Deutschland lebt.

Der Klassensprecher und weitere Schüler erzählten mir etwa zwei Monate nach Beginn des Schuljahres, dass drei Mitschüler das schwarze Mädchen verbal angreifen würden. Diese Äußerungen fand ich nicht mehr lustig, da sie einen rassistischen Hintergrund haben. „Nigger" ist im Vergleich beinahe noch eine harmlose Formulierung, es sind anscheinend auch noch bösartigere Beleidigungen und Diffamierungen im Umlauf. Im Klassenzimmer oder im Schulhaus gibt es aber keine offen erkennbare Anfeindung, außer dass das Mädchen manchmal weint, die Vorfälle leugnet oder widerspricht, wenn ich sie darauf angesprochen habe.

Weil ich aber dennoch die Angriffe unterbinden wollte, um so schnell wie möglich eine Klassengemeinschaft zu haben, die von Respekt getragen wird, habe ich dann fast zwei Wochen lang die Vorgänge auch in der Pause sehr genau beobachtet. Drei „Rädelsführer" und ein paar Trittbrettfahrer aus derselben Klasse habe ich dabei identifiziert. Im Gegensatz dazu steht der eigentliche Wunsch der Klasse – vor allem der Mädchen – nach einer guten Klassengemeinschaft, da man noch fast drei Jahre miteinander auskommen muss. Das Sozialgefüge ist allerdings sehr verstrickt: Verbale Angriffe gegen das Mädchen werden von manchen Mitschülern zwar verurteilt, Freundschaften aber trotzdem aufrechterhalten. Andere ignorieren die Lage, da es der bequemste Weg ist. Alte (zum Teil aus der Grundschule stammende) Beziehungs- und Konfliktstrukturen liegen im Verborgenen. Dabei habe ich herausbekommen, dass zwei der drei Rädelsführer derartige Attacken und Ausgrenzungen zuvor häufig selbst erfahren haben – in der Grundschule und am Gymnasium, von dem sie abgegangen sind. Durch die Gespräche mit Eltern ist das klar geworden; als die Rädelsführer von ihren Eltern an diese Leidenszeit erinnert wurden, haben sie sehr geweint. Hinter lauten, frechen Jungs mitten in der Pubertät verstecken sich oft, ohne dass man es merkt, sensible Persönlichkeiten. Da musste ich echt aufpassen, nicht vorschnell zu verurteilen. Auch die Jungen wollen ein harmonisches Klassenklima, was sie immer wieder offen äußern.

Ich habe mich dann lange gefragt, welche Maßnahmen ich innerhalb und außerhalb des Unterrichts ergreifen sollte. Wie die Zusammenarbeit mit den Eltern ohne Schuldzuweisung funktionieren könnte. Was mache ich von all dem aktenkundig, sprich, wann schreibe ich einen Verweis oder eine Nachricht an die Eltern, die dann im Notenbogen landet?

Nach einem Vorfall hat sich das Mädchen dann doch bei mir gemeldet und ich habe sofort bei den Eltern der Rädelsführer und des betroffenen Mädchens angerufen.

Die Gespräche der Eltern mit ihren Kindern und in der Schule mit mir waren dann ein schwieriger Prozess, und es hat immer wieder Rückmeldung der Eltern an mich gegeben, so dass ich auch immer wieder Einzelgespräche mit den Rädelsführern gehalten habe. Dazu kam dann noch ein Gespräch mit der ganzen Klasse, in dem ich zwar nicht ins Detail gegangen bin und auch keine Namen genannt habe, aber doch der Klasse deutlich gesagt habe, was alles passiert ist.

An einem Elternabend habe ich dann ein Unterrichtsmethodenkonzept mit dem Schwerpunkt auf kooperative Formen aus dem eigenverantwortlichen Arbeiten vorgestellt, das wir im Fach Deutsch, das ich als Klassenlehrerin unterrichte, durchführen. Die Zustimmung der Eltern dazu ist hoch. Mein Ziel ist es, dass jeder mit jedem sachlich zusammenarbeiten können muss – also ein ständiger Wechsel, was die Zusammenarbeit betrifft. Es werden Formen und Methoden im Unterricht verwendet, die für die weitere Ausbildung und den Beruf entscheidend sind. Viele Sachen, die uns nicht gepasst haben, haben wir dann positiv umformuliert:

• Wir können …
• Wir sind fit in …
• Wir sind qualifiziert für …

Erreicht haben wir bis zur Mitte des zweiten Schulhalbjahres Folgendes: Eine Klassengemeinschaft, in der man offen miteinander umgeht und offen miteinander arbeiten kann, eine verbesserte Sozialkompetenz der Schüler und eine sehr kooperative, offene Elternarbeit, in der Probleme sofort angesprochen und geklärt werden können.

2 Fallbearbeitung

▶ **Identifizieren**

Was sind die wichtigsten Informationen, die im Text auftauchen? Beziehen Sie sich dabei auf die verschiedenen Akteure.

Beschreiben Sie das Vorgehen der Lehrkraft. Welche Maßnahmen ergreift sie zur Lösung des Problems?

▶ **Interpretieren**

Warum kommt es aus Ihrer Sicht zu den rassistischen Äußerungen? Sammeln Sie in Einzel- bzw. Gruppenarbeit mögliche Ursachen. Beziehen Sie sich dabei auf die in Fall 12 (S. 96ff.) angesprochene systemische Sichtweise.

Die Anfeindungen gegenüber der Schülerin sind für das Kollegium nicht offen ersichtlich und werden nur durch die Meldung einiger Mitschüler aufgedeckt. Wie könnten sich die Beleidigungen im weiteren Verlauf auswirken:
a) auf die betroffene Schülerin?
b) auf die Arbeit der Lehrkraft in der Klasse?

▶ **Bewerten**

Wie bewerten Sie die im Text dargestellte Lösung der Lehrkraft?

▶ **Handlungs- und Möglichkeitsräume**

Informieren Sie sich über weitere Möglichkeiten der Prävention und Intervention im vorliegenden Fall, z.B. über Anti-Rassismus-Trainings, und diskutieren Sie Chancen und potenzielle Anwendungsbereiche solcher Maßnahmen. Beachten Sie die angegebenen Links.

Weitere Informationen finden Sie beispielsweise im Internet unter:
www.gewaltpraevention.bildung-rp.de
www.anti-rassismus-training.de

Fall 15: Eltern setzen die Empfehlungen der Lehrkräfte nicht um

Der Fall handelt von drei Kindern aus derselben Familie, die unterschiedliche Klassen einer Grundschule besuchen. Die Eltern sind offenbar mit der Erziehung der Kinder überfordert: die Schulleistungen der Kinder sind schlecht, die Kinder kennen keine Regeln oder feste Strukturen und sind nahe an der Verwahrlosung. Die Eltern wehren sich gegen jegliche Kontaktaufnahme seitens der Schule, nach Gesprächen tritt keinerlei Änderung auf.

1 Falldarstellung

Lehrkraft:
Der Fall, um den es geht, ist sehr bekannt im Kollegium und beschäftigt drei Lehrkräfte gleichzeitig. Es geht um eine Familie, die drei Kinder bei uns an der Schule und noch ein Kleinkind hat, das ca. ein Jahr alt ist. Ein Kind ist in der 1. Klasse, eines in der 3. Klasse und eines in der 4. Klasse. Wir sind uns alle einig, dass die Eltern mit der Erziehung völlig überfordert sind. Die Kinder kennen weder Grenzen noch Strukturen. Außerdem sind die Grundversorgung, die Versorgung mit Nahrungsmitteln, mit Schulmaterialien und die Pflege bzw. Hygiene der Kinder nicht gewährleistet. Das ist auch im emotionalen Bereich erkennbar: Kinder brauchen Liebe, Zuwendung, und es soll ihnen Interesse entgegengebracht werden. Die finanzielle Situation scheint nicht gesichert zu sein. Darüber hinaus fehlt jegliche Freizeitgestaltung für die Kinder. Sie werden ständig an den Hort oder ähnliche Einrichtungen abgeschoben und sie verbringen viel Zeit vor dem Fernseher bzw. der Spielkonsole.

In diesem Fall sind diverse externe Personen mitbeteiligt. Es gibt zum einen den Hort, der nach der Schule die Verantwortung für die Kinder übernimmt, was sowohl die Hausaufgabenbetreuung als auch einen Teil der Freizeitgestaltung betrifft.

Außerdem gibt es noch eine weitere Dame (Frau Donau, Name geändert), die die Eltern unterstützt, was diese auch begrüßen. Frau Donau hat selbst ein Kind in der 4. Klasse. Sie betreut die drei Kinder auf Wunsch der Eltern. Das geht sogar so weit, dass nicht die Eltern zu uns zu Gesprächen kommen, sondern Frau Donau. Wir bitten sie dann, wieder zu gehen, da sie nicht erziehungsberechtigt ist. Sie bevormundet sowohl die Eltern als auch die Lehrer, indem sie zum Beispiel Briefe im Namen der Eltern schreibt. Man kann nicht sagen, dass sie eine Unterstützung darstellt.

Außerdem gibt es noch weitere externe Personen, die zum größten Teil von meiner Vorgängerin eingeschaltet wurden. Da ist zum einen eine Vertreterin von Pro Familia, die eine Verhaltenstherapie mit einem der Kinder macht, Spieltherapie anbietet und den Eltern Tipps gibt. Zum anderen ist das Förderzentrum mit eingebunden. Es wurde schon einmal mein Unterricht besucht, da das Kind, das in meiner Klasse ist, extreme Verhaltensauffälligkeiten zeigt.

Andere Lehrerin:

Ich komme nun auf die Problematik zu sprechen, die sich aus der ganzen Situation ergibt. Die Eltern treten uns in sehr abwehrender Haltung gegenüber. Die Schuld wird immer bei anderen Personen gesucht und nie im eigenen Haus. Besonders der Vater war sehr erbost über jegliche Kritik. Die Schulleistungen sind bei einigen Kindern wirklich schlecht, da keinerlei häusliche Unterstützung vorhanden ist. In der Arbeitshaltung lässt sich erkennen, dass in der Familie keine Strukturen vorherrschen. Es gibt weder einen ordentlichen Arbeitsplatz noch eine ordentliche Handschrift. Wenn man den Spruch „Die Schrift ist das Spiegelbild des Menschen" ernst nimmt, dann kann man erahnen, was innerlich in diesen Kindern vor sich geht.

Kinder und Eltern zeigen keine Rücksichtnahme, können sich nicht in andere Personen einfühlen oder Fehler bei sich suchen. Es kommen auch extreme Verhaltensauffälligkeiten zum Vorschein. Der Junge zeigt aggressives Verhalten, das Mädchen in der 1. Klasse klammert sich an mich und braucht ständig meine Nähe. Es gibt keinen Rhythmus zu Hause, ein Tagesablauf ist nicht vorhanden. Die Kinder gehen viel zu spät zu Bett und erscheinen übermüdet zum Unterricht. Man hat das Gefühl einer Interesselosigkeit der Eltern, da sie wirklich überfordert sind. Ich möchte den Eltern keine Interesselosigkeit unterstellen, doch sie wissen meiner Ansicht nach einfach nicht mehr, was sie machen sollen.

Die Lehrerschaft ist schon sehr voreingenommen. Sie geht mit der Familie anders als mit anderen um. Ich bin mir unsicher, ob diese Art der Elternarbeit die richtige ist. Oft ist man sehr rabiat und bestimmend. Außerdem sind nach Gesprächen keinerlei Verhaltensänderungen bei den Eltern zu erkennen. Die Problemstellung lautet: Wie können wir die Situation dieser Kinder innerhalb der Familie verbessern?

2 Fallbearbeitung

▶ **Identifizieren**

Welche unterschiedlichen Akteure sind im vorliegenden Fall involviert? Beschreiben Sie diese sowie ihre Funktion, soweit Sie aus der Falldarstellung ersichtlich sind.

▶ **Interpretieren**

Was sind aus Ihrer Sicht mögliche Gründe für die Interesselosigkeit der Eltern?

Welche Rolle spielt das familiäre Umfeld für den Umgang der Lehrer mit den drei Schülern aus der betroffenen Familie? Versuchen Sie in diesem Zusammenhang, Ihr Wissen über die Attributionstheorie anzuwenden.

▶ **Bewerten**

Wie bewerten Sie die Kooperation der verschiedenen Akteure?

Inwieweit hat die Schule Ihrer Meinung nach auch eine erzieherische Aufgabe? Inwiefern dürfen, sollen oder müssen die Lehrer auf erzieherische Probleme reagieren? Sammeln Sie in Einzel- bzw. Gruppenarbeit entsprechende Positionen.

▶ **Handlungs- und Möglichkeitsräume**

Informieren Sie sich über ein Modell der konstruktiven Problembearbeitung (z.B. nach Müller-Fohrbrodt). Wie sollte demnach die Bearbeitung von Problemen ablaufen? Lässt sich dieses Modell aus Ihrer Sicht im Hinblick auf die Kommunikation mit den Eltern anwenden?

📖 **Literaturvorschlag**

Müller-Fohrbrodt, G. (1999): Konflikte konstruktiv bearbeiten lernen. Zielsetzungen und Methodenvorschläge. Opladen.

Welche weiteren Möglichkeiten sehen Sie, die Familie optimal zu unterstützen? Sammeln Sie in Einzel- bzw. Gruppenarbeit Möglichkeiten der Intervention.

Fall 16: Igor stört

In einer 8. Klasse verweigert der Schüler Igor im Fach Ethik die Mitarbeit und zeigt demonstratives Desinteresse. Die Situation in der Klasse eskaliert, als Igor ein Arbeitsblatt nicht bearbeiten will und ihn sein Banknachbar auffordert, nicht immer so ein „Kasperltheater" aufzuführen, woraufhin ihm Igor Prügel androht. Die Lehrkraft schreitet ein und versucht, die Situation zu klären.

1 Falldarstellung

Ich unterrichte nun schon seit einigen Jahren an einer Schule, an der es „schwierige" Klassen oder Gruppen gibt. In diesem Jahr darf ich Ethik in der 8. Jahrgangsstufe übernehmen. Die zu unterrichtende Gruppe besteht aus den Ethik-Schülern „meiner" und der Parallelklasse. Igor, ein Schüler, der in einer Wohngruppe untergebracht ist, kommt nach einigen Wochen zur Gruppe dazu. Zu Schuljahresbeginn war er noch in einer geschlossenen Einrichtung. Igor ist ruhig, motivationslos und zeigt sein Desinteresse in jeder Minute des Ethikunterrichts. In den ersten Doppelstunden biete ich ihm höflich an, die Chance zu nutzen, sich einzubringen, Fragen zu stellen oder Wünsche zu äußern. Bei den anderen Schülern ist das aktuelle Unterrichtsthema („Okkultismus") ein Renner. Stets lehnt er mit den Worten „mir egal" ab oder reagiert aggressiv. Deshalb versuche ich in den folgenden Stunden, Igor nicht mehr anzusprechen. Ein Gespräch mit dem Kollegen bestätigt meine Beobachtungen, sein Notendurchschnitt ist seit einigen Wochen verheerend.

Als Igor nach sechs Wochen aus Krankheitsgründen einmal dem Unterricht fernbleibt, nutze ich die Chance und mache das Verhalten von Igor in der Gruppe zum Thema. Die Schüler möchten, dass Igor Störungen des Unterrichts unterlässt. Sie erwarten keine aktive Mitarbeit, wollen aber auch, dass die Sonderbehandlung von Igor Grenzen haben sollte.

Die Situation spitzt sich in einer Folgestunde zu, als ich ihn bitte, ein Arbeitsblatt auszufüllen. Mit verschränkten Armen weigert er sich, das Arbeitsblatt überhaupt anzufassen. Auf meine Frage, warum er denn das Arbeitsblatt nicht ausfüllen wolle, schweigt Igor. Arthur, ein Banknachbar, spricht ihn an, er solle doch jetzt kein „Kasperltheater" aufführen, was Igor nur mit einem „Halts Maul, sonst prügel ich dich in der Pause!" quittiert.

Meine emotionale Erregung steigt, aber ich habe ja gelernt: keine Machtproben, aber klare Regeln, klare Aussagen. Ich bitte Igor höflich, sich einer anderen Wortwahl zu bedienen. Ich versuche ihm klarzumachen, dass seine Aussage in keiner

Weise angemessen ist und dass ich derartige Grenzüberschreitungen nicht zulassen werde. Neben der Wortwahl hielte ich vor allem die Drohung für nicht hinnehmbar. Fatma platzt der Kragen: „Machen wir endlich weiter, der gibt gleich Ruhe." Ich mache gerne weiter. Ich möchte aber auch, dass wir derartige Vorfälle klären. Ich halte das für wichtig.

Ich sehe, dass Igor sich wieder beruhigt hat, und versuche, das ursprüngliche Thema meiner Stunde erneut aufzugreifen. Nach einigen Anlaufschwierigkeiten gelingt es der Gruppe und mir schließlich, das Thema zu bearbeiten. Igor langt das Blatt nicht an, sitzt mit verschränkten Armen da und rennt zu Stundenende ohne Blatt aus dem Zimmer in die Pause. In der Pause kommt es zum Glück zu keiner Schlägerei, an der Igor beteiligt ist.

2 Fallbearbeitung

▶ **Identifizieren**
Welche Probleme für die Lehrkraft können Sie im dargestellten Fall identifizieren?

▶ **Interpretieren**
Was sind aus Ihrer Sicht mögliche Gründe für das Verhalten Igors?

Warum ist ein Einschreiten der Lehrkraft dringend erforderlich? Ab welchem Punkt der Vorkommnisse sehen Sie die Notwendigkeit dazu?

Welche möglichen Probleme erkennen Sie für die lernbereiten Schüler der Klasse? Beziehen Sie sich auf die Ebenen: Motivation, Emotion und Lernen.

▶ **Bewerten**
Inwieweit ist es berechtigt, für einzelne Schüler Sonderregelungen einzuführen? Gibt es aus Ihrer Sicht Situationen, in denen dies gerechtfertigt erscheint?

Werde ich als Lehrer allen Schülern gerecht, wenn ich alle Schüler gleich behandle? Diskutieren Sie diese Fragestellung.

Ist es aus Ihrer Sicht gerechtfertigt, in Abwesenheit des Schülers Igor die Vorfälle in der Klasse zu besprechen?

▶ **Handlungs- und Möglichkeitsräume**
Wie kann den lernbereiten Schülern der Klasse ein ungestörter Unterricht ermöglicht werden? Sammeln Sie mögliche Handlungsalternativen des Lehrers in Bezug auf den Umgang mit Igor. Beziehen Sie sich dabei auf die Erkenntnisse aus den Fällen 11–15 in Bezug auf Prävention und Intervention. Zusätzliche Informationen finden Sie in der angegebenen Literatur.

📖 **Literaturvorschlag**
Becker, G. E. (2006): Lehrer lösen Konflikte. Handlungshilfen für den Schulalltag. Weinheim.

Fall 17: „Dreckige Schwuchtel"

Ein an seiner Schule als homosexuell geouteter junger Deutschlehrer wird von einem Schüler als „dreckige Schwuchtel" beleidigt. Die Bemerkung wird von der ganzen Klasse gehört. Der Lehrer fühlt sich unter Entscheidungsdruck: Wie soll er reagieren? Er konfrontiert die gesamte Klasse mit der Beleidigung und schreibt weitere Schimpfnamen für Homosexuelle an die Tafel. Darüber hinaus stellt er seine eigene Homosexualität zur Diskussion. Die Klasse zeigt sich über die unerwartete Reaktion verdutzt, ein Teil ergreift jedoch sogar Partei für den Lehrer – und gegen den Schüler.

1 Falldarstellung[2]

Ein an seiner Schule öffentlich als homosexuell geouteter junger Deutschlehrer übernimmt eine 9. Klasse neu. Um zu überprüfen, auf welchem Standard sich die Klasse befindet, lässt er sie Inhaltsangaben zu einem Text schreiben und kontrolliert, durch die Klasse gehend, die Resultate der Schüler auf Sinn und Richtigkeit.

Als er bei einem Schüler namens Martin gravierende Mängel feststellt, spricht er diesen darauf an. Danach unterbreitet er ihm Verbesserungsvorschläge. Beim Weitergehen meint er zu hören, wie Martin seinem Banknachbarn zuflüstert, dass er sich von so einer „dreckigen Schwuchtel" gar nichts sagen lasse.

Der Lehrer glaubt zunächst, vielleicht etwas falsch gehört zu haben. Als er sich umdreht, merkt er jedoch an den Reaktionen der Klasse, dass auch die übrigen Schüler die Beleidigung gehört haben. Sofort fühlt er sich unter Entscheidungsdruck: Wie soll er darauf reagieren?

Für den jungen Deutschlehrer steht außer Frage: Martin hat ihn provoziert. Zudem ist ihm schon vor diesem Zwischenfall aufgefallen, dass Martin häufig meint, sich gegenüber anderen und besonders den Mädchen in der Klasse profilieren zu müssen. Er möchte mit „Coolness" auftrumpfen, merkt dabei jedoch nicht, dass die Mitschüler dieses Verhalten durchschauen und lächerlich finden.

Durch Martins Kommentar fühlt sich der Lehrer vor allem in seiner Person verletzt. Er wertet die Beleidigung als persönlichen Angriff, da Martin damit schließ-

---

2 Dieser Fall wurde von Florian Ascher im Rahmen seiner Magisterarbeit „Aus dem, was wirklich ist, lernen, was möglich ist – Fallbasiertes Lernen in der Lehrerbildung" am Lehrstuhl Schulpädagogik der Ludwig-Maximilians-Universität München erhoben.

lich ihn und nicht etwa seinen Unterricht kritisiert hat. Bisher hat er bezüglich seiner Sexualität immer die Devise vertreten: Einfach offen und ehrlich sein und zu sich selbst stehen. Größere Probleme mit Schülern, Eltern oder der Schulleitung gab es bisher kaum.

Der Lehrer reagiert schließlich auf Martins Provokation, indem er sie öffentlich zur Diskussion stellt. Er bittet die Klasse, ihm kurz zuzuhören, denn er sei von einem Schüler – den Namen nennt er nicht – als „dreckige Schwuchtel" beschimpft worden. Danach stellt er die Frage, ob jemand in der Klasse ein Problem mit einem homosexuellen Deutschlehrer habe. Die Klasse reagiert verdutzt und leicht betreten.

Um schließlich weiteren Angriffen dieser Art vorzubeugen – und den Schülern „die Munition zu nehmen" –, schreibt der Lehrer die Beleidigung groß an die Tafel. Dann ergänzt er sie mit weiteren drastischen Schimpfwörtern für Homosexuelle. Er erklärt der Klasse, dass er diese Wörter auch schon alle gehört habe. Die Schüler mögen sich also in Zukunft Kränkungen und Verunglimpfungen dieser Art sparen.

Abschließend bezieht der Lehrer noch öffentlich vor Martin Position. Er warnt den Schüler davor, ihn nicht noch einmal persönlich anzugreifen, sonst würde er – der Lehrer – auch persönlich werden. Er gibt ihm dazu eine Art Kostprobe, tituliert ihn kurz als „kleine, pickelige Stinksocke" und trifft damit voll ins Schwarze.

Am Ende der Stunde vernimmt der Lehrer zufällig, wie ein Teil der Schüler aus der letzten Reihe, der sogenannten „coolen Reihe", Martin wegen seines Fehlverhaltens zurechtweisen. Er wird von seinen Mitschülern aufgefordert, den Deutschlehrer in Ruhe zu lassen, denn dieser sei „eh total cool". Der Lehrer freut sich darüber, dass ein wichtiger Teil der Klasse für ihn Partei ergreift.

Trotzdem bleiben dem Lehrer auch lange nach dem Zwischenfall Zweifel an seinem Vorgehen. Er ist sich nicht sicher, ob er in dieser Situation richtig gehandelt hat. Andere, denen er den Zwischenfall schildert, loben ihn für seine souveräne Haltung und die spontane, sehr effektive Reaktion. Der Lehrer bedauert jedoch, dass es zu diesem Vorfall überhaupt gekommen ist. Er beklagt, dass Schüler oftmals persönliche Grenzen nicht anerkennen bzw. sie vielleicht sogar bewusst verletzen würden. Auf Angriffe persönlicher Natur weiß er allerdings auch keine Antwort, was ihn sehr frustriert. Er erwägt, in Zukunft nicht mehr so offen bezüglich seiner Person und seiner Sexualität zu sein. Der Kommentar einer Bekannten, als Homosexueller Lehrer zu sein, sei „doch auch ein harter Job", bestärkt ihn in diesem Entschluss.

2 Fallbearbeitung

▶ **Identifizieren**

Wie geht der Lehrer mit der Beschimpfung des Schülers um?

Welche für Sie bedeutsamen Konflikte und Schwierigkeiten zwischen Lehrern und Schülern haben Sie während Ihrer Schulzeit wahrgenommen?

Diskutieren Sie in der Gruppe und strukturieren Sie Ihre Erfahrungen nach folgendem Raster:

* Schilderung des Konflikts: Wer? Was? Wo? Wie?
* Vorausgehende Bedingungen: Gibt es Ereignisse, die vor dem geschilderten Konflikt liegen und bedeutsam sind für das Verständnis des Konflikts? Wenn ja, welche?
* Situationsspezifische Bedingungen: Gibt es an der Situation beteiligte Elemente, die für das Verständnis des geschilderten Konflikts wichtig sind? Beispielsweise Fähigkeiten/Unfähigkeiten des Lehrers/Schülers, körperliche Merkmale, Emotionen, räumliche Bedingungen?
* Folgen des Konflikts für die beteiligten Personen: beispielsweise Konsequenzen für die Beteiligten? Lösung des Konflikts? Beurteilung des Konflikts in der Rückschau?

▶ **Interpretieren**

Warum verhält sich der Schüler aus Ihrer Sicht gegenüber dem Lehrer wie im Fall dargestellt? Sammeln Sie in Einzel- bzw. Gruppenarbeit mögliche Beweggründe.

Informieren Sie sich über den Begriff der Identität nach Haußer und Frey. Was sind mögliche Folgen des Konflikts für den Lehrer und dessen Identitätsverständnis? Gehen Sie dabei insbesondere auf die drei Identitätskomponenten „Selbstkonzept", „Selbstwertgefühl" und „Kontrollüberzeugung" ein.

📖 **Literaturvorschlag**

Frey, H.-P. (1987) (Hrsg.): Identität. Entwicklungen psychologischer und soziologischer Forschung. Stuttgart.

▶ **Bewerten**

Wie bewerten Sie das Vorgehen des Lehrers? Ist das Vorgehen des Lehrers aus Ihrer Sicht angemessen?

▶ **Handlungs- und Möglichkeitsräume**

Wie kann man als Lehrer mit persönlichen Angriffen umgehen? Sammeln Sie alleine bzw. in der Gruppe potenzielle Handlungsalternativen des Lehrers für den beschriebenen Fall.

Was wäre für Sie als Lehrer eine schwierige Herausforderung, die sich auf Ihre Persönlichkeit bezieht? Wie würden Sie damit umgehen?

Was sollte der Lehrer auf keinen Fall tun? Sammeln Sie entsprechende Punkte. Informieren Sie sich über die Möglichkeiten konfrontativer Mediation. Ergeben sich hieraus Handlungsoptionen für den Lehrer?

Fall 18: Schwierige Klasse übernehmen

> Ein Lehrer steht vor der Übernahme einer 9. Klasse im Fach Französisch. Aufgrund vielfältiger Probleme im vorangegangenen Schuljahr gilt die Klasse als „äußerst schwierig". Der Lehrer steht vor dem Problem, wie er die Schüler für das Fach motivieren kann.

1 Falldarstellung

Ein Lehrer berichtet, dass er eine 9. Klasse im Fach Französisch, bestehend aus 19 Jungen und acht Mädchen, übernimmt.

Im vorherigen 8. Schuljahr (dem 3. Lernjahr im Fach Französisch) hatte die Klasse eine Lehrerin, die sie nicht mochte. Schüler und Eltern hätten der Lehrkraft eine chaotische Unterrichtsstruktur und ein ebensolches Tafelbild vorgeworfen. Der Unterricht lief nach Aussage der Schüler sehr schematisch und „sterbenslangweilig" ab. Die Schüler beschwerten sich, dass insbesondere der einsprachige Unterricht über ihre Köpfe hinweggehe, dass sie das Ausfragen zu Beginn der Unterrichtsstunde als Bestrafung empfänden und Klassenarbeiten oft andere Aufgaben als angekündigt enthielten.

In dieser Situation wendet sich eine Elterninitiative an das Direktorat und fordert die Ablösung der Lehrkraft, der aber nicht stattgegeben wird. Die Reaktion der Schüler ist völlige Demotivation, woraus ein im Durchschnitt katastrophaler Leistungsstand resultiert. Differenziert betrachtet reagieren die Schüler allerdings gespalten wegen der Notenabhängigkeit. Einige lernen trotzdem und werden als Streber stigmatisiert, andere verweigern sich und zeichnen für ein hohes Störpotenzial im Unterricht verantwortlich.

Die Schulleitung reagiert weiterhin abwiegelnd, manche Erziehungsberechtigte werden z.T. nicht mehr vorgelassen, und sie zeigt nur geringe Mediationskompetenz. Durch die angespannte Situation erhält die Klasse im Kollegium das Etikett „äußerst schwierig".

Auch auf der Kollegenebene kommt es zum Konflikt. Auf der einen Seite steht die Französischlehrerin, auf der anderen der Lehrer, der als Klassenleiter gleichzeitig auch versuchen muss, die Klasse als Gemeinschaft zu erhalten und in anderen Fächern auf einem gewissen Leistungsniveau zu halten.

Der berichtende Klassenlehrer stand zu Beginn der 9. Jahrgangsstufe vor der Frage, wie er auf der Fach- und vor allem Beziehungsebene agieren soll, nachdem er auch das Fach Französisch übernommen hat. Auf welchem Weg lässt sich eine weitgehend zerrüttete Schuleinstellung umkehren?

Schüleräußerungen zu Schuljahresbeginn lauten in etwa: „Sie brauchen sich eh nicht bemühen, da geht eh nix mehr in Franze." Ziel der Bemühungen ist es also, die Klasse erneut für die Mitarbeit zu gewinnen und Methoden für die Implementierung von Mitverantwortung der beteiligten Schüler und Schülerinnen zu entwickeln.

2 Fallbearbeitung

Für die Bearbeitung des Falls orientieren Sie sich bitte an den Fragestellungen zu den Fällen 11–17 (S. 81-119).

▸ Identifizieren   ▸ Interpretieren   ▸ Bewerten
▸ Handlungs- und Möglichkeitsräume

Fall 19: Cybermobbing

Eine Schülerin aus der 7. Klasse einer Mädchenrealschule bricht nach der Schulversammlung zusammen. Es stellt sich heraus, dass sie mehrere Monate lang über ein virtuelles soziales Netzwerk beleidigt, beschimpft und verunglimpft wurde.

1 Falldarstellung[3]

Aufgekommen ist der Fall, den ich schildern möchte, nach der Schulversammlung in der letzten Woche des Schuljahres. Auslöser war meine Rede an die Schülerinnen zum Schuljahresende. Damals hatte ich gesagt, sie könnten gerne zu mir kommen, wenn sie merkten, dass jemand in Not sei oder Hilfe brauche. Nach dieser Schulversammlung war ich in meinem Büro, und es dauerte keine zehn Minuten, da kamen zwei Schülerinnen zu mir und erzählten, dass Sandra ein Mobbingopfer sei und etwas ganz Schlimmes passiert sei. Sie halte es nicht mehr aus, könne nicht mehr, und sie hätten sie endlich dazu ermutigt, zu mir zu gehen.

Ich habe Sandra dann zu mir ins Direktorat geholt, und dort ist sie dann zusammengebrochen; sie konnte kaum mehr sprechen. Nach gut eineinhalb Stunden hatte ich die komplette Geschichte erfahren. Hintergrund war, dass Sandra seit drei Monaten von drei anderen Schülerinnen, die auf einem virtuellen sozialen Netzwerk eine Seite mit dem Titel „We hate Sandra" erstellt hatten, fertiggemacht wurde. Diese Seite wurde also zu einer Plattform für Erniedrigungen, Verunglimpfungen und Beleidigungen in höchstem Maße. Man hatte eine Fotomontage angefertigt mit einem Bild von Sandra, auf dem sie mit Kot auf dem Kopf dargestellt war.

Zum einen haben sich viele, auch die, die Sandra gar nicht kannten, in diese Internetseite eingeloggt und eine Hass-Seite mit primitivsten Beleidigungen, Fäkalsprache und allem Drum und Dran daraus gemacht – also niedrigstes Niveau und zutiefst entwürdigend. „Nutte" und „Hure" waren noch die weniger schlimmen Beschimpfungen. Zum anderen hatte Sandra aufgrund des Bildes einen Spitznamen erhalten hatte, nämlich „Scheißkopf-Sandra". Sie konnte in ihrem Heimatort und auch auf dem Schulweg keinen Schritt mehr machen, ohne angepöbelt,

---

3 Dieser Fall wurde von Anton Ferchl (2009) im Rahmen seiner Zulassungsarbeit „Kommunikation – analysiert anhand von Fallbeispielen" am Lehrstuhl Schulpädagogik der Ludwig-Maximilians-Universität München erhoben.

beleidigt und verletzt zu werden. Es wurden darüber hinaus auch Mitschülerinnen und Freundinnen, die sich auf ihre Seite gestellt hatten, bedroht und beleidigt.

Ich habe mir diese Internetseite mit den Eintragungen angesehen, weil Sandra sie mir gezeigt hat und ich wissen wollte, welche Mädchen aus unserer Schule sich daran beteiligt hatten. Fest stand, es waren – und das war erschreckend – drei Mädchen aus der 7. Jahrgangsstufe; zwei aus derselben Klasse und eine Mitläuferin aus einer Parallelklasse.

Das war der erste Fall von Internetmobbing in der 7. Klasse, und daraufhin musste ich Maßnahmen ergreifen. Nach dem eineinhalbstündigen Gespräch mit Sandra habe ich dann gleich die Täterinnen zu mir geholt und sie gestellt, wobei die Mitläuferin alles sofort zugegeben hat; sie war auch die einzige, die ernsthafte Reue zeigte und deshalb mit einem verschärften Verweis und einer Androhung der Entlassung davonkam. Den anderen wurde der Schulvertrag gekündigt.

Nachdem ich an dem besagten Tag also mit allen drei Mädchen gesprochen hatte, habe ich die Eltern angerufen und ihnen mitgeteilt, dass ich sie zu einem Gespräch sehen möchte. Der Dringlichkeit wegen – es war der vorletzte Schultag – mussten sie in der Schule erscheinen. Ich habe an diesem Tag auch den Jugendbeamten der Polizei eingeschaltet. Aufgrund der Dramatik des Falls ist darüber hinaus auch die Staatsanwaltschaft tätig geworden. Über den genauen Ausgang kann ich leider nichts berichten.

Weshalb das Ganze überhaupt passiert ist, weiß ich leider nicht. Am Anfang stand wohl gewöhnlicher „Zickenterror", aber die Gründe, weshalb das alles aus dem Ruder lief, sind mir nicht bekannt.

2 Fallbearbeitung

Für die Bearbeitung des Falls orientieren Sie sich bitte an den Fragestellungen zu den Fällen 11–17 (S. 81-119).

▸ **Identifizieren**   ▸ **Interpretieren**   ▸ **Bewerten**
▸ **Handlungs- und Möglichkeitsräume**

Fall 20: Regelmäßiges Zuspätkommen

1 Falldarstellung

Ein Lehrer unterrichtet in einer 9. Klasse, die er vor einem Monat übernommen hat, zweimal in der Woche die erste Stunde. Er erzählt: „Bisher kamen jedes Mal einige Schüler um fünf bis zehn Minuten zu spät. Es sind nicht immer dieselben Jugendlichen, aber sie gehören nach meiner Beobachtung alle einer Gruppe an."

2 Fallbearbeitung

Für die Bearbeitung des Falls orientieren Sie sich bitte an den Fragestellungen zu den Fällen 11–17 (S. 81-119).

▸ Identifizieren ▸ Interpretieren ▸ Bewerten
▸ Handlungs- und Möglichkeitsräume

4 Fälle zum Kompetenzbereich „Beraten und Beurteilen"

Einführung in den Kompetenzbereich „Beraten und Beurteilen"

Einführung in den Kompetenzbereich „Beraten und Beurteilen"

Die Standards der Kultusministerkonferenz beschreiben den Kompetenzbereich „Beraten und Beurteilen" mit folgenden Kompetenzen:

> *Kompetenzbereich: Beraten und Beurteilen*
> „Lehrerinnen und Lehrer diagnostizieren Lernvoraussetzungen und Lernprozesse von Schülerinnen und Schülern; sie fördern Schülerinnen und Schüler gezielt und beraten Lernende und deren Eltern."
> „Lehrerinnen und Lehrer erfassen Leistungen von Schülerinnen und Schülern auf der Grundlage transparenter Beurteilungsmaßstäbe."
> (Sekretariat der Ständigen Konferenz der Kultusminister der Länder 2004)

Bei der Diskussion um den Kompetenzbereich „Beurteilen" lässt sich ein Spannungsfeld zwischen individueller Förderung und Standardisierung und damit auch Selektion ausmachen. Pädagogische Leistungsdiagnose dient primär der Förderung der Schüler. Sie liefert nicht in erster Linie Informationen *über* die Schüler, sondern *für* sie.

Selektion und Förderung sind in unterschiedlichen Stadien des Lern- und Arbeitsprozesses sinnvoll und damit nicht unverträglich. Lernstandsüberprüfungen können durchaus in der Form eines auf Förderung ausgerichteten Dialogs zwischen Schülern und Lehrern erfolgen, wie umgekehrt im Anschluss an selektionsrelevante Leistungsüberprüfungen und -beurteilungen verstärkt eine Förderintention einsetzen kann.

In jedem Fall soll sich der Lehrer um zweierlei bemühen:

- Um kontrollierte Subjektivität der Leistungserbringung und -feststellung. Sie wird gewährleistet durch Beachtung rechtlicher Vorgaben, Einhalten von Vereinbarungen, durch Vermeiden von Willkür bei der Durchführung von Leistungsüberprüfungen, bei ihrer zeitlichen Verteilung und bei der Anwendung von Standards. Außerdem wird die Subjektivität kontrolliert durch die Gleichbehandlung aller Schüler, durch Herstellen von Transparenz für andere Lehrer, für Schüler und Eltern sowie durch Abstimmung der Prüfungen auf den vorangegangenen Unterricht.
- Um eine intensive Lernberatung. Diese Beratung ist als ein Interaktionsprozess zu sehen, der von Lehrern ein anderes Rollenverständnis verlangt als das des bloßen Stoffvermittlers, der bereits die richtige Antwort kennt.

Lehrer üben erst dann ihre Beurteilungsaufgabe gerecht und verantwortungsbewusst aus, wenn ihre Diagnosemöglichkeiten und -erkenntnisse in die Beratung von Lernenden und deren Eltern einfließen, wie es in den Standards der Kultusministerkonferenz ausformuliert ist.

Schwarzer und Posse (2008) definieren Beratung in der Schule als eine freiwillige, soziale Interaktion zwischen mindestens zwei Personen, wobei einer Freiwilligkeit in der Schule aufgrund der Schulpflicht Grenzen gesetzt sind. Das Ziel der Beratung besteht darin, in einem gemeinsam verantworteten Beratungsprozess die Entscheidungs- und damit Handlungssicherheit zur Bewältigung eines aktuellen Problems zu erhöhen. Dies geschieht in der Regel durch die Vermittlung von neuen Informationen und/oder durch die Analyse, Neustrukturierung und Neubewertung vorhandener Informationen.

Beratung zählt zu den Aufgaben von Lehrern, die sich auf die Beratungsanlässe „Orientierungsberatung" (Entscheidungen über Schullaufbahnen, Kurse etc.), „Beratung bei psychosozialen Problemen" (z.B. Schulangst, Aggressionen) und „Systemberatung" (Beratung des Systems Schule hinsichtlich struktureller und didaktischer Probleme) beziehen (vgl. Schwarzer & Posse 2008). Der Beratung kommen grundsätzlich drei unterschiedliche Funktionen zu, die in jeder Beratung mehr oder weniger zum Tragen kommen:

• Beratung hat eine Informationsfunktion
• Beratung hat eine Unterstützungsfunktion
• Beratung hat eine Steuerungsfunktion

Diese drei Funktionen von Beratung mit jeweils unterschiedlicher Gewichtung finden sich in allen drei genannten Anwendungsfeldern für die Beratung in der Schule. So korrespondiert die Informationsfunktion am stärksten mit der Orientierungsberatung, die Unterstützungsfunktion mit der Beratung bei psychosozialen Problemen und die Steuerungsfunktion am deutlichsten mit der Systemberatung. Alle drei Funktionen sind der Selbststeuerungsfunktion untergeordnet, die das eigentliche Ziel der Beratung ist. Beratung soll bei einem Klienten einen Lernprozess in Gang bringen, „in dessen Verlauf seine Selbsthilfebereitschaft, seine Steuerungsfähigkeit und seine Handlungskompetenz verbessert werden können" (Dietrich 1983, S. 2). Schwarzer und Posse (2008) drücken es so aus: „Gelingende Beratung ‚löst' nicht nur Probleme, sondern schafft zum einen für den Ratsuchenden ein neues Verständnis für seine individuellen Hintergründe der Entscheidungsunsicherheit und versetzt ihn zum anderen durch dieses Hintergrundverständnis und den gelungenen Lösungsansatz in die Lage, zukünftig mit ähnlichen Problemen selbstständig angemessener umzugehen" (ebd., S. 443).

Leistungsdiagnostik hat zu tun mit Input, Output und deren vermittelnden Prozessen. PISA dagegen akzentuiert einseitig die Output-Orientierung und steht exemplarisch für die outputorientierte Wendung und Standardisierung. Dabei bleibt eine Innovation der schulischen Leistungsbeurteilung weitgehend aus. Bei all der vorgebrachten Kritik an der Fragwürdigkeit der bisherigen Zensurengebung wird an ihr festgehalten, weil es durchaus gute Gründe gibt, an ihr festzuhalten. So ist beispielsweise das Abitur als Aggregierung mehrerer Einzelnoten ein valides Instrument zur Vorhersage des Studienerfolgs (vgl. Rindermann &

Oubaid 1999). Dennoch fällt auf, dass kaum Alternativen bemüht werden, bei denen es vornehmlich um individuelle Förderung geht. So sind reformpädagogische Beurteilungsmodelle mit ihrem breiten Spektrum im Schulalltag weitgehend unbekannt (vgl. Bohl 2004).

Andere Konsequenzen werden von den Autoren der PISA-Studien gezogen: „Man kann für dieselbe Leistung in einem Fall eine Zwei, im anderen Fall eine Vier oder Fünf erhalten" (Baumert et al. 2003, S. 326). Diese hier angemahnte mangelnde Vergleichbarkeit von Noten führte bisher nicht zu einer konsequenten Suche nach Alternativen zur Zensurengebung, sondern zur Vereinheitlichung der Anforderungen und stärkeren Vergleichbarkeit – in der Hoffnung, damit die Zensurengebung zu objektivieren. Weiter birgt eine unreflektierte Orientierung an den Methoden von PISA ein beträchtliches Gefahrenpotenzial. Die schulische Praxis der Leistungsüberprüfung und Leistungsbeurteilung hat nämlich eine ganze Reihe von Aufgaben zu erfüllen, für welche die PISA-Methoden wenig hilfreich sind. Mit Rücksicht auf die Bildungs- und Erziehungsaufgaben der Schule bedarf es auch anderer diagnostischer Ansätze (vgl. Sacher 2009, S. 209f.):

- PISA überprüfte nicht kooperativ erbrachte Schulleistungen schriftlich. Die Schule muss auch mündliche und praktische sowie neben individuellen auch kooperativ erbrachte Leistungen überprüfen und beurteilen.
- PISA überprüfte Lernergebnisse. Die Schule muss auch Lernprozesse diagnostizieren. Schulische Leistungsüberprüfung hat ihre Stärke als Längsschnitt- und Entwicklungsdiagnose.
- PISA evaluierte den Leistungsstand in den drei Domänen Lesen, Mathematik und Naturwissenschaften. Außer Fachleistungen sind auch fächerübergreifende und überfachliche Kompetenzen zu beachten.
- Als Bezugsnormen verwendete PISA fachliche Gesichtspunkte und die Lage zum OECD-Durchschnitt, also die kriteriale und die soziale Bezugsnorm. Dies ist pädagogisch nicht unbedenklich. Häufiger sollte auch die individuelle verwendet werden, in deren Fokus die Lernfortschritte einzelner Schüler stehen.
- Die PISA-Diagnose ist eine sogenannte Makrodiagnose in einer formalisierten und vom Unterricht abgehobenen Test- und Prüfungssituation. Es handelt sich um eine externe Diagnose durch eine Institution und durch Personen, welche außerhalb der Schule stehen. Schulische Leitungsüberprüfung ist häufig unaufwendige, unauffällige und informelle Mikrodiagnose während des Unterrichts, und sie nutzt die Vorteile des internen Diagnostikers, der die Leistungskontexte der Schüler sowie ihre Lerngeschichte kennt. Die diagnostizierte Leistung kann auch eine von Schülern selbst beurteilte sein.
- Im PISA-Test verschwindet die konkrete individuelle Schülerleistung hinter einem Summenwert. In der pädagogischen Situation der Schule sollen auch Leistungen beachtet und gewürdigt werden, in denen Schüler sich von anderen unterscheiden und nicht mit anderen vergleichbar sind.

- Zweck der Erhebung von PISA war es, Planungsdaten für Wirtschaft und Politik zu gewinnen. Schulische Leistungsüberprüfung hat eine ganz andere Intention, nämlich die Leistungen zu entwickeln und zu fördern. Deshalb benötigt die schulische Leistungsüberprüfung und -beurteilung neben Kontrollaufgaben, mit denen der Lernstand ähnlich wie bei PISA ermittelt werden soll, auch Lernaufgaben, die Lernprozesse initiieren und unterstützen.

In den folgenden Fällen soll der Bearbeiter sich in exemplarische Beratungssituationen (Hochbegabung, Lese-Rechtschreib-Schwäche) hineinversetzen, die Funktionen der Leistungsmessung kennenlernen, zwischen Prozess- und Produktbewertung unterscheiden können, um unterschiedliche Bezugsnormen und Testgütekriterien wissen, auf Transparenz in der Diagnostik achten, in der Lage sein, alternative Leistungsmessungen einzusetzen und die Potenziale von Schülerselbstbeurteilung zu erkennen, auf fördernde Ressourcen bei Eltern und Schülern hingewiesen und für auftauchende Probleme bei der Elternberatung sensibilisiert werden.

Ziele der Denkschulung (vgl. S. 27ff.) im Kontext „Beraten und Beurteilen" sind:
- In der Auseinandersetzung mit sich widersprechenden Anforderungen zwischen offiziellen Vorgaben und Positionen in der Fachdiskussion einen eigenen Standpunkt finden, z.B. wie im Fall 24 im Hinblick auf die Funktionen der Leistungsmessung
- Begabung als Aspekt von Heterogenität verstehen, der eine kompetente und offensive Problembewältigung durch die Lehrperson verlangt, z.B. wie im Fall 23 bei einem hochbegabten Schüler
- Subjektivität kontrollieren, z.B. wie im Fall 26 bei der Beurteilung in fachübergreifenden Projekten
- Selbstvertrauen als Lehrer entwickeln, z.B. wie im Fall 30 bei der Bewältigung von Arbeitsverweigerung
- Leistungssituationen gemäß wissenschaftlicher Kriterien gestalten, z.B. wie im Fall 22 bei der Bewertung von Prozessen vs. Produkten bei der Gruppenarbeit
- Die Bereitschaft entwickeln, Alternativen der Leistungsbeurteilung auszuloten und einzusetzen, z.B. wie im Fall 25 bei großen Diskrepanzen zwischen mündlicher und schriftlicher Leistung
- Möglichkeiten erkennen, die Selbststeuerungsfähigkeiten von Kindern zu stärken (Hilfe zur Selbsthilfe), z.B. wie im Fall 29 bei der Förderung von Ressourcen
- Emotionale und sachliche Ebene auseinanderhalten und Perspektivenwechsel berücksichtigen, z.B. wie im Fall 21 bei Elternbeschwerden oder im Fall 27 bei Problemen mit einem Kollegen

Fall 21: Vergleichbarkeit der Anforderungen

Ein Elternpaar moniert, dass die Beurteilung ihres Kindes in einem Heimat- und Sachunterrichtsleistungstest nicht gerecht sei. Der abgefragte Stoff sei nicht vollständig im Heft notiert worden, und die Fragen seien im Vergleich zu anspruchsvoll für die Jahrgangsstufe. Das zeige sich auch darin, dass der Notenschnitt der Klasse immer unter dem der Parallelklasse liege.

1 Falldarstellung

Ich führe die Klasse 2b mit 25 Schülern. Gestern kamen wieder die Eltern von Peter in meine Sprechstunde. Sie waren mit den Ergebnissen der letzten Heimat- und Sachunterrichtsprobe unzufrieden, und verlangten, dass ich die Note ändere.

Peter hatte in der Probe die Note 2. Im Vorfeld habe ich nochmals die betreffende Probe durchgesehen und Korrekturfehler meinerseits ausschließen können. Peter hatte bei der ersten Aufgabe einen kleinen Flüchtigkeitsfehler gemacht – einen halben Punkt Abzug – und konnte des Weiteren die gestellte Transferaufgabe nicht richtig lösen – zwei Punkte Abzug –, was in der Gesamtleistung eine Zwei ergibt. Ich erklärte den Eltern, dass Peter in der Regel gute bis sehr gute Leistungen zeige, auch bei Transferaufgaben. Aber dass Peter in Prüfungssituationen oft sehr aufgeregt sei und wohl deshalb manche Arbeitsanweisungen nicht richtig verstehe, was sich durch viele Flüchtigkeitsfehler zeige. Ich denke, dass dies bei dieser Probe wohl auch der Fall gewesen ist.

Die Eltern traten aber mit Vorwürfen an mich heran. Sie meinten, ich dürfe nur das abfragen, was ich auch zuvor im Heft der Schüler habe festhalten lassen. Und eben in der letzten Probe, hätte ich eine Frage gestellt, die gar nicht im Heft stand. Ich antwortete, dass ich natürlich nicht nur reine Reproduktionsaufgaben abfragen würde, sondern immer wieder auch Transferaufgaben stellte, in denen die Kinder zeigen müssten, dass sie das Gelernte auch übertragen können. Dabei handele es sich immer um Aufgaben, die wir im Unterricht besprechen oder zumindest anschneiden würden, die ich aber nicht notieren ließe. Dass dies legitim sei, wollten mir die Eltern absprechen. Sie stützten sich dabei auf ihre Erfahrungen mit den Geschwistern von Peter, die inzwischen eine höhere Jahrgangsstufe an einer anderen Schule besuchen. Dort wurde in der 2. Klasse nur abgefragt, was auch zuvor im Unterricht erarbeitet und eben auch im Heft notiert wurde – woher sonst sollten die Eltern wissen, welcher Stoff mit den Kindern zu lernen sei, war auch eines ihrer Argumente.

Es wurde mir versichert, dass auch diesmal mit Peter viel geübt wurde, da Noten ja wichtig seien und am besten gute Noten, damit Peter auf das Gymnasium gehen könne, wenn es so weit sei. Wenn ich jedoch als Lehrer nicht klar angeben würde, was in der Probe alles abgefragt werde, habe Peter ja keine Chance, die Note 1 überhaupt zu erreichen. Außerdem – so die Eltern – würden Transferaufgaben viel zu hohe Anforderungen stellen, die zudem ganz andere seien als jene, die die Geschwister in der anderen Schule in vergangenen Schuljahren hätten machen müssen.

Hierauf versicherte ich, dass die Transferaufgaben in meinem Ermessen lägen und keine Überforderung an die Leistungsfähigkeit der Schüler darstellten. Der Notenschlüssel würde dies bestätigen. Zudem könne ich keine Aussagen zu den Aufgabestellungen anderer Schulen machen. Nun führten die Eltern die Probenergebnisse der Parallelklasse ins Feld. Durch einen Nachbarsjungen, der diese Klasse besucht, seien sie nämlich informiert und daher entsetzt, dass der Notenschnitt meiner Klasse stets schlechter ausfalle als der der Parallelklassentests – deren letzter Schnitt bei 2,23 gelegen habe, wobei zehn Schüler die Note 1 erreicht hätten. Zudem würden in der Parallelklasse keine Aufgaben gestellt, die nicht vorher angekündigt worden seien. An dem Punkt angekommen, ließ ich es bleiben, meinen Notenschnitt von 2,64 zu verteidigen. Ich verwies auf die unterschiedlichen Klassenzusammensetzungen und beendete das Gespräch. Jetzt frage ich mich, ob meine Anforderungen wirklich höher sind als die meiner Kollegin?

2 Fallbearbeitung

▶ **Identifizieren**
Welche Erfahrungen macht der Lehrer mit den Eltern bezüglich deren Vorstellungen von den Leistungen ihres Kindes?
Wie geht der Lehrer mit den an ihn gerichteten Vorwürfen um?

▶ **Interpretieren**
Warum verhält sich der Lehrer den Eltern gegenüber wie beschrieben?
Warum verhalten sich die Eltern dem Lehrer gegenüber wie beschrieben?

▶ **Bewerten**
Wie bewerten Sie das Eltern- und Lehrerverhalten?

▶ **Handlungs- und Möglichkeitsräume**
Wie kann bei der Erfassung von Schulleistungen sichergestellt werden, dass diese mit anderen Klassen vergleichbar sind? Berücksichtigen Sie dabei die Hinter-

grundinformationen, aus denen ersichtlich wird, dass an Messungen ganz bestimmte Anforderungen gestellt werden.

3 Hintergrundwissen

Anforderungen an Messungen – Gütekriterien für schulische Leistungserhebungen
Messungen müssen aus der Sicht der Diagnostik Gütekriterien genügen, wenn ihre Ergebnisse sinnvoll verwertbar sein sollen. Hier sollen die Hauptgütekriterien (1) Objektivität, (2) Reliabilität, (3) Validität und das Nebengütekriterium (4) Normierung skizziert werden.

(1) Objektivität
Objektivität einer Messung bezeichnet den Grad, in welchem die Ergebnisse unabhängig von der Person des Messenden sind.
Auf den Lehrer bezogen bedeutet dies: Sind die Ergebnisse meiner Prüfung unabhängig von meiner Person? Noch konkreter: Bin ich sicher, dass auch andere Lehrer die Prüfung genauso gestalten würden (Durchführungsobjektivität)? Bin ich sicher, dass auch andere Lehrer nach demselben Schema auswerten und zu demselben Ergebnis gelangen würden (Auswertungsobjektivität)? Kann ich davon ausgehen, dass auch andere Lehrer meine Bewertungsrichtlinien anwenden und so bewerten wie ich (Interpretationsobjektivität)?
Möglichkeiten zur Verbesserung:
• Durchführung, Auswertung und Interpretation sollten präzise beschrieben und dann fixiert werden. Dabei sind Auswertung und Interpretation möglichst zu trennen.
• Ein Beurteiler-Training fördert, dass verschiedene Prüfer übereinstimmend verfahren.

(2) Reliabilität
Reliabilität bzw. Zuverlässigkeit einer Messung bezeichnet ihre Genauigkeit und Sicherheit.
Auf den Lehrer bezogen bedeutet dies: Inwieweit kann ich sicher sein, dass mein Messergebnis den wahren Ausprägungsgrad der Leistung repräsentiert und nicht über Gebühr von Messfehlern verfälscht wird?
Möglichkeiten zur Verbesserung:
• Es zeigt sich in Studien immer wieder, dass dieselben Lehrer zu verschiedenen Zeiten auf dieselben Arbeiten verschiedene Noten geben. So sollte man sich bewusst sein, dass der Messfehler von Zensuren im Allgemeinen eine halbe bis ganze Notenstufe nach oben und unten beträgt, im Einzelfall sogar bis zu drei Notenstufen.

- Die Reliabilität von Prüfungen ist umso höher, je mehr Aufgaben sie umfassen.

(3) Validität

Validität bzw. Gültigkeit einer Messung ist dann gegeben, wenn gewährleistet ist, dass tatsächlich das gemessen wird, was man vorgibt zu messen.

Auf den Lehrer bezogen bedeutet dies: Misst meine Prüfung wirklich vor allem jene Fachkompetenz, die sie messen will?

Möglichkeiten zur Verbesserung:

- Lehrer orientieren sich bei der Leistungsbewertung häufig am Leistungsniveau der jeweiligen Klasse. Dies gilt auch für Übertrittsempfehlungen. Deshalb sollten gelegentlich Schulleistungstests zur Kontrolle eingesetzt werden.
- In nicht sprachlichen Fächern sollten die Anforderungen an die Sprachkompetenz gering gehalten werden.
- Prüfungsformen (schriftlich, mündlich, praktisch), Prüfungssituationen (vor der Klasse, allein) und Aufgabenformate (z.B. in freier Formulierung zu beantwortende Fragen, Lückentexte, Multiple-Choice-Aufgaben) sollte man möglichst vielfältig und abwechslungsreich nutzen.
- Um eine allein am Leistungsstand der jeweiligen Klasse orientierte Beurteilung zu vermeiden, sollten unterschiedliche Bezugsnormen eingesetzt werden (vgl. 4).

(4) Normierung

Für die Bewertung der Schülerleistungen unterscheidet man drei Bezugsnormen.

1. Soziale Bezugsnorm: Die Leistungen des Einzelnen werden nach ihrem Verhältnis zur Leistung der Gruppe beurteilt. Maßstab ist der Durchschnitt der Klasse.

Bei diesem Vorgehen bleibt der gemeinsame Lernzuwachs aller unsichtbar. Veränderungen innerhalb der Klasse sind kaum möglich. Hier werden eher misserfolgsängstliche Schüler beobachtet.

2. Individuelle Bezugsnorm: Die Leistungen des Einzelnen werden im Vergleich zu seinen früher erbrachten Leistungen beurteilt. Maßstab ist der Vergleich mit dem Schüler selbst.

Bei diesem Vorgehen bleiben die bestehenden Leistungsunterschiede zwischen Schülern verborgen. Hier werden eher weniger Motivationsprobleme beobachtet.

3. Sachliche Bezugsnorm: Die Leistungen des Einzelnen werden im Vergleich zu fachlich-sachlichen Anforderungen beurteilt. Maßstab kann ein Lehrziel bzw. ein vorher festgesetztes Kriterium sein.

Dieses Vorgehen ist unsensibel gegenüber Lernfortschritten der ganzen Klasse oder Einzelner. Hier wird bei Schülern eine positive intrinsische Motivation beobachtet.

Als Konsequenz bietet sich der alternierende Einsatz aller Bezugsnormen an. Auf diese Weise werden die folgenden Aspekte berücksichtig: die Stellung des jeweiligen Schülers in der Klasse (sozial), wie er sich selbst entwickelt (individuell) und inwieweit er ein angestrebtes Ziel erreicht (sachlich). Ein mögliches Korrektiv bei der Leistungsbeurteilung können regelmäßig durchgeführte Parallelarbeiten in Klassen derselben Stufe sein.

Quelle
Sacher, W. (2009): Leistungen entwickeln, überprüfen und beurteilen. Bad Heilbrunn.

4 Lösungsvorschläge

▶ **Identifizieren**
Welche Erfahrungen macht der Lehrer mit den Eltern bezüglich deren Vorstellungen von den Leistungen ihres Kindes?
Die Eltern äußern ihren Unmut über die Note der letzten Heimat- und Sachunterrichtsprobe ihres Kindes. Sie gehen davon aus, dass der Lehrer nur abfragen dürfe, was zuvor im Heft festgehalten worden sei.

Wie geht der Lehrer mit den an ihn gerichteten Vorwürfen um?
Der Lehrer versucht, die an ihn gerichteten Vorwürfe argumentativ zu entkräften, indem er die Subjektivität durch Herstellen von Transparenz kontrolliert.

Warum verhalten sich die Eltern dem Lehrer gegenüber wie beschrieben?
Sie sehen sich im Recht und geben dabei folgende Gründe an:
• Sie wollen ihr Kind schützen und den Übertritt sichern.
• Sie verweisen auf ihre Erfahrungen mit den anderen Geschwistern.
• Durch das Stellen von Transferaufgaben seien die Anforderungen zu hoch.
• Sie verweisen auf die Probenergebnisse der Parallelklasse.

▶ **Interpretieren**
Warum verhält sich der Lehrer den Eltern gegenüber wie beschrieben?
Er will seine Rolle als Lehrer bestärken.
Er stellt Transferaufgaben, die die Schüler nicht überfordern. Zur Rechtfertigung seines Vorgehens bezieht er sich auf den Notenschlüssel. Außerdem kann er keine Aussagen zu Aufgaben anderer Schulen machen. Auch verweist er auf unterschiedliche Klassenzusammensetzungen.

▶ **Bewerten**

Wie bewerten Sie das Eltern- und Lehrerverhalten?

Die Eltern argumentieren einseitig aus ihrer Perspektive heraus, und zwar eher emotional.

Der Lehrer wähnt sich im Recht, da er davon ausgeht, dass die Transferaufgaben in seinem eigenen Ermessen liegen; dabei legt er den Fokus auf die ganze Klasse. Er bewegt sich allein auf einer sachlichen Ebene, ohne die Interessen der Eltern zu sehen. Dabei sieht er zu wenig Handlungs- und Möglichkeitsräume, die sich bei seiner Bewertung ergeben.

Für beide Seiten wäre ein Perspektivenwechsel hilfreich, um den anderen besser verstehen zu können.

▶ **Handlungs- und Möglichkeitsräume**

Wie kann bei der Erfassung von Schulleistungen sichergestellt werden, dass diese mit anderen Klassen vergleichbar sind?

Berücksichtigen Sie dabei die Hintergrundinformationen, aus denen klar wird, dass an Messungen ganz bestimmte Anforderungen gestellt werden.

- Einhalten der Gütekriterien
- Beurteiler-Training
- Gelegentliche Schulleistungstests
- Einsatz aller Bezugsnormen
- Parallelarbeiten in anderen Klassen

Fall 22: Präsentation scheitert

Während einer Gruppenarbeit im Rahmen eines Geografieprojekts zeigt ein Schüler große Motivation, selbstständiges Arbeitsvermögen, Kreativität und soziale Fähigkeiten. Jedoch misslingt ihm die Präsentation seines Arbeitsergebnisses. Die Lehrkraft ist ratlos, wie sie seine Leistung beurteilen soll.

1 Falldarstellung

Ich habe in meiner Klasse ein Projekt durchgeführt. Es handelt sich um eine 8. Klasse Hauptschule mit 28 Schülern. Die Hälfte davon sind Jungen und die andere Hälfte Mädchen. Die Schüler waren in vier Sechsergruppen und eine Vierergruppe aufgeteilt; wir haben wichtige europäische Länder erarbeitet, wobei jeder Schüler innerhalb seiner Arbeitsgruppe für einen bestimmten Teilbereich zuständig war, z.B. Wirtschaft, Geografie etc. Ich habe mich gefreut, dass zum ersten Mal im Jahr alle so richtig mitgearbeitet haben. Endlich einmal nicht der dauernde Stress, wenn es darum geht, dass alle ruhig sind, aufpassen und halbwegs den Stoff verstehen sollten.

Besonders hat mir gefallen, dass auch die schwächeren Schüler in der Klasse mitgemacht haben. Eigentlich ist der Leistungsstand in der Klasse ja relativ homogen, aber in einigen Fächern gibt es halt immer wieder Aussetzer. Dabei sind viele der Schüler recht motiviert, weil sie noch auf eine Mittlere Reife hoffen; von daher kommt man eigentlich mit der Klasse zurecht. Die meisten Eltern meiner Schüler kommen aus der Arbeiterschicht, die sind mit dem, was ihre Kinder erreichen, zumeist zufrieden, und so hat man nur selten Probleme mit ihnen.

Aber zurück zum Projekt. Also, auch Markus – sonst eigentlich eher ein stiller Schüler – hat deutlich mitgearbeitet. In fast jeder Stunde ist er mit einer Frage gekommen, z.B. ob man auch einen Filmausschnitt zeigen dürfe oder wie viel Text auf dem Plakat stehen solle. Und aus manchen Beobachtungen der Gruppe – man kann ja auch nicht immer zusehen, was sie so alles machen, und andere Gruppen haben auch Fragen und brauchen Hilfe – glaubte ich festzustellen, dass Markus auch den anderen Mitgliedern seiner Gruppe immer wertvolle Impulse und Hinweise gab, was sie machen könnten und wo man für bestimmte Fragen noch nachschauen könnte. Ich hab mich richtig gefreut, wie sehr er sich engagiert.

Allerdings war ich dann völlig enttäuscht, als Markus am Schluss des Projekts sein Arbeitsergebnis präsentierte. Die Form der Präsentation war der Gruppe ja freigestellt (z.B. Plakat, Powerpoint) und seine Gruppe hatte sich letztlich für ein Plakat entschieden, da wohl keiner von ihnen so richtig mit Powerpoint umgehen kann. Und dann hatten wir eigens dafür zwei Stunden lang im Deutschunterricht besprochen, wie man einen Vortrag hält, mit Stichwortkärtchen und möglichst frei, so dass man die Zuhörer ansehen kann. Aber Markus hat alles vom Blatt abgelesen, manches davon sogar falsch, und dabei so leise gesprochen, dass man ihn kaum verstanden hat. Dabei hatte er doch eigentlich alles gut vorbereitet. Die anderen Schüler aus seiner Gruppe haben es allerdings ganz gut gemacht, so dass wenigstens die Gruppennote „gut" dabei herauskam.

Ich bin jetzt allerdings ziemlich ratlos, was ich Markus als Einzelnote geben soll. Man kennt das ja, in jeder Gruppe gibt es irgendwelche Trittbrettfahrer und „Gruppensklaven", aber das trifft auf Markus nicht zu. Seine Präsentation am Schluss steht aber in keinem Verhältnis zu dem, was er vorher geleistet hat. Denn da hat er sich engagiert, doch für seinen Vortrag könnte ich ihm maximal ein ganz schwaches „ausreichend" geben. Aber das wird meiner Meinung nach seiner tatsächlichen Leistung nicht gerecht.

2 Fallbearbeitung

▸ **Identifizieren**
Mit welchem Problem ist der Lehrer bei der Bewertung der gezeigten Leistung von Markus konfrontiert?

▸ **Interpretieren**
Warum hat der Lehrer ein Problem, die Präsentation von Markus als alleiniges Kriterium für seine Benotung zu verwenden?

▸ **Bewerten**
Wie bewerten Sie eine misslungene Präsentation im Hinblick darauf,
a) zukünftig solche Präsentationen zu umgehen?
b) zukünftig alternative Benotungspraktiken einzusetzen?

▸ **Handlungs- und Möglichkeitsräume**
Welche Möglichkeiten hat der Lehrer, in offenen Unterrichtsformaten den einzelnen Schüler zu bewerten? Welche Bereiche können in Gruppenarbeit erfasst werden?

3 Hintergrundwissen

Produkt- und Prozessbewertung

• **Beurteilung von kooperativ erbrachten Leistungen**
Bei der Beurteilung kooperativer Leistungen sind vier Aspekte zu beachten:
– Arbeitsergebnisse
– Arbeits- und Lernprozess
– Teamprozess
– Präsentation der Ergebnisse

Folgende Instrumente haben sich bewährt (vgl. Sacher 2009):
– (gemeinsam erarbeitete) Frage- und Reflexionsbögen
– Arbeitsprozessberichte (Portfolios; umfangreich: Bohl 2004)
– Zwischenbesprechungen im Team (Milestones)
– Teamtests
– Ausführliche Abschlussbesprechungen im Team

• **Beurteilung von Leistung in Prozessen**
Prozessdiagnosen überprüfen, ob die entscheidenden Phasen eines Lernprozesses durchlaufen worden sind; von daher stellt Prozessdiagnose mehr als reine Veränderungsmessung dar. Berücksichtigt werden können psychodynamische, metakognitive und soziale Kompetenzen (Bohl 2004; Sacher 2009).
– Motiviertheit
– Konzentration, Ausdauer, Pflichtbewusstsein und Beharrlichkeit
– Zielstrebigkeit
– Methodenbewusstsein
– Originalität und Kreativität
– Selbstständigkeit und Selbstverantwortung
– Kooperation, Konfliktfähigkeit, kommunikative Kompetenz, kooperatives Lernen

• **Selbstbeurteilung**
Zum selbstständigen und selbstgesteuerten Lernen wie dem Gruppenunterricht gehört sicherlich die Selbstbeurteilung dazu; sie unterstützt die Wahrnehmung eigener Lernfortschritte und bereitet Metakognitionen über das Lernen vor. Im Zusammenhang mit der Prozessbewertung ist der Vorteil sicherlich auch darin zu sehen, dass sie hilft, die Bereiche, die die Lehrkraft nicht beobachten kann, ans Licht zu bringen, damit diese in Diagnostik und Beurteilung mit einfließen können.

Auch hier gibt es ergebnis- und prozessbezogene Methoden der Leistungserhebung. Generell sind Kombinationen von Schülerselbstbeurteilungen und Fremdbeurteilungen denkbar (zahlreiche Beispiele dazu finden sich bei Bohl 2004; Paradies et al. 2005):
– Berichtshefte und Lerntagebücher
– Leistungsdokumentationen in Form von Portfolios
– Kriteriensätze und Selbstbeurteilungsbögen

• **Aufbau von Auswertungssettings**
Inhaltlich kann eine kooperative Lernphase folgendermaßen abgeschlossen werden (Huber 2004):
– Offene Fragen sammeln und besprechen
– Lernlücken identifizieren und schließen
– Lernerfolg überprüfen und sichern
– Anbahnung und Umsetzung von Transfer, Überleitung zu weiterem Thema
– Bearbeitung eines Fallbeispiels oder einer Entscheidungssituation

Mit folgenden Auswertungsmethoden können die oben genannten Inhalte beispielsweise erreicht werden (vgl. Huber 2004, S. 33f.):
– Fish-Bowl: Eine kleine Gruppe diskutiert im Innenkreis („Fischglas"), während die übrigen Teilnehmer in einem Außenkreis die Diskussion verfolgen.
– Galeriemethode (auch: Galery-Walk): Die Ergebnisse aller Teilnehmer werden wie in einer Galerie aufgehängt und können von allen begutachtet bzw. gegebenenfalls kommentiert werden.
– Stafettenpräsentation: Bevor eine Gruppe ihre Ergebnisse präsentiert, geht sie erst bewertend auf die Ergebnisse der vorausgegangenen Gruppe ein.
– Plenumsentscheidung: Alle Gruppen tragen ihre Ergebnisse vor. Daraufhin wird gemeinsam im Plenum eine Musterlösung oder endgültige Entscheidung überdacht.

Dadurch kann auch der Rest der Klasse, nicht nur der jeweils Präsentierende, aktiv an der Auswertungsphase teilnehmen, z.B. mit kritisch-konstruktiven Fragen und Rückmeldungen, Ausfüllen von Bewertungsbögen oder Arbeitsblättern (Bohl 2004). Dadurch ist es möglich, Selbstbeurteilung mit anzubahnen bzw. die Fremdbeurteilung nicht nur auf Beobachtungen der Lehrkraft abzustützen (s.o.).

• **Transparenz der Leistungserwartung**
Meyer (2004) weist im Rahmen der Qualitätsdiskussion im Unterricht darauf hin, dass Transparenz in der Leistungserwartung gegenüber Schülern ein Qualitätskriterium ist. Wenn also im Rahmen eines erweiterten Leistungsbegriffs in

der Schule von den Schülern auch psychodynamische, metakognitive und soziale Kompetenzen gefordert werden, muss ihnen auch eindeutig klar gemacht werden, wie sich diese Kompetenzen äußern, wie sie erworben werden können und in welcher Art und Weise sie von der Lehrkraft überprüft werden.

Aus der daraus entstehenden Transparenz darf man sich auch Kooperationseffekte erwarten, nicht nur vonseiten der Schülerschaft, sondern auch von den Erziehungsberechtigten. Als sinnvoll hat es sich deshalb erwiesen, sowohl Arbeitsaufträge als auch verwendete Beurteilungsbögen im Vorfeld an die Schüler auszuteilen.

• **Rechtliches zur Notengebung**
Hier ist für jede Schulart und jedes Bundesland die Schulordnung zu prüfen, inwieweit vergebene Noten Individualbeurteilungen darstellen müssen. Dadurch können Einschränkungen im Möglichkeitsraum entstehen (vgl. Bohl 2004).

Generell kann aber gelten, dass die Verrechnung einer Gruppennote mit einer Individualnote als Individualnote gilt und deshalb schulrechtlich gedeckt ist.

Quellen
Bohl, T. (2004): Prüfen und Bewerten im offenen Unterricht. Weinheim.
Huber, A. (Hrsg.) (2004): Kooperatives Lernen – kein Problem. Effektive Methoden der Partner- und Gruppenarbeit. Leipzig.
Meyer, H. (2004): Was ist guter Unterricht? Berlin.
Paradies, L.; Wester, F. & Greving, J. (2005): Leistungsmessung und -bewertung. Berlin.
Sacher, W. (2009): Leistungen entwickeln, überprüfen und beurteilen. Bad Heilbrunn.

4 Lösungsvorschläge

▸ **Identifizieren**
Mit welchem Problem ist der Lehrer bei der Bewertung der gezeigten Leistung von Markus konfrontiert?
Es zeigt sich eine Diskrepanz zwischen der gezeigten Leistung in der Erarbeitungsphase (er hat im Projekt deutlich mitgearbeitet; er hat in seiner Gruppe wertvolle Impulse gegeben; er hat sich engagiert) und in der Präsentationsphase (er hat vom Blatt abgelesen, teilweise falsch und leise).

▸ **Interpretieren**
Warum hat der Lehrer ein Problem, die Präsentation von Markus als alleiniges Kriterium für seine Benotung zu verwenden?
Der Lehrer fürchtet, dass er dem Schüler für dessen in der Erarbeitungsphase gezeigtes Verhalten nicht gerecht wird.

▶ **Bewerten**

Wie bewerten Sie eine misslungene Präsentation im Hinblick darauf,
a) zukünftig solche Präsentationen zu umgehen?
b) zukünftig alternative Benotungspraktiken einzusetzen?

Eine Präsentation kann immer auch misslingen; sie zu umgehen, sollte nicht die Konsequenz sein, vielmehr sollte Sorge dafür getragen werden, dass eine Projektarbeit insgesamt gesehen „mehrere Standbeine" hat.

▶ **Handlungs- und Möglichkeitsräume**

Welche Möglichkeiten hat der Lehrer, in offenen Unterrichtsformaten den einzelnen Schüler zu bewerten? Welche Bereiche können in Gruppenarbeit erfasst werden?

Berücksichtigen Sie dabei die entsprechenden Hintergrundinformationen (S. 138ff.), aus denen hervorgeht, dass bei kooperativem Lernen unterschiedliche Auswertungsmöglichkeiten bestehen und zwischen Produkt- und Prozessbewertung zu unterscheiden ist.

Fall 23: Schwache Schulleistungen – schwacher Schüler?

Die gezeigten Leistungen eines Schülers, bei dem bereits in der 2. Grundschulklasse Hochbegabung diagnostiziert wurde, bleiben in der 4. Klasse auffällig hinter dem festgestellten Niveau seiner intellektuellen Fähigkeiten zurück. Der Schüler hat Schwierigkeiten, den geforderten Notenschnitt für den Übertritt auf das Gymnasium zu erreichen.

1 Falldarstellung

Benjamin besucht die 4. Klasse der Grundschule in einer größeren Stadt. Als freundlicher, hilfsbereiter Junge, der viele Interessen hat, kommt er mit jedem Mitschüler gut aus, obgleich er nicht der „Star" der Klasse ist. Seine Stärken liegen in seiner hohen Kreativität und der Fähigkeit, eigene Wege zu gehen. Weil er von Anfang an in der Schule unterfordert schien, wandten sich die Eltern bereits in der 2. Jahrgangsstufe an einen Schulpsychologen, der bei Benjamin eine Hochbegabung feststellte. Doch weder Schule noch Eltern sahen sich willens oder in der Lage, die diagnostizierte Hochbegabung besonders zu fördern.

Seit Beginn der 4. Klasse ist der Druck auf Benjamin stark gewachsen. Im Gespräch mit den Eltern wurde deutlich, dass gerade der Vater für seinen Sohn aufgrund dessen Hochbegabung das Gymnasium anstrebt, die Hauptschule sogar mit einem Versagerimage belegt. Im Rahmen der üblichen Leistungserhebung konnte Benjamin bisher jedoch nicht die Leistungen zeigen, die seinen tatsächlichen Möglichkeiten entsprechen und damit einen Übertritt an das Gymnasium ermöglichen würden. Die Noten von Benjamin liegen in Deutsch zwischen „gut" und „befriedigend", in Mathe, Heimat- und Sachunterricht im Bereich „befriedigend" bis „ausreichend". Die Mutter leidet sowohl unter dem „Schulversagen" ihres Sohnes als auch unter dem Druck, den der Vater aufbaut, und ist bemüht, in Absprache mit dem Lehrer den Sohn bestmöglich zu unterstützen, während der Vater kein Verständnis zeigt und Benjamin weiter unter Druck setzt. Nach seiner Ansicht sei Benjamin bei den Hausaufgaben zu wenig bei der Sache. Er vermeide anspruchsvolle Aufgaben, zeige sich bei neuen und komplexen Aufgaben allzu leicht entmutigt, obwohl doch gerade diese ihm liegen müssten. Wenn er eine Aufgabe nicht auf Anhieb lösen könne, würde er entmutigt aufgeben. Vorschnell bringe er Ausreden als Entschuldigung für unerledigte Aufgaben vor. Eigentlich lehne er auch jegliche Selbstverantwortung für schlechte Schulleistungen ab. Die Mutter bestätigt im Gespräch, dass sie bei Benjamin ein unorganisiertes Lern- und Arbeitsverhalten beobachte, er gehe relativ planlos und überhastet an sein Arbeitspensum, vor angesagten Proben zeige er eine ineffektive Zeiteinteilung. Zusehends falle ihr in seinen Äußerungen eine negative Einstellung gegenüber allem, was die Schule betrifft, auf, ob das der Unterricht, die Lehrer oder die Fächer seien.

Nach Aussagen seiner Klassenlehrerin ist Benjamins Beteiligung am Unterricht sowie seine Ausdauer in schulrelevanten Aufgaben auffallend gering. Ihr sei nicht klar, ob sich Benjamin für den Unterrichtsstoff nicht interessiere oder ob er sich nichts zutraue. Dagegen zeigen seine wenigen geäußerten Unterrichtsbeiträge, dass er zu vielen Themen über detaillierte, oft weiterführende Informationen verfügte. Leider gäben seine Beiträge nicht immer eine konkrete Antwort auf die gestellte Frage, sondern vertieften das Problem an anderer Stelle. Da kämen dann viele seiner Mitschüler nicht mehr mit und es würden keine Zusammenhänge deutlich. Das ärgere Benjamin manchmal, und er wirke dann demotiviert und beschäftige sich mit anderen Dingen. Benjamin zeige Symptome eines typischen Underachievers, d.h. eines Schülers, der in seinen schulischen Leistungen weit hinter dem Niveau seiner intellektuellen Grundfähigkeiten zurückbleibt.

Bei Freiarbeit scheint ihm eine bessere Konzentration zu gelingen, dabei vertieft Benjamin sich manchmal in Spezialthemen und findet sehr gute Lösungswege. Leider geschieht das nicht oft, da auch angereicherte Lernumgebungen selten seine Interessen treffen bzw. ihn teilweise unterfordern.

In letzter Zeit stellt die Lehrerin fest, dass Benjamin in den Proben zunehmend unruhiger wird. Sie befürchtet, dass es zu dauerhaften Prüfungsblockaden bei Benjamin kommen könnte.

2 Fallbearbeitung

▶ **Identifizieren**
Welches Problem liegt bei Benjamin vor?
Welche Anforderungen an das Handeln von Benjamin stellt der Lehrer?

▶ **Interpretieren**
Warum gelingt es dem Lehrer nur unzureichend, Benjamin zu fördern?

▶ **Bewerten**
Bewerten Sie die angeführten Möglichkeiten der Förderung von Hochbegabung im Hinblick auf Benjamins schulische Situation. Vergleichen Sie dabei die Möglichkeiten, die die Modelle von Rost bzw. Heller zulassen (siehe S. 144ff.).

▶ **Handlungs- und Möglichkeitsräume**
Wie kann eine wirksame Intervention und Förderung seitens der Schule und des Elternhauses aussehen? Zeigen Sie dabei die Grenzen auf, die der Schule im Umgang mit Heterogenität gegeben sind.

3 Hintergrundwissen

Hochbegabung

1. Konzeption
Hochbegabung ist ein wenig präzises Konzept. Die Vielfalt bestehender Konzeptualisierungen ist beachtlich und wird auf mehr als hundert geschätzt. Die Unschärfe des Hochbegabungsbegriffs liegt in der Unschärfe des Begriffs „Begabung" begründet. So trennen einige Autoren intellektuelle von nicht intellektueller Begabung (z.B. praktisch-handwerkliche, soziale Begabung), wobei innerhalb des intellektuellen Bereichs wiederum die allgemeine Begabung im Sinne von Spearmans genereller Intelligenz von Spezialbegabungen (vgl. die multiplen Intelligenzen nach Gardner: z.B. sprachliche, mathematische, soziale, musische) unterschieden wird. Die Mehrzahl von Definitionsversuchen lässt sich zwei grundsätzlich unterschiedlichen Modellkonzeptionen zuordnen, je nachdem, ob sie eng fähigkeitsorientiert, d.h. sich auf die Intelligenz beschränken, oder aber umfassender konzipiert sind. Im deutschsprachigen Raum sind in den Achtzigerjahren zwei groß angelegte Längsschnittstudien durchgeführt worden, die auch programmatisch für je eine der beiden Konzeptionen stehen.

a) Modell der allgemeinen Intelligenz
Seit dem Aufkommen psychometrischer Tests steht ein unidimensionales Hochbegabungsmodell mit einer Schwerpunktsetzung auf der allgemeinen Intelligenz „g" im Vordergrund. Hier wird für Hochbegabung die Ausprägung der Intelligenz in Relation zum Populationsdurchschnitt betrachtet, die mindestens zwei Standardabweichungen über dem Mittelwert liegt (Intelligenzquotient > 130; Prozentrang > 98). An diesem weltweit meistpraktizierten Vorgehen orientiert sich Rost. Im Marburger Hochbegabtenprojekt wird Hochbegabung als breite intellektuelle Leistungsfähigkeit „g" konzeptualisiert.

b) Mehrdimensionale, bereichsübergreifende Konzeptionen
Die oben vorgenommene starke Einschränkung des Hochbegabungsbegriffs auf das Intelligenzmaß ist heftig kritisiert worden. In mehrdimensionalen Konzeptionen werden noch andere Begabungsfaktoren unterschieden. Bei diesem Verständnis von Hochbegabung werden neben kognitiven Faktoren auch nicht intellektuelle mit

einbezogen. Hochbegabung lässt sich demnach allgemein als Fähigkeitspotenzial für außergewöhnliche Leistungen in einer oder mehreren Domänen definieren. Hierfür steht das in Deutschland bekannt gewordene Münchner Hochbegabungsmodell von Heller. Begabung und Intelligenz werden hier nicht gleichgesetzt; als Begabungsfaktoren werden gesehen: intellektuelle Fähigkeiten, Kreativität, soziale Kompetenz, Musikalität, Psychomotorik. Ob diese besonderen Fähigkeiten zu exzellenten Leistungen führen, hängt von weiteren Persönlichkeitsmerkmalen (Stressbewältigung, Leistungsmotivation, Arbeits-/Lernstrategien, Prüfungsangst und Kontrollüberzeugungen) sowie von Bedingungen in der Umwelt des Einzelnen (Familien-/Klassenklima, kritische Lebensereignisse) ab. Hier ist der Einfluss vieler Faktoren denkbar.

Vergleich beider Konzeptionen:
Das Intelligenzmodell hat zu einem vergleichsweise homogenen Begriffsverständnis geführt und ist solide zu operationalisieren.
Das Münchner Hochbegabungsmodell stellt kein Begabungs-, sondern ein Leistungsmodell dar. An dem Modell wird vor allem bemängelt, dass von den zahlreichen als Kreativitätstests bezeichneten Verfahren keines auch nur annäherungsweise das, was im eigentlichen Sinn produktiv-schöpferische Leistungen ausmacht, erfasst wird.

2. Identifikation

Da es bislang an befriedigenden Diagnoseinstrumenten zur Erfassung von Merkmalen wie Kreativität mangelt, werden bei der Diagnostik von Hochbegabung weiterhin vor allem kognitive Fähigkeiten erfasst.
Bei nicht kognitiven Bereichen (z.B. Musik, Sport, Tanz) zieht man die bisher gezeigten Leistungen als Kriterium zur Entscheidung über das Vorliegen einer besonderen Begabung heran.
Vielfach werden Hochbegabte allein aufgrund des Lehrerurteils bestimmt. Lehrer können jedoch eher die gezeigte Leistung als das der Leistung zugrunde liegende Potenzial beurteilen. Beispielsweise wird von ihnen der sogenannte Underachiever (der weniger leistet, als aufgrund seiner Begabung möglich ist) kaum erkannt.
Abzuraten ist eher von der Verwendung von Eltern- und Peerbeurteilungen. Beide Gruppen orientieren sich bei ihrem Urteil ebenfalls zu sehr an den gezeigten Leistungen.
Eines zeigen die vorhandenen empirischen Studien ganz klar: Die weit verbreiteten Mythen über Hochbegabte („Genie und Wahnsinn") lassen sich nicht halten. Vielmehr werden neben dem enormen kognitiven Entwicklungsvorsprung übereinstimmend positivere Persönlichkeitsmerkmale (z.B. höheres Selbstvertrauen, größeres Selbstkonzept, ausgeprägtere Kontrollüberzeugungen) berichtet. An-

sonsten trifft der Satz zu: Hochbegabte, im Sinne eines hohen IQ, unterscheiden sich von Normalbegabten nur in einem Merkmal, eben der Intelligenz.

3. Förderung

Hierzu liegen viele Vorschläge vor, doch aufgrund fehlender Evaluationsstudien kann bislang noch kein wissenschaftlich begründetes Urteil über mögliche Vorzüge und Schwächen einzelner Maßnahmen getroffen werden. Hier einige Vorschläge (vgl. Rost & Schilling 2006).

(1) Schulische Maßnahmen mit einem Schwerpunkt auf innerer Differenzierung:
• Aufgaben, die dem Stoff vorauseilen
• Aufgaben, die den Stoff vertiefen
• Bilinguales Material
• Selbsttätiges Lernen an selbstinstruierendem Material
• Tutorfunktionen für schwächere Mitschüler
• Lernen durch Lehren

(2) Schulische Maßnahmen mit einem Schwerpunkt auf äußerer Differenzierung:
• Vorzeitige Einschulung
• Fachbezogener Unterricht in höheren Klassen
• Überspringen
• Leistungskurse
• Spezielle Arbeitsgemeinschaften/Schülerseminare
• Auslandsaufenthalte an Partnerschulen
• Hochbegabungsklassen an normalen Schulen
• Spezialklassen für Hochbegabte
• Schulen/Klassen mit bilingualem Unterricht
• Gasthörer an Universitäten

(3) Außerschulische Maßnahmen
• Anspruchsvolle Freizeitgestaltung
• Ferienkurse, Sommerakademien
• Fernunterricht, Internetkurse
• Teilnahme an Wettbewerben („Jugend forscht", „Jugend musiziert" etc.)
• Stipendien
• Sponsoring

(4) Optimierung von Betreuung und Beratung
• Lehrerausbildung, Lehrerfortbildung
• Spezialisierte Beratungslehrer/Schulpsychologen
• Einrichtung begabungsdiagnostischer Beratungsstellen

4. Intervention im Umgang mit Underachievern

Folgende bewährte Interventionen bieten sich im Umgang mit Underachievern an:

- Übernahme von Selbstverantwortung
- Strategieerwerb, Selbstkontrolle
- Motivierung und Aufbau selbstregulierten Lernens
- Enge Zusammenarbeit von Elternhaus und Schule

Quellen

Heller, K. A. (2001): Hochbegabung im Kindes- und Jugendalter. Göttingen.

Rost, D. H. & Schilling, S. R. (2006): Hochbegabung. In: Rost, D. H. (Hrsg.): Handwörterbuch Pädagogische Psychologie. Weinheim, S. 233-245.

Fall 24: Bei Lese-Rechtschreib-Schwäche korrigieren: Ja oder Nein?

Eine Deutschlehrerin schildert ihre Probleme bezüglich der Rechtschreibkorrektur bei Schülern mit Legasthenie bzw. Lese-Rechtschreib-Schwäche: Laut bayerischem Kultusministerium müssen die Arbeiten legasthener Schüler ebenfalls auf Rechtschreibung korrigiert werden, obwohl diese nicht in die Benotung einfließen darf. Legasthenieexperten raten allerdings von der Korrektur ab, da sie Legastheniker hauptsächlich demotiviere. Für Lehrer stellt die Korrektur zudem nur eine weitere – teils unsinnige – Arbeitsbelastung dar. Gleichzeitig stellt die Lehrerin fest, dass sich die Rechtschreibung von legasthenen Schülern tendenziell verschlechtert, wenn sie nicht korrigiert bzw. benotet wird.

1 Falldarstellung[1]

Eine Deutschlehrerin schildert ihre Probleme mit der Rechtschreibkorrektur bei Schülern mit Legasthenie bzw. Lese-Rechtschreib-Schwäche: Laut bayerischem Kultusministerium sind Orthografie und Interpunktion bei Schülern, die an dieser Lernstörung leiden, zwar zu korrigieren, dürfen jedoch nicht bewertet werden. Die Rechtschreibleistung des legasthenen Schülers darf in die Notengebung nicht einfließen.

An unserer Schule setzt sich die Notengebung in Deutsch wie folgt zusammen: Inhalt 50 Prozent, Sprache, Ausdruck und Grammatik 30 Prozent sowie Orthografie und Interpunktion 20 Prozent. Bei Schülern mit Legasthenie werden Orthografie und Interpunktion nicht gewichtet. Rechtschreib- und Satzzeichenfehler müssen zwar angestrichen werden, sind aber für die Endnote bedeutungslos.

Die Lehrerin beklagt, dass diese – vom Kultusministerium geforderte Korrektur – unsinnig sei und den Empfehlungen verschiedener Legasthenieexperten widerspreche. Diese würden von der Korrektur der Rechtschreibleistungen in den schriftlichen Arbeiten von Legasthenikern abraten, da „zu viel Rot" die Kinder hauptsächlich demotiviere.

---

1 Dieser Fall wurde von Florian Ascher (2009) im Rahmen seiner Magisterarbeit „Aus dem, was wirklich ist, lernen, was möglich ist – Fallbasiertes Lernen in der Lehrerbildung" am Lehrstuhl Schulpädagogik der Ludwig-Maximilians-Universität München erhoben.

Für die Lehrerin selbst stellt die Rechtschreibkorrektur bei Legasthenikern zudem eine teils unsinnige Arbeitsbelastung dar. An ihrer Schule gebe es Klassen, in denen bis zu einem Drittel der Schüler legasthen sei. Viele davon könnten nicht einmal ein einziges Wort richtig schreiben. Die Korrektur dieser Arbeiten dauere um ein Vielfaches länger als die Korrektur der Arbeiten von Schülern ohne Legasthenie. Zudem sei sie unsinnig, da sie in der Note nicht berücksichtigt werden dürfe. Sie ärgert sich über die Anweisung des Kultusministeriums und kritisiert sie als „Zeitverschwendung".

Andere Korrekturversuche der Lehrerin sind bereits in der Praxis gescheitert. Einmal habe sie den Versuch unternommen, Rechtschreibfehler mit einer anderen Farbe, nämlich Schwarz, zu korrigieren. Dies habe nur dazu geführt, dass die Schülerarbeiten „ein Farbklecks aus Blau, Rot und Schwarz" gewesen seien. Außerdem sei die Korrektur in zwei Farben noch arbeitsaufwendiger und damit für die Lehrerin unpraktisch.

Gleichzeitig stellt die Lehrerin fest, dass sich die Rechtschreibleistungen von Schülern mit Legasthenie bzw. Lese-Rechtschreib-Schwäche verschlechtern, wenn diese nicht deutlich korrigiert und auch benotet werden. Es komme ihrer Ansicht nach zu einer tendenziellen Häufung von Rechtschreibfehlern, da Legastheniker sich nicht mehr auf ihre Rechtschreibung konzentrieren müssten. Vielfach würden sie ihre Legasthenie auch als „Freifahrtschein" dafür benutzen, so zu schreiben, wie sie wollten. Selbst manche Eltern würden so reagieren und es sich dementsprechend ersparen, mit ihrem Kind Rechtschreibung zu üben.

Die Weisung des Kultusministeriums, dass auch in den schriftlichen Arbeiten anderer, nicht sprachlicher Fächer wie Mathematik, Erdkunde etc. Rechtschreibfehler angezeichnet werden müssen, sieht sie mit „einem lachenden und einem weinenden Auge": Ihr sei klar, dass in offiziellen Arbeiten „nichts Falsches stehen bleiben" dürfe, doch sie kritisiert auch den Mehraufwand, der damit für ihre Kollegen in den anderen Fächern verbunden ist.

Generell zieht die Deutschlehrerin aus diesem Problem das Fazit, dass es in der Schule nie einen zufriedenstellenden Idealzustand für alle gebe. Jede Änderungsmaßnahme bringe unter dem einen Gesichtspunkt eine Verbesserung, unter dem anderen jedoch eine Verschlechterung der Ausgangslage. Probleme gebe es ihrer Meinung nach immer. Versuche man etwas zu ändern, würden sich die Probleme zwangsläufig nur verschieben.

2 Fallbearbeitung

▶ **Identifizieren**
Mit welchem Problem sieht sich die Lehrerin konfrontiert?
Welche emotionalen, sachlichen Elemente lassen sich identifizieren?

▶ **Interpretieren**
Wie könnte sich das Problem auf die Arbeit der Lehrerin auswirken?

▶ **Bewerten**
Wie bewerten Sie die Vorgabe des Kultusministeriums?

▶ **Handlungs- und Möglichkeitsräume**
Wie kann es gelingen, mit einer typischen Dilemmasituation wie dieser im Schulalltag erfolgreich umzugehen?

Fall 25: Differenz zwischen mündlicher und schriftlicher Leistung

Ein Schüler der 3. Klasse Grundschule bekommt im Heimat- und Sachunterricht die Note „sehr gut", obwohl seine mündlichen und schriftlichen Leistungen einen Notenschnitt von „befriedigend" ergeben. Der Lehrer trifft diese Entscheidung im Rahmen seines pädagogischen Freiraums, da er die mündliche Mitarbeit als hervorragend einstuft. Er hofft, den Schüler dadurch so zu motivieren, dass sich dessen schriftliche Leistungen verbessern.

1 Falldarstellung

In einem solchen Fall wie dem von Bodo aus der 3. Klasse, ist es manchmal schwierig, die Grenzen der pädagogischen Freiheit noch wahrzunehmen. Hier habe ich als Lehrer nämlich einfach eine viel bessere Note gegeben – ein Sehr gut –, als die schriftlichen und mündlichen Leistungen zusammen im Schnitt ergeben hätten, nämlich eine Drei.

So hat Bodo jetzt eine bessere Zeugnisnote, als es eigentlich möglich wäre. Natürlich war das lediglich in Heimat-und Sachunterricht so, darin ist Bodo nämlich sehr gut. Er hat nur ein Problem: Er scheint einfach nicht genug für die schriftlichen Proben zu lernen, was dann dazu führt, dass er Noten wie „befriedigend" bzw. „ausreichend" bekommt.

Ich kann das nicht verstehen, weil Bodo im Unterricht sonst toll mitarbeitet, sich häufig meldet und wertvolle Beiträge einbringt, ja sogar argumentieren und erklären kann auf einem Niveau, wie es sonst kaum jemand in der Klasse vermag. Ich sehe, dass Bodo sehr leistungsstark ist, da es ihm auch gelingt, komplizierte Sachverhalte gut zu erfassen und zu erklären.

Wenn er in schriftlichen Proben nicht zurechtkommt, schreibt er beispielsweise, dass er das nicht weiß bzw. es nicht gelernt hat. Oftmals schreibt er auch, dass er es vergessen hat. Das Ergebnis ist dann ein Befriedigend, denn ich kann den Punkteschlüssel ja nicht für ihn verändern.

Mündlich erhält Bodo eine sehr gute Note für seine Mitarbeit in der letzten Themeneinheit „Leben mit der Natur". Oft hat er Dinge mit in den Unterricht gebracht und über die Bedeutung des Waldes sogar einen kleinen Vortrag vorbereitet. Es ist auch schön, dass er gerne und häufig die Präsentation von Gruppenergebnissen übernimmt.

Eine Überlegung von mir ist, ob Bodo vielleicht Prüfungsangst hat? Nein, das ist bestimmt nicht der Grund, und schriftlich ausdrücken kann er sich ja auch. Es liegt wohl eher im Elternhaus begründet, da er mit den Eltern und fünf Geschwistern in einer kleinen Wohnung lebt. Vielleicht findet er einfach nicht die Ruhe zum Lernen, oder ist er nur faul?

Eigentlich glaube ich, dass Bodo ein Schülertyp ist, dem schriftliche Arbeiten nicht liegen, der lieber im Mündlichen seine Ideen entwickelt, immer mitdenkt und auch neue Impulse braucht, um weiterzudenken. Wenn er da nur ein leeres weißes Blatt zum Kommunizieren hat, spricht das Bodo nicht an. Genau herausgefunden habe ich dies jedoch noch nicht. Ich finde es aber in Ordnung, Bodo eine bessere Note im Zeugnis zu geben, denn das liegt ja durchaus im Rahmen der pädagogischen Freiheit, oder nicht? Immerhin macht der Lehrer in der Grundschule noch mehr die Noten als in den weiterführenden Schulen, und da kann man doch auch Bodo entgegenkommen, wenn man merkt, dass er mündlich eine derart überdurchschnittliche Leistung zeigt.

Natürlich habe ich vorher viel mit Bodo darüber gesprochen, wie er sich wohl selbst einschätzt und warum er im Schriftlichen nicht so gut ist. Am Ende habe ich mir aber gedacht, es würde Bodo mehr motivieren, wenn er für seine hervorragenden Unterrichtsleistungen auch auf dem Zeugnis belohnt würde. Ich habe mit Bodo vereinbart, dass er in Zukunft mehr für die schriftlichen Proben tun müsse, auch wenn sie ihm nicht liegen, denn es werde ja immer schriftliche Prüfungen geben.

2 Fallbearbeitung

▶ **Identifizieren**
Mit welchem Dilemma sieht sich der Lehrer konfrontiert?

▶ **Interpretieren**
Warum ist dem Lehrer sein pädagogischer Ermessensspielraum so wichtig?

▶ **Bewerten**
Wie bewerten Sie das Vorgehen des Lehrers hinsichtlich der Vergleichbarkeit von Noten und hinsichtlich der Frage der Gerechtigkeit bei der Notengebung?

▶ **Handlungs- und Möglichkeitsräume**
Wie kann Vergleichbarkeit bei gänzlich verschiedenen Schülertypen gesichert werden?

📖 **Literaturvorschlag**
Sacher, W. (2009): Leistungen entwickeln, überprüfen und beurteilen. Bad Heilbrunn.

Fall 26: Beurteilung in fachübergreifendem Projekt

Ein Physik- und ein IT-Realschullehrer unterrichten eine 9. Klasse im fachübergreifenden Projekt „Wärmelehre gut erklärt". In arbeitsteiligen Gruppen sollen die Schüler sich die nötigen physikalischen Kenntnisse aneignen, ihren Arbeitsverlauf mittels Portfolios dokumentieren und die Ergebnisse durch die Erstellung einer interaktiven Multimedia-CD der Parallelklasse präsentieren. Die Festlegung individueller Abschlussnoten aus verschiedenen Teilleistungen gestaltet sich jedoch als schwierig.

1 Falldarstellung

Im Rahmen eines fächerübergreifenden Projekts von Herrn Meier und Herrn Müller kam vor kurzem die Frage der Benotung auf. Fünf Wochen betreuten die beiden Lehrer eine 9. Klasse Realschule bei dem Physik-/IT-Projekt „Wärmelehre gut erklärt". Herr Meier vermittelte dabei die physikalischen Anliegen, während die Schüler bei Herrn Müller die nötigen Fachkenntnisse für eine computergestützte Präsentation erwarben. Aufgeteilt in acht Vierergruppen hatten die Schüler verschiedene Themen der Wärmelehre zu bearbeiten, z.B. Temperatur oder Umwandlung von Energie. Über die Planung, den Verlauf bis hin zur Reflexion wurde von den Gruppen ein Portfolio geführt. Außerdem mussten die jeweiligen Gruppen ihr Thema ausführlich dokumentieren. Hierzu wurden Anschauungsmaterialien wie Abbildungen, Grafiken und kleinere Texte gesammelt, Experimente durchgeführt und aufgezeichnet. Ebenso musste jedes Gruppenmitglied ein Kurzreferat ausarbeiten und vor der Klasse vortragen; dieses wurde als Audiodatei für die spätere Präsentation aufgenommen. Die Auseinandersetzung mit den physikalischen Inhalten sollte schließlich in eine PC-Präsentation münden. Hierfür musste sich die Gruppe Grundlagen eines interaktiven Präsentationsprogramms aneignen. Mit Hilfe des Programms sollte unter Einbezug möglichst vieler Medien, also Bilder, Grafiken, Video und Ton, eine interaktive Multimedia-CD erstellt werden. Die Gruppenmitglieder mussten sich hierbei nicht nur Gedanken über die Inhaltsauswahl und Gewichtung machen, sondern auch überlegen, in welcher Form sich das Thema interaktiv aufbereiten lässt. Dabei sollte die Palette der Präsentationsmöglichkeiten des Programms möglichst umfangreich ausgeschöpft werden. Die fertige Präsentation jeder Gruppe, und damit auch das gesamte Projekt „Wärmelehre gut erklärt", sollte zum Abschluss der Parallelklasse vorgestellt werden.

Beide Lehrer waren mit der Umsetzung ihrer Idee, ein gemeinsames Projekt durchzuführen, zufrieden; die Klasse arbeitete über die Dauer des Projekts größtenteils gut mit und erwarb fundierte Kenntnisse über die Wärmelehre und über das PC-Präsentationsprogramm. Einzig die Benotung war ein nicht einfacher Punkt. Für den Physiklehrer Meier war es schwierig, die Einzel- und Gruppenarbeit zu bewerten, da in einigen Gruppen z.B. viel mehr Experimente gemacht wurden, in anderen eher theoretische Schwerpunkte lagen und sich die Schüler unterschiedlich einbringen konnten. Er kam zur Lösung, die Kurzreferat-Präsentation mit den Verbalbeurteilungen der Gruppenmitglieder zu einer mündlichen Note zusammenzurechnen. Für eine weitere Note sollte die Präsentation am Ende ausschlaggebend sein. Dies war auch der Gedanke seines Kollegen Müller, der zusätzlich die Vorstellung vor der Parallelklasse in seine Benotung einbeziehen wollte sowie den Umgang mit und den Einsatz des PC-Programms.

Problematisch wurde es, als bei drei Gruppen die Präsentation vonseiten des Computerfachmanns als „sehr gut", vonseiten des Physikers aber nur als „befriedigend" benotet werden sollte. Und andersherum hatte eine Gruppe den inhaltlichen Teil gut erfasst und umfassend dargestellt, aber die interaktive Präsentation war gemessen an dem, was nach der Schulung mit diesem Programm erreichbar gewesen wäre, nur mit „ausreichend" zu bewerten. Aufgrund der verschiedenen Anforderungen und Gewichtungen in den beiden Fächern ließ sich zunächst keine gemeinsame Abschlussnote ermitteln.

2 Fallbearbeitung

▶ **Identifizieren**
Welches Problem liegt in der Benotung eines fächerübergreifenden Projekts?

▶ **Interpretieren**
Warum dürfte eine fächerübergreifende Benotung zu Problemen in der Praxis führen?

▶ **Bewerten**
Wie bewerten Sie die im Vorfeld gemachten Absprachen hinsichtlich der Benotung beider Lehrer?

▶ **Handlungs- und Möglichkeitsräume**
Wie kann ein Beitrag einer Gruppe (z.B. eine Präsentation) aus der Perspektive zweier oder mehrerer Fächer beurteilt werden?

Wie bewertet man Einzel- und Gruppenleistungen bei einem Projekt in Physik (z.B. Experiment)?

Fall 27: Leistungseinbrüche bei Klassenleiterwechsel

Eine Lehrerin, die über einen Zeitraum von zwei Jahren – ihrer Meinung nach erfolgreich – eine Klasse vorzeitig eingeschulter Kinder geführt hat, erfährt von Eltern, dass viele Kinder nach einem Klassenleiterwechsel in der 3. Jahrgangsstufe notenmäßig stark abgerutscht seien und Schulunlust empfinden würden. Auch hört sie über die Eltern, dass die neue Klassenlehrerin ihre Arbeit und Leistungseinschätzung aus den Vorjahren kritisiere. Sie ist sich unsicher, wie sie auf die unzufriedenen Eltern reagieren soll und möchte etwas zur Verbesserung der Situation ihrer ehemaligen Klasse zu tun.

1 Falldarstellung

Es geht hier um einen problematischen Klassenleiterwechsel nach der 2. Klasse. Ich habe in einer 1. und 2. Jahrgangsstufe ein besonderes Projekt gehabt: eine „Kann-Kinder"-Klasse. Die Kinder waren alle fünf Jahre alt, als sie bei mir in die 1. Klasse kamen. Ich habe diese Kinder natürlich getestet, nicht einfach alle aufgenommen, die fünf Jahre alt waren. Es waren zwanzig Kinder, die nicht schulpflichtig waren, aber als vorzeitig schulreif erklärt und zu einer Klasse zusammengefasst wurden. Ich habe diese Kinder intensiv betreut. Ich sage das deshalb, weil diese Kinder vielleicht doch etwas stärker eine emotionale Bindung gebraucht haben als normal schulpflichtige Kinder. Das Projekt war sehr erfolgreich und die Kinder sehr leistungsstark. Wir haben z.B. alle Proben in den fünf Parallelklassen gemeinsam konzipiert. Aber die neue Klassenleiterin in der 3. Jahrgangsstufe sagte gleich beim ersten Elternabend im September, dass die Kinder ihrer Vorstellung nach niemals so leistungsstark sein könnten, wie ich sie eingestuft hätte. Das haben mir jedenfalls die Eltern so erzählt. Ich empfand das als einen Vorwurf seitens meiner Kollegin und fühlte mich durch sie abgewertet. Sie hatte ja zu dem Zeitpunkt noch gar keine Probe geschrieben. Nach ein paar Wochen zeichnete sich folgende Situation ab: Die Schüler haben die Noten, die ich ihnen gab, nicht beibehalten – einige sind stark abgefallen, einige weniger stark. Die Kinder haben aber vor allem keine Lust mehr auf Schule und sind verunsichert. Die Eltern gehen nicht zur Klassenlehrerin, sondern kommen jetzt hauptsächlich zu mir. In der vergangenen Woche hat ein Vater mir gesagt, dass eine große Unzufriedenheit herrsche. Er meinte, es sei hilfreich, wenn ich die Lehrerin kontaktieren würde – nicht um ihr mitzuteilen, dass sich die Eltern beschwert hätten, sondern um Zusammenarbeit und Hilfestellung anzubieten. Ich bin ja stolz auf das mir entgegengebrachte Vertrauen und die Offenheit, aber ich fühle mich zugleich auch sehr belastet, weil ich diese 2. Klasse bereits abgegeben habe und nun eine neue Klasse habe, die Anforderungen an mich stellt. Außerdem fühle ich mich ein bisschen überfordert, da ich nicht sehen kann, inwieweit der Leistungsabfall doch an den Schülern liegt oder bedingt ist durch die andere Lehrerpersönlichkeit und ihren Unterrichtsstil. Die Eltern beschweren sich, dass nicht genügend geübt werde. Vielleicht ist das so, denn meine Kollegin ist in diesem Schuljahr Konrektorin geworden. Das ist natürlich eine große Aufgabe für sie, die sie zusätzlich zu erledigen hat. Ich glaube, ich empfinde ihr gegenüber weniger Wut und Ärger als Mitleid mit ihr. Denn sie findet trotz der Konrektorinnenstelle überhaupt keine Anerkennung im Kollegium. Ich sehe sie als eine sehr unsichere Person, die immer auch auf Macht aus ist. Unsere Kommunikation funktioniert nicht. Wenn ich zu ihr hinginge und ihr von den Vorwürfen der Eltern erzählte, dann befürchte ich, dass sie sich dem verschließen würde. Mein Hauptziel ist jedoch, dass das Projekt erfolgreich weitergeführt wird. Es war ja mein Projekt, und die Eltern wurden beim Klassenleiterwechsel über die Weiterführung des Projekts schriftlich in Kenntnis gesetzt. Es war insgesamt sehr viel Arbeit. Daher kann man doch nicht nach zwei Jahren sagen: „Jetzt ist eine andere Lehrerin zuständig, damit ist das Projekt für mich gestorben. Seht zu, wie ihr zurechtkommt!" Mich davon zu distanzieren, schaffe ich nicht, das gebe ich zu. Das sind doch „meine Kinder"! Immerzu denke ich: Was kann ich tun, damit es den Schülern, die mir sehr am Herzen liegen, wieder gut geht? Das Problem ist für mich noch nicht gelöst.

2 Fallbearbeitung

▸ **Identifizieren**
Mit welchem Problem sieht sich die Lehrerin konfrontiert?

▸ **Interpretieren**
Warum sollte die Lehrerin das Gespräch mit der Konrektorin suchen?

▸ **Bewerten**
Halten Sie es im Hinblick auf das Wohlergehen der Kinder für sinnvoll, wenn die Lehrerin das Gespräch mit der Konrektorin sucht?

▸ **Handlungs- und Möglichkeitsräume**
Welche Möglichkeiten bieten sich an, die Leistungen der Kinder wieder zu stabilisieren?

Fall 28: Migrantenkind fällt durchs Notennetz

Eine Lehramtsanwärterin stellt bei Übernahme einer 3. Klasse Grundschule fest, dass ein Mädchen mit Migrationshintergrund den Leistungsanforderungen vor allem in Mathematik in keiner Weise genügen kann. Bei einem Test wird sonderpädagogischer Förderbedarf festgestellt, doch in der Diagnose-Förderschule ist kein Platz mehr frei. Einer Notenaussetzung haben die Eltern des Kindes bisher nicht zugestimmt. Die Lehramtsanwärterin fühlt sich angesichts der Aufgabe, angemessen differenzieren zu müssen, überfordert.

1 Falldarstellung

Lehramtsanwärterin:
In meiner 3. Klasse ist ein albanisches Mädchen, Michaela, bei der mir bereits in der ersten Schulwoche aufgefallen ist, dass sie enorme Probleme im mathematischen Bereich hat. Sie befindet sich in Mathe auf dem Niveau der 1. oder 2. Jahrgangsstufe. Ich habe mich gefragt, wie kommt so ein Kind in die 3. Klasse? Es ist wohl nicht so einfach, ein Kind in der 2. Klasse durchfallen zu lassen. Es müsste in allen Fächern sehr schlecht sein, und die Wiederholung müsste die Zustimmung der Eltern finden.
In meiner Klasse sind nur sechs Mädchen. Michaela wird von ihnen zwar akzeptiert, hat aber keine wirkliche Freundin. Sie ist sehr ruhig, spricht wenig, arbeitet aber trotzdem sorgfältig und motiviert. Vom Vater haben wir erfahren, dass Michaela nur sehr kurz im Kindergarten war. Ihr fehlt wahrscheinlich auch die Vorbildung aus dem Kindergarten.
Ich habe jedenfalls die Schulpsychologin eingeschaltet mit der Bitte um einen Test, da ich den Verdacht auf Dyskalkulie hatte. Bei dem Test, der noch vor den Herbstferien stattfand, kam heraus, dass sie einen stark unterdurchschnittlichen IQ hat. Inzwischen habe ich festgestellt, dass sie auch in den anderen Fächern enorme Probleme hat. Dann wurde der Mobile Sonderpädagogische Dienst eingeschaltet. Frau Berger hat lange getestet, einen sonderpädagogischen Förderbedarf festgestellt und Michaela an die Förderschule empfohlen. Die andere Möglichkeit sei, die Noten auszusetzen, was durch einen Antrag der Eltern erfolgen müsse. Dies hat zu mehreren Elterngesprächen geführt, die zusammen mit Frau Berger und auch mit mir alleine erfolgten. Zur Familie lässt sich sagen, dass die Mutter

zu Hause ist. Michaela hat zwei Brüder, von denen einer jünger und der andere älter ist. Mit dem älteren Bruder habe ich einmal telefoniert. Er ist relativ gut in Deutsch und geht auf die Hauptschule. Der kleine Bruder ist erst kürzlich in die Schule gekommen und hat bisher noch keine Probleme. Was der Vater macht, wissen wir nicht. Zu Hause wird Albanisch gesprochen, und das bedeutet, dass Deutsch ziemlich auf der Strecke bleibt, wodurch Michaela Verständnisprobleme hat.

Jedenfalls möchten die Eltern nicht, dass Michaela auf eine Förderschule geht, was momentan auch nicht möglich wäre, da die 3. und 4. Klassen dort voll belegt sind. Der momentane Stand der Dinge ist, dass ich auf die Zustimmung der Eltern warte, damit Michaelas Noten ausgesetzt werden können. Dann kann ich sie vom normalen Unterricht abkoppeln. Da Michaela dem normalen Unterricht nicht folgen kann, müsste man eigentlich einen individuellen Unterricht für sie machen. Hin und wieder ist qualitative und quantitative Differenzierung schon möglich. Aber Michaela schreibt alle Arbeiten mit. Sie nimmt ihre Noten scheinbar emotionslos hin. Der Vater hat jedoch erzählt, dass sie sehr traurig darüber sei. Bei einem Gespräch mit Frau Berger und der Mutter musste Michaela einmal übersetzen, als es um die Notenaussetzung ging. Sie hat sich sehr gefreut, dass sie das konnte. Sie ist schon sehr belastet, weil sie nur schlechte Noten bekommt.

Interviewer:
Wäre es nicht eine Möglichkeit, die Noten nicht auf den Test zu schreiben, sondern sie nur in den eigenen Unterlagen zu vermerken?

Lehramtsanwärterin:
Da weiß ich nicht, ob ich schulrechtlich abgesichert bin. Ich muss doch die Noten draufschreiben, solange mir die Eltern nicht zustimmen, denn ich brauche ja auch eine Grundlage, um die Förderschulbedürftigkeit zu belegen.

Interviewer:
Warum, glauben Sie, unterschreiben die Eltern dann nicht, dass die Noten ausgesetzt werden?

Lehramtsanwärterin:
Ich denke, dass das sicherlich etwas mit dem Herkunftsland Albanien und der Kultur dort zu tun hat. Wenn man auf die Förderschule geht oder eine Klasse wiederholen muss, dann bedeutet das für die Eltern, dass man ein Versager ist. Man müsste den Eltern die Diagnose-Förderklasse erklären, da müsste man Überzeugungsarbeit leisten. Sie müssten einen Lösungsweg vor sich haben, wie die Schullaufbahn für Michaela aussehen könnte, und auch die Aussicht, dass eine

Rückkehrmöglichkeit in die Regelschule bestehe. Leider gibt es Sprachbarrieren, die es sehr erschweren, mit den Eltern darüber zu sprechen, selbst wenn das Kind übersetzt. Ich habe den Eltern erklärt, dass bei einer Notenaussetzung Michaela in die 4. Klasse kommt. Eine Wiederholung würde ihr, glaube ich, nicht viel bringen.

Die Eltern sind jedenfalls sehr bemüht, aber auch zunehmend verzweifelt. Der Vater versucht, Nachhilfe für Michaela zu finden, aber das war noch nicht wirklich erfolgreich. Es besteht dringend Handlungsbedarf.

2 Fallbearbeitung

Für die Bearbeitung des Falls orientieren Sie sich bitte an den Fragestellungen zu den Fällen 21–27 (S. 130-156).

▸ **Identifizieren**   ▸ **Interpretieren**   ▸ **Bewerten**
▸ **Handlungs- und Möglichkeitsräume**

Fall 29: Gelungene Schülerförderung

Wegen großer Leistungsdefizite, vor allem in Mathematik, muss ein Schüler die 6. Klasse Hauptschule wiederholen. Der Schüler ist motiviert, erhält aber wenig häusliche Unterstützung. Der Lehrer initiiert eine Zusammenarbeit mit dem Mobilen Sonderpädagogischen Dienst über die Dauer von zwei Schuljahren. Das Kind verbleibt in der Klasse, wird aber zeitweilig aus dem Regelunterricht herausgenommen, um eine individuelle Förderung zu erhalten. Der Lehrer bemerkt bei ihm positive Auswirkungen auf sein Selbstkonzept und einen kontinuierlichen Leistungszuwachs. Das Problem mit der Leistungsbeurteilung wird so gelöst: Im Zeugnis der 6. Klasse steht eine Mathematiknote mit dem Zusatz „gemäß dem Leistungsstand der 4. Klasse".

1 Falldarstellung

Ich möchte mit meinem Beispiel zeigen, welche Möglichkeiten der Kooperation zwischen Haupt- und Förderschule vorhanden sind. Außerdem ist es wichtig zu wissen, wo sich Lehrer bei einem Fall von Lernschwächen Hilfe holen können.

Das Leistungsprofil des Schülers, um den es geht, war insgesamt schwach. Adrian musste schon die 6. Klasse Hauptschule wiederholen, da er vor allem in Mathematik große Defizite hatte. Eine Kooperation mit den Eltern war nur schlecht möglich, was wohl auch am Migrationshintergrund lag. In der Klasse verhielt er sich angepasst. Adrian war an sich motiviert und zeigte Bereitschaft zur Mitarbeit, hatte aber geringe kognitive Kapazitäten. Als er wiederholen musste, fiel die Entscheidung, mit dem Mobilen Sonderpädagogischen Dienst zusammenzuarbeiten, damit er in der Hauptschule bleiben und dennoch eine Förderung erhalten konnte. Die Fördermaßnahme ist im zweiten Halbjahr der 6. Klasse angelaufen und in der 7. Klasse weitergeführt worden. Ich hatte Adrian dann in der 7. Klasse. Die Fördermaßnahmen sind im Klassenverband durchgeführt worden. Anfangs waren Gespräche mit der ganzen Klasse bzw. mit einzelnen Schülern notwendig, die sich in der Phase der Pubertät gerne lustig über die Schwächen anderer machten.

Der Mobile Sonderpädagogische Dienst erstellte spezielle Aufgaben für den Mathematikunterricht, welche dem Niveau einer 4. Grundschulklasse entsprachen. Zum anderen wurde der Schüler weiterhin von mir begleitet. Dies hatte zur Folge, dass sich Adrian zum ersten Mal von seiner negativen Einstellung gegenüber der Schule lösen konnte. Im normalen Mathematikunterricht konnte er bei manchen

Themen mitmachen, z.B. nahm er an den Vorphasen wie Kopfrechnen teil und war auch sehr gut darin. Außerdem konnte er so lange an Geometrie teilnehmen, bis es zur schwierigeren Flächen- und Volumenberechnung kam. An dieser Stelle erhielt er wieder die Förderung durch den Mobilen Sonderpädagogischen Dienst. Zusätzlich wurde er aus dem Englischunterricht herausgenommen und erhielt stattdessen in dieser Zeit eine Förderung in Deutsch. Das Ergebnis war ein Lernzuwachs, der positive Auswirkungen auf Adrians Selbstkonzept, seine Leistungsbereitschaft und seine ganze Einstellung zum Unterricht hatte.

Man könnte sich jetzt fragen: War diese Förderung richtig? Wie könnten weitere schulbegleitende unterstützende Maßnahmen aussehen? Warum wurde erst beim Wiederholen der 6. Klasse erkannt, dass der Schüler Hilfe benötigte, und dass diese Hilfe sehr vielfältig erfolgen muss? Eine Alternative wäre der Schulwechsel gewesen. Hätte sich ein Übertritt in die Förderschule als besser erwiesen? Und welche Schulabschlussmöglichkeiten ergeben sich für den Schüler, wenn im Zeugnis steht, dass er im Bereich Mathematik auf dem Stand der 6. oder 7. Klasse ist? Mir scheint diese letzte Frage zweitrangig zu sein, denn hätte Adrian diese Förderung nicht erhalten, hätte er möglicherweise überhaupt keinen Abschluss geschafft.

2 Fallbearbeitung

Für die Bearbeitung des Falls orientieren Sie sich bitte an den Fragestellungen zu den Fällen 21–27 (S. 130-156).

▸ **Identifizieren** ▸ **Interpretieren** ▸ **Bewerten**
▸ **Handlungs- und Möglichkeitsräume**

Fall 30: Schüler, der bei Proben nichts aufs Blatt schreibt

Ein Schüler der 2. Klasse Grundschule löst bei Proben nur so wenige Aufgaben, dass er regelmäßig eine Vier oder Fünf dafür bekommt. Nach Meinung der berichtenden Lehrerinnen liegt es nicht daran, dass das Kind die Aufgaben nicht verstehe, sondern dass es träume, sich nicht konzentriere und keine Lust zum Schreiben habe. Der Junge wirke „anhänglicher" als seine Klassenkameraden. Seine Zwillingsschwester geht in die Parallelklasse und fällt dort durch Prüfungsangst auf. Beide Kinder werden oft krank gemeldet. Die Eltern zeigen sich aufgeschlossen und fürsorglich. Dennoch wird ein familiäres Problem nicht ausgeschlossen.

1 Falldarstellung

Der Fall wird von zwei Lehrerinnen, die die Zwillinge unterrichten, im Rahmen einer Supervisionssitzung berichtet und von weiteren Teilnehmern diskutiert.

Lehrerin 1: Es geht um einen Jungen, der bei Proben kaum etwas oder sogar nichts aufs Blatt schreibt. Der Junge geht in die 2. Klasse und hat eine Zwillingsschwester, die in die Parallelklasse geht. Das Problem besteht fächerübergreifend. Außerdem ist auffällig, dass der Junge nur sehr wenig mitarbeitet. Er wirkt fast, als würde er träumen, und ist unkonzentriert. Er beschäftigt sich mit anderen Dingen, fällt aber nicht störend auf.

Lehrerin 2: Seine Zwillingsschwester verhält sich bei Proben anders. Sie schreibt etwas hin, scheint allerdings Prüfungsangst zu haben, denn sie weint und behauptet, Bauchschmerzen zu haben, wenn eine Probe angekündigt wird, und möchte dann abgeholt werden.

Lehrerin 1: Wir sehen das Problem familienbezogen. Die Schwester wurde in unsere Überlegungen mit einbezogen, da auch sie Probleme mit Proben hat. Der Fokus liegt aber auf dem Jungen.

Lehrerin 2: Der Junge ist sehr anhänglich und sucht stark Körperkontakt zum Lehrer. Das macht seine Schwester gar nicht. Zur Familie lässt sich sagen, dass die Eltern recht engagiert sind. Beide Elternteile gehen zum Elternabend und -sprechtag. Sie leben nicht getrennt und arbeiten auch zu Hause mit den Kindern. Die Kinder müssen sehr viel nacharbeiten, da sie oft und abwechselnd krank sind. Selten sind beide anwesend.

Lehrerin 1: Der Junge wirkt kognitiv fit. Deswegen muss die Ursache für diese Hemmung bzw. Blockade gefunden werden. Bei den Proben ist zu bemerken, dass die Aufgaben, die er bearbeitet, richtig sind. Er bekommt eine Vier oder eine Fünf, weil drei Viertel der Arbeit nicht ausgefüllt sind. Meiner Meinung nach liegt das nicht daran, dass der Junge die Aufgabe nicht versteht, sondern weil er einfach nichts hinschreibt.

Lehrerin 2: Bei der Ursachensuche konnten wir nur Vermutungen anstellen. Die Zwillinge könnten unter ihrer Trennung leiden. Die Tatsache, dass immer ein Kind krank ist, hat uns stutzig gemacht. Wir haben uns gefragt, was zu Hause los ist. Buhlt der Junge mit einer schlechten Note bei seinen Eltern um Aufmerksamkeit? Er könnte absichtlich nichts hinschreiben, weil man sich dann mehr um ihn kümmert. Vielleicht hat er auch die Bedeutung der Proben nicht erfasst. Er könnte auch ein Aufmerksamkeitsdefizit haben, da er ein Träumer ist. Maßnahmen fehlen, da die Ursache noch nicht geklärt ist.

Supervisorin: Ihre Frage ist, wie man den Jungen zu mehr schulischer Arbeit bringen und ihn fördern kann. Was könnte man unternehmen?

Teilnehmer 1: Vielleicht besteht die Möglichkeit, dass man sich während einer Probe zu dem Jungen setzt, damit er das Gefühl hat, beobachtet zu werden und daraufhin etwas macht.

Teilnehmer 2: Dabei wäre es eventuell auch gut, eine Helferperson zu haben, da es für die Lehrerin alleine schwer umsetzbar ist. Es könnte auch bei den anderen Schülern der Eindruck entstehen, die Lehrerin helfe immer nur diesem Schüler.

Teilnehmer 3: Eine Einzelbeobachtung könnte sehr sinnvoll sein.

Teilnehmer 4: Wie schreibt der Schüler Hefteinträge? Ist er dabei auch langsam? Vielleicht hat das gar nichts mit der Probe und Prüfungsangst zu tun, sondern eher etwas mit dem „aufs Papier bringen".

Lehrerin 1: Die Hefteinträge sind schlampig, und er ist langsam.

Teilnehmer 4: Welche Aufgaben der Proben erledigt der Schüler? Sind es kurze oder nur die ersten? Vielleicht würde es ihm helfen, wenn man ihm die Probe in zwei oder drei Teilen gibt.

Lehrerin 1: Er fängt nicht oben an, sondern schaut, welche Aufgabe ihm am meisten zusagt, und beginnt dann mit dieser.

Teilnehmer 5: Haben Sie schon einmal mit dem Kind gesprochen und gefragt, was los ist?

Lehrerin 1: Ja, ich habe schon mit ihm gesprochen. Ihm selbst fällt das Verhalten gar nicht so auf. Er sieht, dass er nur wenige Punkte erreicht hat, aber es scheint ihm nicht viel auszumachen.

Teilnehmer 5: Haben Sie ein Elterngespräch geführt?

Lehrerin 1: Das habe ich noch nicht gemacht.

Teilnehmer 5: Ich denke, dass in der ganzen Sache viel Klärungsbedarf besteht. Es muss mit den Eltern gesprochen werden, da es viele Ursachen geben könnte, die einem gar nicht einfallen. Was steckt hinter dem Kranksein? Den Eltern sollte eine Verhaltensbeschreibung ihres Kindes gegeben werden, die mit dem Verhalten zu Hause verglichen werden kann. Was hat es mit der Geschwisterkonstellation auf sich? Es kann auch sein, dass die Kinder für die 2. Klasse noch unreif sind. Interessant ist, dass das bei beiden Kindern der Fall ist.

Teilnehmer 3: Auffällig sind die Anhänglichkeit und der sehr enge Körperkontakt. Das muss auch mit der Familiensituation geklärt werden, warum so ein Verhalten vorliegt. Wetteifert er mit der Schwester? Oder wird sie bevorzugt? Es könnte mit einer Entwicklungsverzögerung zu tun haben. Eventuell geht es um eine Rückstellung.

Lehrerin 2: Es ist auffällig, dass nur er so anhänglich ist und die Schwester nicht.

Teilnehmer 1: Bei einer Entwicklungsverzögerung brauchen Kinder viel Zuwendung, um etwas leisten zu können. Vielleicht braucht er diese Zuwendung. Wenn eine zweite Person bei einer Probe mit dem Kind zusammenarbeitet, könnte sie der Lehrkraft genau rückmelden, wie das Kind arbeitet.

Lehrerin 1: Aber er schreibt auch dann nichts, wenn ich direkt daneben stehe.

Teilnehmer 4: Vielleicht wäre für dieses Kind eine individuelle Leistungsbewertung möglich, da es nicht wie alle anderen bewertet werden kann. Jemand könnte das, was das Kind mündlich äußert, mitschreiben. Falls die Trennung der Zwillinge eine Rolle spielen sollte, kann man sie versuchsweise zusammenbringen und schauen, ob es sich dann bessert.

Teilnehmer 2: Braucht man für das Zusammenbringen der Kinder das Einverständnis der Eltern? Oder muss man sie nur informieren?

Teilnehmer 4: Wenn ein Versuch für ein paar Wochen stattfindet, dann muss das auf jeden Fall mit den Eltern abgesprochen werden.

Teilnehmer 2: Und wenn die Eltern dagegen sind? Darf ich das trotzdem machen oder nicht?

Teilnehmer 3: Klassenbildung ist eigentlich Aufgabe des Schulleiters. Ich denke, wenn der Schulleiter beschließt, eine neue Konstellation auszuprobieren, dann können die Eltern nichts dagegen tun. Wenn man so etwas vorhat, muss es natürlich mit den Eltern besprochen werden, und man sollte versuchen, sie zu überzeugen. Gegen den Willen der Eltern zu handeln, ist nicht optimal.

2 Fallbearbeitung

Für die Bearbeitung des Falls orientieren Sie sich bitte an den Fragestellungen zu den Fällen 21–27 (S. 130-156).

▸ **Identifizieren**   ▸ **Interpretieren**   ▸ **Bewerten**
▸ **Handlungs- und Möglichkeitsräume**

5 Fälle zum Kompetenzbereich „Innovieren"

Einführung in den Kompetenzbereich „Innovieren"

Einführung in den Kompetenzbereich „Innovieren"

Die Standards der Kultusministerkonferenz beschreiben den Kompetenzbereich „Innovieren" mit folgenden Kompetenzen:

Kompetenzbereich: Innovieren
„Lehrerinnen und Lehrer sind sich der besonderen Anforderungen des Lehrberufs bewusst. Sie verstehen ihren Beruf als ein öffentliches Amt mit besonderer Verantwortung und Verpflichtung."
„Lehrerinnen und Lehrer verstehen ihren Beruf als ständige Lernaufgabe."
„Lehrerinnen und Lehrer beteiligen sich an der Planung und Umsetzung schulischer Projekte und Vorhaben."
(Sekretariat der Ständigen Konferenz der Kultusminister der Länder 2004)

Der Bereich „Innovieren" zeigt, dass der Lehrberuf neben den klassischen Aufgabenfeldern des Unterrichtens, des Erziehens und des Beratens/Beurteilens auch noch die Tätigkeitsfelder der öffentlichen Beteiligung, der persönlichen Weiterentwicklung und der Kooperation umfasst. Dabei werden folgende Anforderungen an Lehrer gestellt:
• sich Ziele setzen oder miteinander aushandeln
• Strategien der Durchführung entwickeln
• den Unterricht erforschen und dabei weiter lernen
• sich in einem Team einbringen, moderieren und leiten
• Evaluationen durchführen, deren Ergebnisse reflektieren und daraus Konsequenzen für die Zukunft ziehen (vgl. Rahm 2005, S. 92)

„Innovieren" wurde zum eigenständigen Kompetenzbereich, da sich das Bild von Schule in den letzten Jahrzehnten entscheidend gewandelt hat. Während Reformen zur Anpassung an die Notwendigkeiten der jeweiligen Zeit bislang in einer Top-down-Steuerung durch staatliche Ministerien und Schulämter „von oben nach unten" verordnet wurden, sollen sie nun vorwiegend in einer Bottom-up-Steuerung „von unten nach oben" verlaufen, wobei die Schulverwaltung sich nur noch auf das Setzen von Rahmenbedingungen beschränkt. Dieser Paradigmenwechsel wurde aufgrund der Qualitätsdebatte befördert, die ihren Ursprung in der Idee von Unternehmen als „lernende Organisationen" Ende der 1970er Jahre in der japanischen Autoindustrie hatte. Hier wird davon ausgegangen, dass gerade in einer pluralistischen und sich rasch wandelnden Gesellschaft Qualitätssicherung und -entwicklung nicht zentral erwirkt und angeordnet werden kann. Mitglieder müssen an Planungen, an der Lösung von Problemen oder an Änderungen von Lernbedingungen beteiligt werden. Auch Schulen können weniger als „Lehranstalten" und mehr als „lernende Organisationen" aufgefasst werden (vgl. Rahm & Schröck 2007), die Handlungsfreiheiten brauchen, wenn sie angemessene Maßnahmen vor Ort schnell umsetzen wollen. Typisch schulische Probleme wie die der Chancenungleichheit, der Heterogenität der Schülerschaft und der Notwendigkeit höherer Bildungsabschlüsse können so besser angegangen werden. Solche Prozesse der Selbstorganisation zum Zweck der Qualitätssteigerung innerhalb staatlicher Vorgaben werden unter dem Begriff „Schulentwicklung" zusammengefasst. Lehrpersonen verstehen sich hierbei nicht mehr primär als Ausführende von Ziel- und Inhaltsvorgaben, sondern als eigenverantwortliche Mitgestalter eines komplexen funktionierenden Ganzen.

Schule als eine der wichtigsten gesellschaftlichen Institutionen stellt sich damit dem Anspruch der Reformierung von Verwaltungsprozessen, der durch das ursprünglich privatwirtschaftliche Modell des *New Public Management* aus den USA nach dem Zweiten Weltkrieg aufgekommen ist. Dieses Modell sollte auch für staatliche Einrichtungen fruchtbar gemacht werden. Es stellt eine moderne Alternative zum traditionellen Bürokratiemodell Max Webers dar.

Max Webers idealtypisches Bürokratiemodell, angewendet auf die Schule:

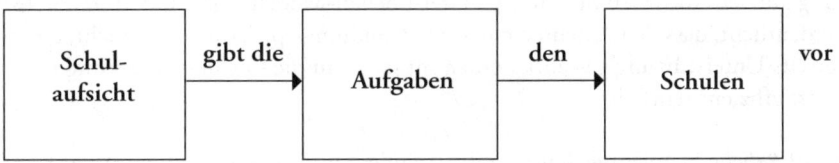

New Public Management

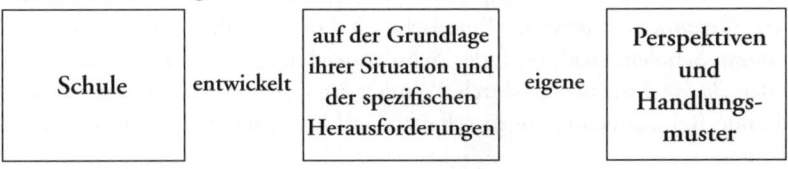

Vgl. die Schaubilder von Dipl.-Psych. Heinz Schlegel im Rahmen einer von ihm geleiteten Ausbildung für Schulentwicklungsmoderatoren in der Schulberatungsstelle für Oberbayern-West. Vgl. dazu auch Meyer (2002, S. 185) und Saalfrank (2005, S. 61ff.).

Wirkliche Handlungsfreiheit ist in einer gesellschaftlichen Institution wie die der Schule jedoch eine Illusion. Allenfalls besitzt sie Teilautonomie. Schulentwicklungsprozesse stoßen an die Grenzen behördlicher Vorgaben, und diese Erfahrung kann die Innovationsfreude lähmen. Als Subsystem, das durch seine spezifischen Funktionen (z.B. Persönlichkeitsbildung, Sozialisation, Selektion, Qualifikation) zur Funktionsfähigkeit der Gesellschaft als Gesamtsystem beiträgt, ist Schule von dieser immer auch abhängig. Verschiedene systemtheoretische Ansätze in der Soziologie, etwa von Talcott Parsons (1971) in Amerika oder von Niklas Luhmann (2006) in Deutschland, sind hier für die Schule von Bedeutung. Eine der Kernideen systemischer Betrachtungsweise ist, dass Systeme relativ stabil sind, d.h. sie bieten einerseits Verhaltenssicherheit, bergen aber andererseits die Gefahr in sich, dysfunktional zu werden, mit anderen Worten, sie können erstarren und Gestaltungsfreiheit behindern. Die Chance, eine lebendige, dynamische Einheit zu bleiben, deren Qualität und Effizienz erhalten und gesteigert wird, bietet sich für eine Schule vor allem dann, wenn möglichst viele Beteiligte sich mit den Zielsetzungen identifizieren und diese umzusetzen suchen. Das ist am ehesten dann der Fall, wenn gemeinsame Beschlussfassungen aufgrund einer grundlegenden Kenntnis der eigenen Schule geschehen und auftauchende Meinungsverschiedenheiten in einer freien Diskussion ausgetragen werden.

Die systemische Sichtweise verlangt außerdem ein Ansetzen von Schulentwicklung auf verschiedenen Stufen. Das Drei-Ebenen-Modell (vgl. Rolff 2007, S. 48) verdeutlicht, dass den Akteuren einerseits Handlungsspielraum ermöglicht, andererseits Unterstützung gewährt werden muss, wenn die Qualitätssteigerung möglichst effizient sein soll.

- *Alltägliche* Schulentwicklung (oder Schulentwicklung 1. Ordnung) wird auf der *Subjektebene* durch Lehrpersonen und andere Beteiligte betrieben zur bewussten und systematischen Weiterentwicklung von Einzelschulen.
- *Institutionelle* Schulentwicklung (oder Schulentwicklung 2. Ordnung) findet auf der *Organisationsebene* von Einzelschulen durch Schulleitungen statt.
- *Komplexe* Schulentwicklung (oder Schulentwicklung 3. Ordnung) geschieht auf der *Bildungssystemebene* durch Politiker und Behörden, die innovationsfördernde Rahmenbedingungen schaffen und ein externes Evaluationssystem aufbauen.

Auch der konkrete innerschulische Prozess der Schulentwicklung muss systemisch gesehen werden: Die drei Handlungsfelder Organisationsentwicklung, Personalentwicklung und Unterrichtsentwicklung spielen zusammen. Von jeder der drei Domänen aus kann mit Schulentwicklung begonnen werden. Veränderung in einem Bereich führt zwangsläufig zu Veränderungen in den anderen. Außerdem findet eine Öffnung der Einzelschule nach außen statt.

**Handlungsfelder der Schulentwicklung: Zusammenhang zwischen Personal-,
Unterrichts- und Organisationsentwicklung**

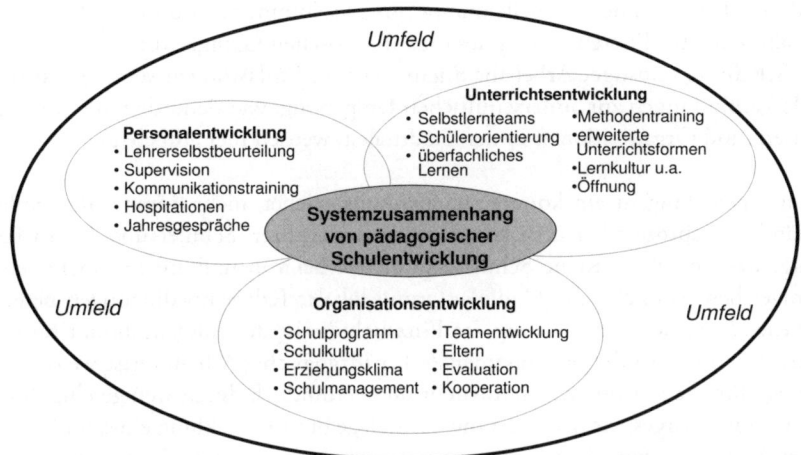

Nach: Rolff (2007, S. 30)

Personalentwicklung dient der Qualifikations- und Motivationserweiterung von
Lehrpersonen mittels zweier Hauptveränderungsstrategien: Zum einen sind dies
die Fortbildungs-, zum anderen Fördermaßnahmen durch den Aufbau horizonta-
ler Netzwerke mit informativer, psychologischer, politischer oder Fertigkeiten ver-
mittelnder Funktion (z.B. Hospitationen und Supervisionen) (vgl. Dalin 1999,
S. 332 ff.).

Unterrichtsentwicklung ist der Kern der Schulentwicklung. Die innovative Lern-
kultur ist dabei von zwei Richtungswechseln gekennzeichnet: einerseits vom Lehren zum Lernen und andererseits von Stoffen zu Kompetenzen.

Vom Lehren zum Lernen bedeutet, dass Schüler vermehrt mittels gestalteter und
dennoch offener Lernumwelten zu aktivem, eigenverantwortlichem und kooperativem Arbeiten befähigt werden sollen. Die richtige Balance zwischen frontal
orientierten und geöffneten Lernformen muss gefunden werden. Ziel dieses Unterrichts ist der Aufbau von Kompetenzen, die Wissen und Können verbinden,
wie Problemlösefähigkeit, Informationsbeschaffung, Kommunizieren und Kooperieren. Dies geschieht, indem Inhalte nicht nur sachlogisch strukturiert, sondern
in Anwendungskontexte eingebettet werden. Unterrichtsentwicklung schafft auch
einen Zusammenhang zwischen Wissensvermittlung und Schulleben.

Bei der *Organisationsentwicklung* werden die persönlichen und sozialen Potenziale der Teammitglieder mobilisiert und koordiniert. Innerhalb der Schule muss geklärt werden, wer welche Aufgaben und Entscheidungen zu übernehmen hat und in welchen Bahnen formelle und informelle Kommunikation verläuft. Es findet also eine Ausdifferenzierung des organisatorischen Gefüges von innen heraus zur Schaffung günstiger Arbeitsbedingungen und Entlastungen statt. Institutionelle Verbindungen zur außerschulischen Umgebung, wie Behörden, den Elternhäusern und Organisationen in den Stadtteilen, werden hier aufgebaut.

Schulentwicklung ist ein komplexer, spannungsreicher, nicht linear verlaufender Veränderungsprozess, an dem alle interessierten Lehrer, Schüler und Eltern beteiligt werden sollen. Keine Schule beginnt hierbei von null an: Ein mehr oder weniger bewusstes *Schulprofil*, die aufgrund lokaler Rahmenbedingungen bereits bestehende Schwerpunktsetzung der Einzelschule, ist der Ausgangspunkt für die Verständigung über die gemeinsamen Ziele pädagogischer Arbeit. Diese werden im *Leitbild* für alle Betroffenen transparent und verbindlich durch wenige einprägsame Leitsätze dargestellt. Es bildet die Grundlage der Entwicklung eines umfassenderen *Schulprogramms*, in dem die weiteren Vorgehensweisen konkretisiert werden. Bei diesem Prozess des Findens von Normen und Strategien kann die Schule eine externe Beratung hinzuziehen. Diese Moderatoren führen mit der Schulleitung zunächst Vorgespräche, um Informationen über bestehende Rahmenbedingungen und mögliche erste Zielvorstellungen zu erhalten. In der Vorbereitungs- und Kontaktphase wird das gesamte Kollegium über das Thema Schulentwicklung informiert. Hier besteht die Gelegenheit zur Aussprache über Teilnahmebereitschaft, Bedürfnisse und Erwartungen. In einer nächsten Phase entscheidet sich das Kollegium für oder gegen die Durchführung eines Schulentwicklungsprozesses und legt im Fall einer positiven Einigung dafür verbindliche Modalitäten wie z.B. Zeitvorgaben fest. In der Phase der Problemdiagnose beginnt die eigentliche Arbeit mit der Analyse des konkreten Ist-Zustandes. Die Teilnehmer stellen die Stärken und Schwächen der eigenen Schule fest, wobei sie durch geeignete Methoden des Moderatorenteams unterstützt werden. Wichtig ist, dass alle Meinungen gehört, gesammelt und in eine Ordnung gebracht werden. Auf dieser Grundlage lassen sich in einer nächsten Phase gemeinsame Veränderungsziele, der sogenannte Soll-Zustand, entwickeln. Hierfür gelten dieselben Konditionen wie für die Analyse des Ist-Zustands. Damit der Schulentwicklungsprozess nicht im Sande verläuft, ist es wichtig, in der folgenden Konkretisierungsphase eindeutige, anspruchsvolle, aber dennoch realistische Schritte zu planen und festzulegen, wer welche Arbeit bis wann erledigen soll. Nach der Handlungsphase muss sich eine Evaluation zur Feststellung des Erreichten anschließen. Diese gibt über den neuen Ist-Zustand Auskunft, der Basis für die Planung weiterer Veränderung ist.

Serpentinenmodell der Schulentwicklung

Anfrage einer Schule nach externer Moderation
Vorgespräche mit der Schulleitung

Vorbereitungs- und Kontaktphase
Herstellen von Transparenz, Aussprache über die verschiedenen Bedürfnisse, Einstellungen
und Erwartungen im Kollegium

Entscheidungs- und Kontaktphase
Einigung des Kollegiums, Festlegung verbindlicher Modalitäten
für den Schulentwicklungsprozess

Phase der Problemdiagnose
Analyse des Ist- Zustands, der Stärken und Schwächen der Schule

Entwicklung von Veränderungszielen
Formulierung von erreichbaren Zielen für die Weiterentwicklung

Konkretisierungsphase
Operationalisierung der wichtigsten Ziele, Suche nach Lösungsideen,
Festlegung konkreter Maßnahmen

Handlungsphase
Schrittweise Umsetzung und Verwirklichung der geplanten Innovationen und Veränderungen

Regelmäßige Folgeaktivitäten
Evaluation der durchgeführten Maßnahmen, Planung weiterer Schritte,
Finden neuer Ziele für Veränderungen

Nach: Pieper & Schley (1983, S. 9)

Entsprechend der Teilautonomie von Schulen steht auch ihre Qualitätsentwicklung im Spannungsfeld zwischen eigenen Zielsetzungen und verbindlichen Anforderungen von außen. Solche Kriterien, die nicht von der Schule gesetzt, sondern an sie herangetragen werden, stellen etwa die nationalen Bildungsstandards dar. Dennoch wäre es verkürzt, die Effizienz von Schulen nur anhand von Testergebnissen der Schulwirksamkeitsstudien zu bewerten. Qualität ist nicht nur an ihren Produkten, sondern auch an ihren Prozessen zu messen. Was eine „gute Schule" ist, entscheidet in einem selbstorganisierten System die Schulgemeinschaft, die für ihre eigene Situation Lösungen erarbeitet, letztlich selbst (vgl. Rahm 2005, S. 49).

Das Konzept der Schulentwicklung blieb nicht ohne kritische Gegenstimmen. So bietet einerseits eine externe Begleitung die Chance einer Versachlichung schulinterner Konflikte und die produktive Irritation eines in scheinbaren Selbstverständlichkeiten festgefahrenen Kollegiums. Andererseits ergeben sich Rollenkonflikte, wenn diese sowohl Beratungs- als auch Evaluations- und damit Kontrollaufgaben wahrnimmt. Systematisierungsansätze wie die der Schulentwicklung mit ihren Kontrollverfahren zur Qualitätssicherung berühren immer die pädagogische Autonomie des einzelnen Lehrers, was dazu beitragen kann, diese zu erweitern, aber auch einzugrenzen (vgl. Eikenbusch 1998, S. 154).

Die folgenden Fälle wurden für den Bereich „Innovieren" ausgewählt, weil sie prägnante schulische Kommunikationssituationen darstellen und typische Mechanismen der Schulentwicklung widerspiegeln.

Ziele der Denkschulung (vgl. S. 27ff.) im Kontext „Innovieren" sind:

- Eine Vorstellung davon erwerben, wie lebenslanges Lernen im Lehrberuf aussehen kann, z.B. wie im Fall 38 bei der Bündelung innovativer Kräfte Einzelner durch Schulentwicklung
- Mit Heterogenität umgehen, z.B. wie im Fall 32 durch die Widerspiegelung der besonderen Aufgaben einer Brennpunkt-Schule in Leitbild und Schulprogramm
- Den Lehrberuf als öffentliches Amt mit besonderer Verantwortung und Verpflichtung verstehen, z.B. wie im Fall 33 bei der Entwicklung von Mitwirkungsmöglichkeiten an den Zielsetzungen einer Schule
- Lernen, wann Sie Ihre „Komfortzone" verlassen sollten, um Ihre Professionalität und Persönlichkeit weiterzuentwickeln, z.B. wie im Fall 31 bei Konflikten innerhalb des Kollegiums
- Die Bedingungen für eine erfolgreiche Kooperation kennenlernen, z.B. wie in den Fällen 35 und 36 durch die Erfahrung von Grenzen der Zusammenarbeit
- Sich als Mitglied einer lernenden Organisation empfinden, das gute Arbeitsergebnisse zu erreichen sucht (Einzelkämpfer ⇔ Teamplayer), z.B. wie im Fall 34 bei der Einführung innovativer Methoden
- Lernen, im Sinne offensiver Problembewältigung mit Belastungen umzugehen, z.B. wie im Fall 31 bei der Identifikation von Coping-Strategien

Fall 31: Konflikt innerhalb der Schulleitung

Eine Konrektorin erlebt eine neue Rektorin als autoritär, kontrollierend, launisch und abwertend ihrer Person und Arbeit gegenüber. Das „Klima" zwischen beiden Leitungspersonen wird zunehmend unangenehmer, so dass die Konrektorin ihren Aufenthalt im Rektorat auf das Minimum beschränkt. Nach Verlassen des Schulgebäudes bricht sie häufig in Tränen aus, während der Arbeitszeit lässt sie sich ihre Gefühle aber möglichst nicht anmerken. Im Laufe des Schuljahres bekommt die Konrektorin starke Rückenschmerzen, erscheint jedoch weiter zum Schuldienst. Ein Vorfall führt zur Eskalation: Der Konrektorin unterläuft in einer Stresssituation ein Organisationsfehler, für den die Rektorin die Konrektorin vor ihren Schülern anschreit. Am selben Tag geht die Konrektorin zum Arzt, der einen Bandscheibenvorfall diagnostiziert und sie für den Rest des Schuljahres krankschreibt.

1 Falldarstellung

Ich habe als Konrektorin einer Grundschule schon eineinhalb Jahre die Schule geleitet, bevor meine neue Chefin eingesetzt wurde. Anfangs entwickelte sich das Verhältnis ganz entspannt. Wir haben einen Geschäftsverteilungsplan gemacht und ich bekam meine Aufgaben. Ich war es gewohnt, selbstständig zu arbeiten, und habe von der früheren Chefin viele Aufgaben übertragen bekommen. Nach relativ kurzer Zeit musste ich feststellen, dass meine neue Chefin in dieser Beziehung ganz anders war. Sie wollte, dass ich über alles Rechenschaft ablege. Das fing damit an, dass sie bei allem, was ich tat, nachfragte. Wenn ich Arbeitsaufträge auf meinem Schreibtisch vorfand, dann fragte sie oft schon in der Pause nach, ob es schon erledigt worden sei. Häufig hatte ich gar keine Zeit, die Dinge sofort zu erledigen. Ich fühlte mich bereits nach sehr kurzer Zeit wie in einer Zwangsjacke. Außerdem stellte ich ein Gefühl der Unzufriedenheit bei meiner Chefin fest, die mir Ratschläge gab und auch Vorwürfe machte. Oftmals gibt es ja mehrere Möglichkeiten, etwas zu gestalten.

Ich sollte z.B. das Schulspiel gestalten.[1] Das hatte ich schon oft gemacht, und es waren Kolleginnen dabei, die zuschauten, so auch die neue Chefin. Insgesamt waren es vier oder fünf Kinder, die von den Kolleginnen beobachtet wurden. Eine ruhige, entspannte Atmosphäre zu kreieren, war mir besonders wichtig, da das der erste Kontakt der Kinder zur Schule ist. Die Chefin jedoch schien nicht zufrieden zu sein, denn sie bat mich, mittags in ihr Büro zu kommen. Ich wurde mit eisigem Schweigen empfangen und musste mich rechtfertigen, warum ich das Schulspiel in dieser Art und Weise durchgeführt hatte. Sie war der Meinung, dass das Schulspiel Wort für Wort so umgesetzt werden müsse, wie es vorgeschrieben war. Zunächst verstand ich gar nicht richtig, was sie eigentlich wollte. Sie bemängelte, dass die Durchführung zu oberflächlich gewesen sei und ich es falsch gemacht hätte. In dieser Situation fühlte ich mich äußerst unwohl. Ich fragte nach, ob die schulreifen Kinder aufgrund meiner Vorgehensweise nicht zu erkennen gewesen seien. Dies verneinte sie. Daraufhin empfand ich ihren Vorwurf als noch absurder. Die launische Art, in der die Chefin mit mir sprach, führte dazu, dass ich mich sehr zusammenreißen musste und mit den Tränen kämpfte. Das zeigte ich ihr jedoch nicht. Ich stand die Situation durch, ging dann hinaus und brach in Tränen aus.
Das Klima wurde zusehends unangenehmer. Vielleicht habe ich es auch nur so empfunden. Andere Kollegen haben mir aber ebenfalls von solchen Begebenheiten erzählt. Ich habe mir deren Probleme angehört und versucht, möglichst wenig zu kommentieren. Da auch ich zur Schulleitung gehöre, habe ich versucht, sie an die Chefin zu verweisen. Ich vermied es, ihnen meine eigenen Probleme darzulegen. Insgesamt war ich schon zwölf Jahre an der Schule und hatte Freundinnen dort. Ich hatte mich selbst nicht auf den Posten der Konrektorin beworben. Meine Chefin schien das Gefühl zu haben, ich hätte Freundschaften an der Schule und sie aber habe niemanden, was bei verschiedenen Gelegenheiten offensichtlich wurde. Meine Kollegen konnten einige Tage nicht ins Büro gehen, während ich immer an meinem Schreibtisch musste. Ich habe versucht, ihr aus dem Weg zu gehen und war immer dann in meinem Büro, wenn sie nicht anwesend war. Das warf sie mir vor. Es hat im Wesentlichen nichts an der Situation geändert. Vielleicht war es feige von mir, nicht zuzugeben, dass ich absichtlich nicht da war, weil mir die Atmosphäre nicht gefiel. Außerdem habe ich die Chefin ab und zu stehen lassen und bin gegangen, wenn sie mich vor Kollegen angriff.
Ich erinnere mich an eine Begebenheit, die besonders unangenehm war. Zum Zeitpunkt der Schuleinschreibung hatte ich damals einen Bandscheibenvorfall. Das wusste ich zu dem Zeitpunkt noch gar nicht, ich hatte nur sehr starke Schmerzen.

---

1 Nach der Schuleinschreibung (die ein paar Monate vor Schulbeginn stattfindet) werden manche künftige Erstklässler, deren Schulfähigkeit zweifelhaft erscheint, wenige Tage später zum „Schulspiel" eingeladen. Es wird dann ein von Psychologen entwickelter Schuleingangstest durchgeführt, mit dessen Hilfe entschieden werden soll, ob das Kind eingeschult oder noch zurückgestellt wird.

Ich bin immer in die Schule gekommen, da ich glaubte, wegen der Einschreibung nicht fehlen zu dürfen. Die Chefin sah, dass ich Probleme beim Laufen hatte, und ich habe die starken Rückenschmerzen auch erwähnt. Sie zeigte kein Verständnis. In dieser Woche ist mir unglücklicherweise ein „Fehler" unterlaufen. Wir hatten eine Lehrkraft als mobile Reserve im Haus, die keinen Schwimmschein besaß. Ich bat sie, mir eine Erinnerungsnotiz zu geben. Leider vergaß sie, mir den Zettel zu geben, und ich wiederum vergaß, dass die mobile Reserve keinen Schwimmunterricht geben konnte. Es folgte eine äußerst ungute Situation, in der die Kinder alleine auf ihren Schwimmunterricht warteten. Glücklicherweise war eine Kollegin früher in der Schule, die von der Chefin in die unbeaufsichtigte Klasse geschickt werden konnte. Ich wusste noch nichts von den Ereignissen und stand mit Schülern im Flur vor dem Klassenzimmer. Ich sah die Chefin auf mich zukommen. Sie brüllte die Kinder an, in die Klasse zu gehen, und schrie mich an, dass ich den Schwimmunterricht vergessen hätte. Dann fiel mir das siedend heiß wieder ein. Doch sie ließ mir keine Chance, zu reagieren und verschwand wieder. Ich begann meinen Unterricht, verteilte dann aber eine Stillarbeit, um mit der betreffenden Lehrkraft zu sprechen. Diese sagte, die Beaufsichtigung wäre kein Problem gewesen. Daraufhin ging ich mittags ins Büro, um die Sache zu klären. Ich habe versucht, der Chefin ruhig zu sagen, dass ich nicht vor meinen Kindern angeschrien werden möchte. Sie fuhr mich an, mein Verhalten sei inakzeptabel gewesen. Mittags bin ich zum Arzt gegangen, der einen Bandscheibenvorfall diagnostizierte. Einerseits hatte ich Schmerzen, andererseits war ich auch sehr erleichtert, dass ich nicht mehr in die Schule musste. Ich musste ein Vierteljahr lang behandelt werden und war in dieser Zeit krankgeschrieben. Ich hatte eine sehr schwierige Klasse zu diesem Zeitpunkt. Ich habe diese Klasse von einer anderen Kollegin freiwillig übernommen. Vielleicht war das insgesamt ein bisschen zu viel. In dieser Zeit manifestierte sich das Gefühl, dass etwas fehlt. Oft dachte ich an ein Burn-out-Syndrom.

2 Fallbearbeitung

▶ **Identifizieren**
Die Konrektorin fühlt sich einer komplexen Anforderungssituation ausgesetzt. Welche Probleme muss sie aus Ihrer Sicht bewältigen?

Lesen Sie die Hintergrundinformation zum Begriff „Stressor" (siehe S. 178) und identifizieren Sie die stressauslösenden Faktoren.

Unterscheiden Sie: Welche Verhaltensweisen der Rektorin kann die Konrektorin beobachten, welche Aussagen beruhen auf subjektiven Deutungen?

Stellen Sie Beobachtung und subjektive Deutung tabellarisch einander gegenüber.

▶ **Interpretieren**

Lesen Sie die Hintergrundinformation zum Begriff „Komfortzone" (siehe S. 179).
Die Konrektorin könnte die Verhaltensweisen der Rektorin als Aufforderung ansehen, ihre Komfortzone zu verlassen. Versuchen Sie, die Ansprüche der Rektorin
„positiv umzudeuten". Welche Chancen der Professionalitäts- und Persönlichkeitsentwicklung bietet der Konflikt für die Konrektorin?

Lesen Sie im Kapitel „Erziehen" (siehe S. 95f.) die Hintergrundinformation zum
Kommunikationsmodell nach Schulz von Thun.

Welche Gesprächsebenen nach Schulz von Thun spielen Ihrer Meinung nach
Hauptrollen, welche eher Nebenrollen?

In welcher Weise unterscheiden sich die Perspektiven von Rektorin und Konrektorin grundsätzlich?

▶ **Bewerten**

Aufgrund alternativer Maßstäbe (die evtl. mehr der Perspektive der Rektorin entsprechen) könnten den Beobachtungen der Konrektorin auch andere Deutungen
gegeben werden. Finden Sie diese und ergänzen Sie Ihre im Aufgabenbereich „Identifizieren" angelegte Tabelle um eine mögliche alternative Sichtweise der Rektorin.

▶ **Handlungs- und Möglichkeitsräume**

Lesen Sie die Hintergrundinformation zu dem Modell der Coping-Strategien von
Lazarus & Folkman (siehe S. 179f.).

Finden Sie im Rahmen des Modells von Lazarus & Folkman Lösungsmöglichkeiten und diskutieren Sie deren Aussicht auf Erfolg.

Bezüglich der Coping-Strategien gibt es noch andere Modelle. Ergänzend zu Lazarus & Folkman können Sie die Hintergrundinformation zum Modell von Hillert lesen (siehe S. 180f.) und dazu folgende Fragen beantworten:

Welchem Typus entspricht die Konrektorin Ihrer Meinung nach am ehesten? Gibt
es auch Tendenzen zu den anderen beiden Mustern? Begründen Sie Ihre Meinung
jeweils mit Textstellen aus dem Interview.

3 Hintergrundwissen

Begriff „Stressor"

Ereignisse physikalischer, physischer oder emotionaler Natur (z.B. Befürchtun-
gen), die zu Stress führen. Stress bezeichnet die Inkongruenz zwischen Belastung
oder Beanspruchung durch die Umwelt und den Kapazitäten des Individuums.
Lazarus & Folkman unterstreichen hierbei die Bedeutung der subjektiven Kom-
ponente des Stresserlebens (Wahrnehmung, Bewertung und Vorhersage von Miss-
erfolg, Einschätzung von Bewältigungsmöglichkeiten etc.).

Begriff „Komfortzone"

Die sogenannte Komfortzone ist der Bereich, in dem man sich eingerichtet hat, in dem man sich gut zurechtfindet und sicher fühlt, der aber auch keine Herausforderungen mehr bietet. Der Mensch hat eine starke Tendenz, seine Denk- und Handlungsgewohnheiten nicht mehr infrage zu stellen. Er ist dann lediglich an der Aufrechterhaltung des Status quo interessiert. Wenn er aber unbefriedigende Lebensumstände verändern und sich weiterentwickeln will, muss er die vertraute Komfortzone verlassen und die unbekannte Wachstumszone aufsuchen. Dies ist mit Risiken verbunden und erfordert daher Mut. Zu beachten ist, dass nicht gleich jedes Anders-Handeln als Reaktion auf eine neue Herausforderung und somit als Verlassen der Komfortzone gedeutet werden kann (vgl. dazu Luckner & Nadler 1997).

Quelle

Luckner, J. L. & Nadler, R. S. (1997): Processing the Experience. Strategies to enhance and generalize learning. Dubuque, Iowa.

Modell der Coping-Strategien (Lazarus & Folkman 1984)

Mittels des Modells von Lazarus & Folkman sollen eigene und fremde Handlungsmuster speziell in Stresssituationen erkannt und klassifiziert werden. *Coping* (deutsch: „zurechtkommen mit") bezeichnet den Prozess, mit inneren und äußeren Anforderungen umzugehen, die als bedrohlich oder die eigenen Kräfte übersteigend wahrgenommen werden. Lazarus & Folkman unterscheiden problem- und emotionsbezogenes Coping.

* *Problembezogenes Coping* versucht, den Stressor oder den eigenen Bezug dazu zu verändern; vor allem zu bevorzugen bei kontrollierbaren Stressoren (z.B. Konfliktlösung durch Gespräch).
* *Emotionsbezogenes Coping* versucht, sich selbst (nicht den Stressor) zu verändern, damit man sich besser fühlt; vor allem zu bevorzugen bei unkontrollierbaren Stressoren (z.B. Umgang mit einem körperlichen Defizit).

Aus der Kombination der zwei Unterscheidungen *problembezogen/emotionsbezogen* und *Annäherung/Vermeidung* ergeben sich vier Grundformen der Bewältigung (nach Czerwenka 1996).

Je nach Situation und Person können unterschiedliche Strategien angebracht sein, auch die der Vermeidung. Ausgeprägtes Ausweichverhalten allerdings dürfte im Lehrberuf, der „Fähigkeit zur Durchsetzung und Selbstbehauptung" (Schaarschmidt 2005, S. 152) verlangt, Schwierigkeiten bereiten: „Die Gesundheitsrelevanz eines offensiven, problemzugewandten, durch Zuversicht und Vertrauen in die eigenen Möglichkeiten gekennzeichneten Verhaltens" wird etwa von Becker betont (Becker 1986, zitiert nach Schaarschmidt 2005, S. 22).

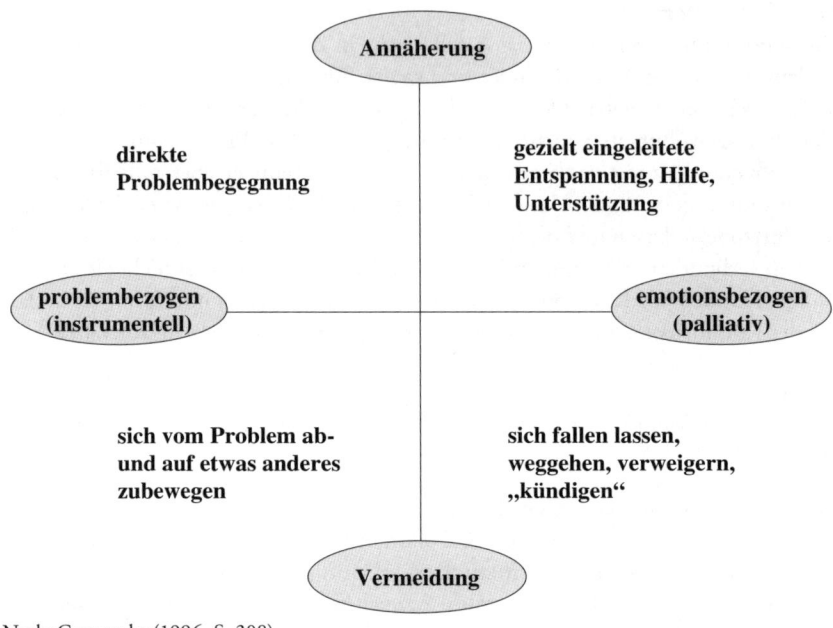

Nach: Czerwenka (1996, S. 308)

Quellen

Becker, P. (1995): Seelische Gesundheit und Verhaltenskontrolle. Göttingen u.a.
Czerwenka, K. (1996): Belastungen im Lehrerberuf und ihre Bewältigung. In: Bildung und Erziehung, 49, S. 295-315.
Lazarus, R. S. & Folkman, S. (1984): Stress, appraisal and coping. New York.
Schaarschmidt, U. (2005) (Hrsg.): Halbtagsjobber? Psychische Gesundheit im Lehrerberuf – Analyse eines veränderungsbedürftigen Zustands. Weinheim/Basel.
Zimbardo, P. & Gerrig, R. (2008): Psychologie. München et al.

Modell der Coping-Muster (Hillert 2004)

Hillert unterscheidet drei Typen des bevorzugten Umgangs mit Belastungs- und Stresssituationen:

1. Flexibel-kompensierendes Coping-Muster (ideales, gesund erhaltendes Muster)

- Aktives Schaffen von Voraussetzungen für positive Erlebnisse und Entspannung kompensiert negatives Erleben und verkürzt resignatives Grübeln.
- Unter Aufrechterhaltung und Nutzung des sozialen Netzwerks werden Handlungen initiiert, die das Ziel haben, die Situation zu verändern.

- Kein Diktat der Machbarkeit, Fähigkeit zum Aushalten und Akzeptieren von Negativem.

2. **Inkonsistent-kompensierendes Coping-Muster**
   - Obwohl Entspannung, die Schaffung positiven Erlebens sowie Situationskontrolle substanziell vorhanden sind, können diese möglicherweise nicht konsistent in jedem Kontext, z.B. bei hoher Belastungsintensität, abgerufen werden.

3. **Ruminativ-selbstisolierendes Coping-Muster**
   - Auf Belastungssituationen wird vor allem mit intrapsychischem Rückzug, Grübeln und sozialem Rückzug reagiert. Die Tendenz zum passiven Aus- und Durchhalten unter Belastung, fehlende soziale Kontakte sowie positive Aktivitäten fördern ein kreisendes, sich selbst verstärkendes Verharren in einem aversiven Erlebniszustand.

Quellen

Hillert, A. (2004): Das Anti-Burnout-Buch für Lehrer. München.
Hillert, A. & Marwitz, M. (2006): Die Burnout-Epidemie, oder: Brennt die Leistungsgesellschaft aus? München.

4 Lösungsvorschlag

▸ **Identifizieren**

Die Konrektorin fühlt sich einer komplexen Anforderungssituation ausgesetzt. Welche Probleme muss sie aus Ihrer Sicht bewältigen?

Mögliche Probleme:
- Aufrechterhaltung eines positiven Selbstkonzepts (Umgang mit Unsicherheit, was den eigenen „Wert", die eigenen beruflichen Fähigkeiten betrifft; Grad der Angewiesenheit auf Anerkennung)
- Zweifel, ob der unterstützende Ehemann die Belastungsprobe aushalten kann
- Umgang mit einer „schwierigen" Klasse
- gesundheitliche Probleme (Ursache oder Wirkung?)
- Erfüllen einer zwiespältigen Rolle als Konrektorin

Lesen Sie die Hintergrundinformation zum Begriff „Stressor". Identifizieren Sie nun die stressauslösenden Faktoren, indem Sie folgende Tabelle ausfüllen.
Unterscheiden Sie: Welche Verhaltensweisen der Rektorin kann die Konrektorin beobachten, welches sind ihre subjektiven Deutungen?

Beobachtung	Subjektive Deutung
• Beanstandung der Durchführung eines Schulreifetests • „schroffer, fordernder Umgangston", Anschreien einer Untergebenen in einer Stresssituation • Ablehnung eines Gesprächs	• *„Sie kritisiert mich. Sie zweifelt an meinen Fähigkeiten."* • *„Ich bin für sie Sand im Getriebe. Sie mag mich nicht."* • *„Sie respektiert mich nicht. Sie will nicht wissen, was ich denke und fühle. Ich soll nur Befehlsempfänger sein."*

▶ **Interpretieren**

Lesen Sie die Hintergrundinformation zum Begriff „Komfortzone". Die Konrektorin könnte die Verhaltensweisen der Rektorin als Aufforderung ansehen, ihre Komfortzone zu verlassen. Versuchen Sie, die Ansprüche der Rektorin „positiv umzudeuten". Welche Chancen der Professionalitäts- und Persönlichkeitsentwicklung bietet der Konflikt für die Konrektorin?

Beobachtung	Chancen der Professionalitäts- und Persönlichkeitsentwicklung
• Beanstandung der Durchführung eines Schulreifetests	• Kritik sachlich überdenken, „egal von wem sie kommt"; Entwicklung neuer Handlungsalternativen (Nutzen von Rückmeldungen, um die eigene pädagogische Arbeit zu optimieren)
• „schroffer, fordernder Umgangston", Anschreien einer Untergebenen in einer Stresssituation	• nicht wie üblich in Tränen ausbrechen, sondern die Gelegenheit wahrnehmen, sich in konstruktiver Konfliktbewältigung zu üben; Anwendung von Gesprächstechniken, z.B. aktives Zuhören, Ich-Botschaften[1]; (Reflexion der eigenen Erfahrungen und Kompetenzen; Konsequenzen daraus ziehen; Lehrberuf als ständige Lernaufgabe) • sich nicht in die Rolle einer Ausführenden von Vorgaben drängen lassen; nicht unter Druck und aus Angst handeln, sondern das tun, was man nach reiflicher Überlegung für richtig hält, auch wenn man dadurch dem Chef nicht sympathischer wird (Reflexion der persönlichen berufsbezogenen Wertvorstellungen und Einstellungen; besondere Verantwortung des Lehrberufs)

---

1 Im geschilderten Fall bedeutet das „Sich-anders-Verhalten", die Anwendung professioneller Strategien, für die betroffene Lehrerin vermutlich durchaus ein Verlassen ihrer Komfortzone.

• Ablehnung eines Gesprächs	• sich nicht von negativen Erlebnissen „kaputt machen lassen" („ein dickes Fell haben"); sich der eigenen Kompetenzen bewusst sein und Selbstwertgefühl entwickeln (Kenntnis wesentlicher Ergebnisse der Belastungs- und Stressforschung; Lernen, mit Belastungen umzugehen) • Rektorin zugestehen, dass nicht jeder Zeitpunkt günstig ist, und erneut um einen Gesprächstermin anfragen.

Lesen Sie im Kapitel „Erziehen" die Hintergrundinformation zum Kommunikationsmodell nach Schulz von Thun. Welche Gesprächsebenen nach Schulz von Thun spielen Ihrer Meinung nach Hauptrollen, welche eher Nebenrollen? Stellen Sie Vermutungen an: In welcher Weise unterscheiden sich die Perspektiven von Rektorin und Konrektorin grundsätzlich?

Rektorin: Dominanz der Sachinhalts- und Apelldimension *„Ich muss dafür sorgen, dass die Schule hohe Qualitätsansprüche erfüllt. Ich muss deutlich ansprechen, was anders laufen soll."*	Konrektorin: Dominanz der Beziehungs- und Selbstoffenbarungsdimension *„Ich möchte als engagierte, fähige Lehrerin anerkannt werden. Ich will nicht nur als Rädchen im Getriebe angesehen werden, sondern die anderen sollen sich freuen, wenn sie mich sehen!"*

▶ **Bewerten**

Aufgrund alternativer Maßstäbe (die evtl. mehr der Perspektive der Rektorin entsprechen) könnten den Beobachtungen der Konrektorin auch andere Deutungen gegeben werden. Finden Sie diese und ergänzen Sie Ihre im Aufgabenbereich „Identifizieren" angelegte Tabelle um eine mögliche alternative Sichtweise der Rektorin.

Beobachtung	Subjektive Deutung der Konrektorin	Mögliche alternative Sichtweise der Rektorin
Beanstandung der Durchführung eines Schulreifetests	*„Sie kritisiert mich. Sie bezweifelt meine Fähigkeiten."*	*„Ich habe die Verantwortung für eine qualitätvolle Überprüfung der Schulreife. An meiner früheren Schule haben wir besser getestet."*
„schroffer, fordernder Umgangston", Anschreien einer Untergebenen in einer Stresssituation	*„Ich bin für sie Sand im Getriebe. Sie mag mich nicht."*	*„Ich muss direkte klare Anweisungen geben, sonst läuft etwas falsch. Ich muss offen sagen, was ich denke."*

Ablehnung eines Gesprächs	*„Sie respektiert mich nicht. Sie will nicht wissen, was ich denke und fühle. Ich soll nur Befehlsempfänger sein. "*	*„Ich will nicht daran erinnert werden, dass ich die Fassung verloren habe. Alles muss sie persönlich nehmen und durchdiskutieren. Dafür habe ich jetzt keine Zeit!"*

▶ **Handlungs- und Möglichkeitsräume**

Lesen Sie die Hintergrundinformation zum Modell der Coping-Strategien von Lazarus & Folkman. Finden Sie im Rahmen des Modells von Lazarus & Folkman Lösungsmöglichkeiten und diskutieren Sie deren Aussicht auf Erfolg.

Direkte Problembegegnung	Gezielt eingeleitete Entspannung, Hilfe, Unterstützung

• Bemühen um Aussprache „unter vier Augen" mit der Rektorin:
  – offene Frage nach Motiven
  – Ich-Botschaften
  (Achtung: Inwieweit ist die Rektorin aus der Perspektive der Konrektorin ein „kontrollierbarer Stressor"? Die Abschätzung der Erfolgsaussichten einer „offenen Aussprache" gestaltet sich evtl. schwierig.)
• Gespräch im Kollegium; gemeinsames Vorgehen
• professionelle Hilfe (z.B. Gespräch mit Mediation, Supervision)
	• Bemühen um Veränderung der eigenen Sichtweise und Perspektivenwechsel
	• Bemühen um Haltung, „das Herz nicht auf der Zunge tragen"
	• Suche nach sozialer Unterstützung
	• gezielte Suche nach Entspannung, z.B. Hobby

Sich vom Problem abwenden und auf etwas anderes zubewegen	**Sich fallen lassen, entziehen, verweigern, „kündigen"**
• Reduzierung der Aufenthalte im Sekretariat auf ein Minimum • Gespräche im Kollegium über andere Themen • Bemühungen, eine höhere Funktionsstelle zu bekommen und die Schule zu wechseln	• häufige Krankschreibungen • vom Posten der Konrektorin zurücktreten • die schwierige Klasse so bald wie möglich abgeben • Überlegung zu pausieren

Bezüglich der Coping-Strategien gibt es noch weitere Modelle. Ergänzend zu Lazarus & Folkman können Sie auch die Hintergrundinformation zum Modell von Hillert lesen und folgende Fragen beantworten: Welchem Typus entspricht die Konrektorin Ihrer Meinung nach am ehesten? Gibt es auch Tendenzen zu den anderen beiden Mustern? Begründen Sie Ihre Meinung jeweils mit Textstellen aus dem Interview.

- Bei der Konrektorin sind vermutlich ausgeprägte Tendenzen zum inkonsistent-kompensierenden Coping-Muster vorhanden.

  Einige ihrer Aussagen geben Hinweis darauf, dass sie ihre nach Lazarus identifizierten Stressbewältigungsstrategien wohl nicht konsistent abzurufen vermag:

  „Die launische Art, in der die Chefin mit mir sprach, führte dazu, dass ich mich sehr zusammenreißen musste und mit den Tränen kämpfte. Das zeigte ich ihr jedoch nicht. Ich stand die Situation durch, ging dann hinaus und brach in Tränen aus. Das Klima wurde zusehends unangenehmer. Vielleicht habe ich es auch nur so empfunden."

- Manche Aussagen der Konrektorin weisen darauf hin, dass die Gefahr des Abgleitens ins ruminativ-selbstisolierende Coping-Muster durchaus besteht. Sie tendiert zu Rückzug und resignativem Grübeln:

  „Ich habe versucht, ihr aus dem Weg zu gehen und war immer dann in meinem Büro, wenn sie nicht anwesend war."

  „In dieser Zeit manifestierte sich das Gefühl, dass etwas fehlt. Oft dachte ich an ein Burn-out-Syndrom."

- Die Konrektorin sollte sich verstärkt um ein flexibel-kompensierendes Coping-Muster bemühen. Sie könnte versuchen, ihre Situation zu verändern, indem sie ihr soziales Netzwerk aufrechterhält und nutzt. Ein Schulwechsel wäre zu erwägen.

Fall 32: Schule im sozialen Brennpunkt

> Das Staatliche Schulamt macht allen Schulen seines Bezirks das Angebot, externe Moderatorenteams zur Unterstützung des Schulentwicklungsprozesses für eine gewisse Zeit zur Verfügung zu stellen. Eine Schule im sozialen Brennpunkt bewirbt sich mit einem Anmeldebogen dafür.

1 Falldarstellung

Anmeldebogen

Wir haben großes Interesse am Angebot der Schulentwicklungsmoderatoren und übermitteln daher folgende Informationen:

Schulische Rahmenbedingungen:

Anzahl der Lehrkräfte: 21   davon **Vollzeit:** 15   **Teilzeit:** 6
Schülerzahl: 319   **Klassenzahl:** 13   **Ausländeranteil:** 56% nach Staatsangehörigkeit, 73% nach Muttersprache

Soziales Umfeld:
– viele Familien mit Migrationshintergrund
– sozial schwache Familien
– hoher Anteil an alleinerziehenden Eltern

Besonderheiten der Schule:
Aufgrund des Migrationshintergrunds haben viele Schüler/-innen unserer Schule erhebliche Probleme mit der deutschen Sprache. Das Gleiche gilt auch für die Eltern. Eine häusliche Förderung kann kaum gewährleistet werden. Die Vermittlung von Werten fällt ebenfalls in den Aufgabenbereich der Schule. Die Eltern leisten dazu oft keinen Beitrag.
Viele Schüler/-innen weisen Anzeichen materiell-körperlicher und emotional-geistiger Vernachlässigung auf. Ein geordneter Unterrichtsablauf ist oftmals gefährdet.
Im Kollegium herrscht eine Atmosphäre der Offenheit und des Vertrauens, doch würden wir gerne unsere Zusammenarbeit intensivieren, um unsere Schule mehr zum Lebensraum aller Beteiligten zu machen.

Welche Vorerfahrungen mit Schulentwicklung bestehen?

Nach Auskunft der vorherigen Schulleiterin wurde im letzten Jahr schwerpunktmäßig in Richtung Leseförderung gearbeitet. In diesem Rahmen wurde mit der Einrichtung einer Schülerbücherei begonnen.

Wir nahmen außerdem am schulübergreifenden Anti-Aggressions-Programm „Faustlos" teil.

Ein Problem für den Prozess der Schulentwicklung ist die hohe Fluktuation im Kollegium.

Was soll mit dem Schulentwicklungsprozess erreicht werden?

1. Wir erhoffen die Gewährleistung eines effektiveren Unterrichtsablaufs durch Kooperation (um damit nicht zuletzt unsere dienstlichen Beurteilungen zu verbessern). Wir wollen unsere pädagogischen Fähigkeiten weiterentwickeln und eine möglichst hohe Unterrichtsqualität erreichen, um den Lernerfolg der Kinder in einem schwierigen Umfeld zu sichern. Insbesondere Lesen als Kulturtechnik soll verstärkt gefördert und als Bereicherung erfahrbar gemacht werden.
2. Das soziale, auch interkulturelle Zusammenleben soll verbessert werden.
3. Wir denken an die Entwicklung gemeinsamer Richtlinien im Umgang mit Eltern und deren stärkere Beteiligung am Schulleben.

Wie viel Prozent des Kollegiums unterstützen aktiv den Schulentwicklungsprozess?

75–80%

Datum: 1.12.2005 **Unterschrift:** Margarethe Musterfrau

2 Fallbearbeitung

▶ **Identifizieren**
Informieren Sie sich anhand des Einleitungstextes zum Kompetenzbereich „Innovieren" über die Mechanismen der Schulentwicklung (S. 168-174). Was sind im Anmeldebogen nach Meinung der Schulleiterin die wichtigsten Daten über den Ist-Zustand der Brennpunkt-Schule?

▶ **Interpretieren**
Welches sind Ihrer Meinung nach Stärken, welches Schwächen der Schule?

▶ **Bewerten**
Informieren Sie sich anhand des Einleitungstextes zum Kompetenzbereich „Innovieren" über Personal-/Unterrichts- und Organisationsentwicklung (S. 171f.).
Wählen Sie aus den Bereichen Personal-/Unterrichts- und Organisationsentwicklung zwei bis drei Schwerpunkte aus, in dem die Brennpunkt-Schule Ihrer Meinung nach unbedingt Schulentwicklung betreiben sollte. Argumentieren Sie für Ihre Entscheidung am besten in Ihrer Gruppe, die das „Lehrerkollegium" darstellt.

▶ **Handlungs- und Möglichkeitsräume**
Sie sollen sich nun als Mitglied einer Schule als „lernender Organisation" verstehen und für die Brennpunkt-Schule (am besten in einer Gruppe) ein Leitbild gemeinsamer Ziele entwickeln. Inwiefern kann dieses Leitbild die Schule voranbringen? Begründen Sie!

Vorschlag: Schreiben Sie eine Idee jeweils auf eine Metaplan-Karte. Clustern Sie Ihre Ideen und finden Sie Überschriften. Aus Überschriften werden oft Leitsätze! Lesen Sie in der Hintergrundinformation die SMART-Übersicht zur konkreten Formulierung von Handlungszielen und das Arbeitsblatt „Talentbörse" zum Erstellen eines Schulprogramms. Anschließend sollen Sie im Rahmen des bereits von Ihnen entworfenen Leitbildes möglichst konkrete Handlungsvorschläge (Schulprogramm) für die Brennpunkt-Schule finden.

Lesen Sie die Hintergrundinformation zum Leitbild und den Auszug aus dem Schulprogramm der Brennpunkt-Schule. Vergleichen Sie nun die von Ihnen entwickelten Handlungsziele mit dem „echten" Leitbild bzw. Schulprogramm (ein möglicher Vergleichsmaßstab sind die SMART-Vorgaben). Wo sehen Sie bei der Ideenentwicklung Übereinstimmungen, wo Unterschiede? Welchen der beiden Ansätze halten Sie für den konstruktiveren? Begründen Sie!

3 Hintergrundwissen

SMART-Übersicht zur konkreten Formulierung von Handlungszielen

S	spezifisch	konkret formuliert
M	messbar[2]	beobachtbare Erfolge
A	akzeptiert	Konsens über Projektziele
R	realistisch	angemessenes Anspruchsniveau der Ziele
T	timing	klare Zeitangaben (Dauer, Termine)

Arbeitsblatt „Talentbörse" zum Erstellen eines Schulprogramms

Wann?	Was? Wie?	Wer?

Leitbild der Brennpunkt-Schule

Was soll noch besser werden an unserer Schule?
Unsere Leitlinien:

1. Wir fördern das soziale Klima an unserer Schule.
1.1 Wir bilden Streitschlichter pro Klasse aus.
1.2 Wir führen Schülersprechstunden ein.
1.3 Werteerziehung wird Unterrichtsinhalt.

2. Wir gestalten die Schule als Lebensraum.
2.1 Wir aktivieren die Schüler zur Mitwirkung am Schulleben.
2.2 Wir gestalten das Schulhaus, den Schulhof und den Schulgarten.
2.3 Wir statten einen Raum für „Auszeiten"/ein Computerzimmer aus.

---

2 Hier geht es nicht um einen naiven Glauben an die Messbarkeit pädagogischer Erfolge. Bei der Formulierung von Handlungszielen sollten lediglich – soweit möglich – Kriterien zur Überprüfung des Erfolgs mitbedacht werden. Der Entwurf eines konkreten kleinschrittigen Plans macht Erfolge eher sichtbar als vage Leitziele.

3. Wir innovieren den Deutschunterricht.
3.1 Wir probieren alternative Lernformen aus.
3.2 Wir verstärken die individuelle Förderung.
3.3 Wir führen ein intensives Leseprogramm durch.

4. Wir verbessern den Kontakt zu den Eltern.
4.1 Wir schaffen bessere Informationsstrukturen.
4.2 Wir beziehen die Eltern stärker ins Schulleben ein.
4.3 Wir empfehlen Deutschkurse für Migranten.

5. Wir schaffen größere Berufszufriedenheit.
5.1 Wir führen Supervisionen durch.
5.2 Wir beantragen finanzielle Mittel und suchen private Sponsoren.
5.3 Wir versuchen, auf Personalentscheidungen Einfluss zu nehmen.

Beispiel aus dem Schulprogramm der Brennpunkt-Schule: Leitziel 3

Wir innovieren den Deutschunterricht.
Wir probieren alternative Lernformen aus.

Wann?	Was? Wie?	Wer?
bis 1.10.2009 Stundenpläne aller Kolleginnen mit gekennzeichneten Freistunden (Schnellhefter/Lehrerzimmer)	gegenseitige Hospitationen	alle
bis 1.11.2009	Absprachen fürs 1. Halbjahr	alle
17.2.2009 im Pädagogischen Institut an der GS Meierstraße 22.2.2009: Bericht	Besuch der Fortbildung „Differenzierung im Deutschunterricht"	Frau B., Herr S., Herr Z., Frau L., Frau D.

Wir verstärken die individuelle Förderung.

Wann?	Was? Wie?	Wer?
Anfang November 2009	Rekrutierung ehrenamtlicher Helfer zur Differenzierung und Hausaufgabenförderung (Studenten, Eltern, pensionierte Lehrer) durch Aushang oder Infobriefe	Konrektorin
November/Dezember 2009:	Rekrutierung ehrenamtlicher Helfer zur Differenzierung und Hausaufgabenförderung (Studenten, Eltern, pensionierte Lehrer) durch persönliches Ansprechen	alle Praktikumslehrer, Frau S., Herr F. u.a. (Idee: Frau H. und Herrn N. ansprechen!)

| Schuljahr 2009/10 | verstärkter Einsatz der mobilen Reserve in der Sprachlernklasse | Schulleitung |
| ab Mitte Oktober 2009 | Angebot: AG „Erfolgreich lernen" für alle Jahrgangsstufen | Frau B., Herr F. |

Wir führen ein intensives Leseprogramm durch.

Wann?	Was? Wie?	Wer?
ab jetzt 3 bis 4 Wochen lang	8.00–8.20 Uhr Vorlesen im Unterricht (Schüler wählen Buch)	alle Klassen
alle 2 Wochen	Besuch des Bücherbusses	alle Klassen
bis Ende Oktober Schülerwünsche pro Klasse Kauf bis 1. Dezember 2009	Aufstockung der Schulbibliothek um 25 Bücher	alle Klassen Frau G.
pro Woche 1 Stunde	Besuch der Schulbibliothek mit Antolin-Programm[3]	alle Klassen
verteilt übers Schuljahr	Projekte: • wöchentlich: Schülerzeitung • Mai 2010: Bücherflohmarkt • monatlich: „Leseeltern": Eltern lesen vor • 25.6.2010: Autorenlesung • März 2010: Vorlesewettbewerb • nach Absprache: Lesepatenschaften (Kooperation 1./2. Kl. mit 3./4. Kl.)	alle Klassen

Quellen

Philipp, E. & Rolff, H.-G. (2004): Schulprogramme und Leitbilder entwickeln. Ein Arbeitsbuch. Weinheim/Basel.

---

3 Ein Online-Programm zur Leseförderung in Schulen (www.antolin.de): Die Schüler erhalten für die richtige Beantwortung von Fragen zu gelesenen Kinderbüchern Punkte. Die Lehrer stellen für die gesammelten Punkte Urkunden aus.

4 Lösungsvorschlag

▶ **Identifizieren**

Informieren Sie sich anhand des Einleitungstextes zum Kompetenzbereich „Innovieren" über die Mechanismen der Schulentwicklung. Was sind im Anmeldebogen nach Meinung der Schulleiterin die wichtigsten Daten über den Ist-Zustand der Brennpunkt-Schule?

- Materiell-körperliche und emotional-geistige Vernachlässigung der Schüler
- Multikulturalität
- Sprachprobleme
- Wunsch des Kollegiums nach besserer Kooperation und Steigerung der Unterrichtsqualität
- Hohe Fluktuation beim Kollegium
- Bestehende Projekte:
  - Leseförderung
  - Förderung des sozialen Zusammenlebens
- Nicht ausreichende Lehrer-Eltern-Kontakte

▶ **Interpretieren**

Welches sind Ihrer Meinung nach Stärken, welches Schwächen der Schule?

Mögliche Stärken:
- Kooperierendes, engagiertes Kollegium
- Schon initiierte, auf die heterogene Schülerschaft abgestimmte Projekte

Mögliche Schwächen:
- Hohe Fluktuation
- Heterogene Schülerschaft
- Fehlende Strukturen bei der Elternarbeit

▶ **Bewerten**

[...] Wählen Sie aus den Bereichen Personal-/Unterrichts- und Organisationsentwicklung zwei bis drei Schwerpunkte aus, in dem die Brennpunkt-Schule Ihrer Meinung nach unbedingt Schulentwicklung betreiben sollte. Argumentieren Sie für Ihre Entscheidung am besten in Ihrer Gruppe, die das „Lehrerkollegium" darstellt.

Mögliche Schwerpunkte:
- Personalentwicklung: Hospitationen ...
- Unterrichtsentwicklung: schülerorientierte Unterrichtsinnovation
- Organisationsentwicklung: Schulklima, Elternarbeit ...

▶ **Handlungs- und Möglichkeitsräume**

Sie sollen sich nun als Mitglied einer Schule als „lernender Organisation" empfinden und für die Brennpunkt-Schule (am besten in einer Gruppe) ein Leitbild gemeinsamer Ziele entwickeln. […]

Jedes Leitbild muss den *Umgang mit Heterogenität in der Schülerschaft* widerspiegeln.

Unverzichtbare Eckpunkte:

– Deutschförderung (z.B. Durchführung von Leseprojekten, gegenseitige Hospitationen bei innovativen Deutsch-Lernmethoden

– Verbesserung des sozialen Klimas (z.B. Einführung von Streitschlichter-Teams, Aktivierung der Schüler zur Mitwirkung am Schulleben)

– Intensivierung der Elternarbeit (z.B. Angebot regelmäßiger Eltern-Stammtische, Eltern-Deutschkurse)

Jedes Schulprogramm muss die SMART-Vorgaben berücksichtigen.

Fall 33: Lehrer kommen im Schulprofil nicht vor

An einer Realschule findet auf Wunsch des Kollegiums eine Schul- und Leh-rerkonferenz zum Thema „Unser Schulprofil: Wofür wir stehen" statt. Bereits vorhandene Ziele sollen mit neuen Ideen zu einem schlüssigen Gesamtkonzept verknüpft werden. Als die Leitung zu Beginn der Konferenz ihre Ideenvor-schläge zum Leitbild vorstellt, fällt einer Lehrerin auf: Die Lehrer selbst mit ihren Bedürfnissen und Anliegen kommen im Schulprofil nicht vor. Die Leh-rerin geht zu einem externen Personalrat, um einen Tipp zu bekommen, wie der Schulentwicklungsprozess an dieser Stelle sinnvoll weitergeführt werden könnte. Die Falldarstellung ist das protokollierte Gespräch zwischen der Leh-rerin und dem Personalrat.

1 Falldarstellung[2]

Lehrerin: Am Anfang des jetzigen Schuljahres, also im Herbst, wurden wir, das gesamte Kollegium der Realschule, zu einer Konferenz geladen, die unter dem Motto stand: „Schulentwicklung: Wo wollen wir hin mit unserer Realschule?" Bereits vor der Konferenz gab es schon häufig eine … na ja, wie soll ich sagen, ungute Stimmung im Lehrerzimmer bezüglich der Schule und der Ziele, die wir als Lehrer verfolgen sollten. Und darüber, dass unsere Zielsetzung, also die Ziel-setzung der Schule, so vage und unklar definiert sei, dass man als Lehrer oft nicht wisse, was jetzt Vorrang habe. Da hieß es beispielsweise: „Wir machen auf Leg-asthenie." Wir sind also eine Schule für Kinder mit Legasthenie, die auf anderen Schulen sonst untergehen würden.

Personalrat: Am Anfang wollte die Realschule eine Spezialschule für Legastheniker sein …

Lehrerin: Genau. Danach kamen dann auch die anderen Lernstörungen und Lerndefizite hinzu, wie ADHS und so weiter. Da haben wir also begonnen, uns auch das auf die Fahne zu schreiben …

Personalrat: Was noch?

---

2 Dieser Fall wurde von Florian Ascher (2009) im Rahmen seiner Magisterarbeit „Aus dem, was wirklich ist, lernen, was möglich ist – Fallbasiertes Lernen in der Lehrerbildung" am Lehrstuhl Schulpädagogik der Ludwig-Maximilians-Universität München erhoben.

Lehrerin: Ganztagsschule. Vor etwa vier, nein fünf Jahren wurde hier das Ganztagskonzept eingeführt. Jetzt läuft ja fast alles nur noch über Ganztagsbetreuung. Und dann ist ständig etwas Neues dazugekommen und „angestückelt" worden. Also man hat versucht, das Alte irgendwie mit neuen Ideen zu erweitern ...

Personalrat: Und das hat nicht gepasst?

Lehrerin: Nein. Das grundlegende Gesamtkonzept hat gefehlt bzw. es hat halt nicht gepasst.

Personalrat: Wie kam es dann zur Lehrerkonferenz?

Lehrerin: Nur auf Druck der Lehrer! Im Herbst war dann gerade die Geschichte mit dem Anerkennungsverfahren gelaufen, als wir noch einmal unseren Unterricht, ja, umstellen mussten, um die letzten Kriterien für die staatliche Anerkennung zu erfüllen. Und das war, wie ich finde, der Tropfen, der das Fass zum Überlaufen gebracht hat ...

Personalrat: Inwiefern?

Lehrerin: Ja, weil nach den anderen Zielsetzungen nun auch noch dieses Ziel dazu gekommen ist und man das Gefühl hatte, in verschiedene Richtungen arbeiten zu müssen. Letzen Endes hat sich da auch viel widersprochen, z.B. das mit der Legastheniekorrektur.

Da kam ein Anschreiben vom Kultusministerium – vielleicht hatte es auch etwas mit dem Anerkennungsverfahren zu tun –, dass wir zur Rechtschreibkorrektur auch bei Legasthenikern verpflichtet wären. Das hieß, dass wir in Deutsch jeden Rechtschreibfehler auch bei Legasthenikern anstreichen und zählen mussten. Vorher war die Handhabe auf Anraten der Experten der „Plattform Legasthenie" ja gewesen, nur schwere Rechtschreibfehler anzuzeichnen. Denn wenn jeder Fehler angezeichnet wird, hat man am Schluss ein rotes Blatt, was das Legasthenikerkind nur noch mehr demotiviert. Jetzt sollten wir also *jeden* Rechtschreib- und Satzzeichenfehler anstreichen, damit nichts Falsches stehen bleibt.

So hat sich also bei der Direktion die Kritik gemehrt, dass das alles so nicht weitergehen könne und dass endlich klare Ziele geschaffen werden müssten. Es kam also zu der besagten Konferenz, die wir alle ganz gespannt erwartet haben. Es ging los wie bei jeder Konferenz. Wir wurden begrüßt, es gab Kaffee und Kuchen ... wie bei jeder Konferenz halt, bis auf den Kuchen, der war neu; jetzt denke ich, der war mehr zur Besänftigung da ... Böse Zungen würden behaupten, es war ein Bestechungsversuch. Als man uns das neue Schulprofil vorstellte, wurde es spannend. Als Antwort auf die vielen Fragen, die wir bezüglich der Legasthenie-Zielsetzung hatten, wurde uns eine Videoprojektion vorgeführt. Eigentlich war sie ja ganz hübsch, in Blau, mit dem entsprechenden Logo darauf. Und im Rahmen dieser Projektion kam dann eine Folie mit dem denkwürdigen Titel: „Schulprofil: Wofür wir stehen" oder so ähnlich. Jedenfalls war es sehr pathetisch gemacht, wie in einem Betrieb. Und aus dem Zentrum heraus mit dem Logo und dem Spruch „Wir stehen für …" gingen Äste ab wie bei einem Baum oder einer Sonne mit Sonnen-strahlen, auf denen dann wieder etwas geschrieben stand. Am Ende dieser Strahlen oder Äste waren jeweils plakative Formulierungen wie „enge Kooperation mit dem Elternhaus", „optimale Ganztagsbetreuung", „wissenschaftlich begründete Legas-thenieförderung", „Chancenschule für alle". Auch so was wie „Kulturvermittlung" stand da drauf, was mich besonders störte, weil es so unsinnig dastand.

Das ganze Profil war so wirr und gestöpselt und einseitig, dass mir das Lachen fast im Hals stecken geblieben ist. Neben mir saß Sabine, die mich nur mit großen Augen ansah und dann meinte: „Das sind wir?" Und in dem Moment wurde mir klar, dass *wir* gar nicht darauf waren. „Und wo sind wir?", dachte ich. „Wir kommen im Profil nicht einmal vor!" Am Anfang dachte ich mir noch, ich habe einen Ast übersehen, und gehe dann alle noch einmal von vorne durch und mer-ke, dass das alles nur auf die Schüler ausgerichtet ist und auf die Eltern – alles, was wir für die Eltern und Schüler tun und ihnen konstant anbieten! Auf die Schüler und Eltern richtet die Schule alles aus, damit die beiden Zielgruppen zufrieden sind. Wir Lehrer stehen hier ganz klar im Abseits. Ich dachte: „Na, eh klar. Wie bezeichnend! Die haben uns wieder einmal vergessen!" Sogar die Schulleitung hatte sich auf den „Ästen" eingebracht: Da stand nämlich etwas von laufender Schulentwicklung nach neuen Bildungsergebnissen oder so ähnlich. Jedenfalls etwas genauso Protziges, Pathetisches, das mit der Realität nicht übereinstimmt. Aber das Lehrerkollegium wurde nicht einmal erwähnt. Man hatte das Wichtigste einfach weggelassen. Da ist mir vieles klar geworden über den Schulbetrieb – mit Betonung auf Betrieb. Wir Lehrer sind nur die Sklaven des Bildungssystems. Wir machen die Hauptarbeit, aber sehen tut man uns nicht. Und dass das gerade von der Direktion kam, tat doppelt weh. So von denen übersehen zu werden, hat mir die Augen über diese Schule geöffnet.

Personalrat: Haben Sie dann das Fehlen der Lehrer im Schulprofil dezidiert zur Sprache gebracht?

Lehrerin: Ja, ich wollte die Schulleitung darauf stoßen und zum Nachdenken brin-gen. Ich war mir ja nicht sicher, ob das alles aus bösem Willen passiert war. Eigent-lich, denke ich, es war nur Kurzsichtigkeit. Die da oben sehen halt nur gerne sich selbst. Das ist vermutlich in jedem Betrieb so.

Personalrat: Wie war die Reaktion darauf?

Lehrerin: Von der Schulleitung?

Personalrat: Ja, und vom Kollegium. Wie hat man generell reagiert?

Lehrerin: Ich glaube, ich war nicht die Einzige, die im Profil nach uns gesucht hat. Manche waren richtig wütend, weil nichts bezüglich „Mitarbeiterförderung" oder „Berufschancen" oder auch nur „ein motiviertes Kollegium" darauf gestan-den hat. Es hat ja keiner erwartet, dass da viel Lob kommt, aber dass man uns ganz herausgestrichen hat, das war ein herber Schlag.

Personalrat: Und die Schulleitung?

Lehrerin: Anfänglich sah es so aus, als sei es ihnen nicht ganz klar, was ich sagen wollte. Die haben wirklich nicht verstanden, worum es ging, und dass zu einer Schule in erster Linie Lehrer gehören. So sah es zumindest aus. Danach haben sie wie begossene Pudel dreingeschaut und den Fehler zugegeben. Das Letzte, was ich weiß, ist, dass wir nun zumindest einen kleinen „Ast" bekommen haben.

Personalrat: Und wie sehen Sie jetzt den ganzen Vorfall?

Lehrerin: Das Schulprofil hat die Arbeitsatmosphäre einmal richtig grafisch vor Augen geführt. An unserer Schule haben die Schüler den Vorrang, so auf die Art: „der Kunde ist König". Es müsste aber einen besseren Ausgleich geben zwischen Schülern, Lehrern, Eltern, Kollegium und Schulleitung. Eine Schule kann man mit einem Schiff vergleichen: Der Direktor ist der Kapitän, die Lehrer sind die Ruderer und die Schüler sind die Passagiere. Wer ist der Wichtigste? Ich denke, die Ruderer. Die Passagiere jedenfalls nicht, die kommen und gehen, steigen ein und aus. Der Kapitän gibt den Ton an, trommelt sozusagen. Doch allein schafft er es nicht, ein Schiff voll mit Passagieren über den Fluss zu bringen. Und notfalls kann auch ein Ruderer zum Kapitän werden, der kennt sich ja auch aus. Aber ohne die Ruderer geht gar nichts. Und ein guter Kapitän muss auf seine Ruderer achten.

2 Fallbearbeitung

▸ **Identifizieren**

Die Lehrerin versucht, dem Personalrat ein Bild vom Ist-Zustand der Schule zu vermitteln. Welche Informationen hält sie für relevant?

▸ **Interpretieren**

Sehen Sie sich in der Hintergrundinformation das Modell des „Innovationswürfels" zur Charakterisierung verschiedener Kräfte, die Schulentwicklung vorantreiben können, an (siehe S. 197f.). Stellen Sie mittels der drei Würfeldimensionen fest, welche Kräfte im dargestellten Fall die Schulentwicklung vorantreiben und gestalten könnten.

Begründen Sie mittels der identifizierten Kräfte, warum Schulentwicklung in diesem Beispiel Gefahr läuft, nicht zum „gelingenden Prozess" zu werden.

▸ **Bewerten**

Versetzen Sie sich an die Stelle des Personalrats. Wählen Sie aus den Bereichen Personal-, Unterrichts- und Organisationsentwicklung zwei bis drei Schwerpunkte aus, an der die Schule Ihrer Meinung nach unbedingt arbeiten sollte. Teilen Sie der ratsuchenden Lehrerin Ihre Argumente mit.

▸ **Handlungs- und Möglichkeitsräume**

Stellen Sie sich vor, Sie wären die Lehrerin, die nach dem Gespräch mit dem Personalrat an die Schule zurückkehrt. Sie geben die erhaltenen Informationen weiter und motivieren Ihr Kollegium, ein Leitbild gemeinsamer Ziele zu entwickeln. Führen Sie in der Gruppe ein Rollenspiel zur Schulentwicklung durch. Überlegen Sie anschließend, inwieweit dieses Leitbild die Schule voranbringen kann. Begründen Sie!

Finden Sie im Rahmen des entworfenen Leitbildes gemeinsam weitere, möglichst konkrete Handlungsvorschläge (ein Schulprogramm) für die Schule. Verwenden Sie dazu evtl. nochmals die SMART-Übersicht zur konkreten Formulierung von Handlungszielen sowie das Arbeitsblatt „Talentbörse" (siehe Hintergrundinformation zu Fall 32, S. 188f.).

Finden Sie Beispiele dafür, welche Kräfte im Rahmen einer gelingenden Schulentwicklung außerdem mit einbezogen werden könnten. Charakterisieren Sie diese mittels der drei Dimensionen des „Innovationswürfels".

3 Hintergrundwissen

Der „Innovationswürfel"

Das Innovationswürfel-Modell gibt Auskunft darüber, wie Schulentwicklung beginnen kann. Verschiedene Kräfte, die mit Hilfe des Modells typisiert werden, können den Prozess initiieren. Drei Dimensionen (die Würfelflächen), die je eine Polarität benennen, lassen sich unterscheiden und erlauben die Kombination von verschiedenen Sichtweisen zur Analyse von Schulentwicklung.

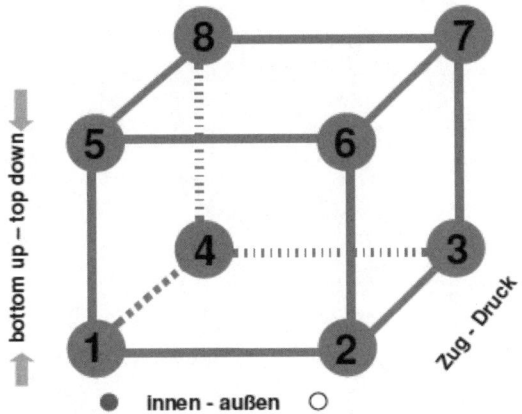

Nach: Schratz & Steiner-Löffler (1998, S. 144)

Beispiel für einen Bottom-up-Prozess, der von innen durch „Zug" entsteht:
Schüler, die bei Theateraufführungen für Beleuchtung, Ton und Kamera zuständig sind, wollen eine eigene Technik-AG gründen; das Lehrerkollegium unterstützt diese Idee.

Beispiel für einen Top-down-Prozess, der von außen durch „Druck" entsteht:
Internationale und nationale Schulleistungsmessungen (wie PISA, IGLU, TIMSS) führen zu amtlichen Vorgaben, die von den Schulen umgesetzt werden.

Quelle
Schratz, M. & Steiner-Löffler, U. (1998): Die Lernende Schule. Weinheim/Basel.

Fall 34: Einführung innovativer Methoden

Eine Realschullehrkraft würde gerne innovative Methoden im Mathematikunterricht einführen, um die Schülermotivation zu steigern. Im Alleingang erscheint ihr das aber problematisch, da ihr zu wenig konkrete Vorschläge bekannt sind und sie außerdem befürchtet, dass das Leistungsniveau in ihren Klassen dadurch sinkt.

1 Falldarstellung

Ich unterrichte Mathematik in den höheren Jahrgangsstufen der Realschule. In den vergangenen Jahren sind mir in Fachzeitschriften und bei Fortbildungen immer wieder neue Methoden für den Unterricht aufgefallen. Mir ist es wichtig, dass die Schüler eigenständig arbeiten können und auch einmal etwas ausprobieren dürfen.

Für den Mathematikunterricht werden aber kaum sinnvolle Vorschläge gemacht. Trotzdem habe ich hin und wieder Gruppenarbeit gemacht und viele kniffelige Anwendungsaufgaben mit in den Unterricht gebracht, damit die Schüler erfahren, in welchen Bereichen überall Mathematik genutzt wird. Leider bleibt dafür nur wenig Zeit im Unterricht. In meiner 8. Klasse sitzen viele Schüler, die Mathe nehmen mussten, aber nicht sehr leistungsstark sind. Da geht es dann auch mit neueren Methoden wie Lernzirkeln und kompetenzorientierten Aufgaben nur schleppend voran. Ich denke, dass gerade die praktischen Anwendungsaufgaben motivieren können.

Bei den Leistungserhebungen haben mich sogar schon Schüler der 9. und 10. Klassen angesprochen, ob wir nicht, statt eine Schulaufgabe zu schreiben, einmal ein Projekt durchführen könnten, weil das in anderen Fächern so viel Spaß mache. Ich habe darüber nachgedacht: Für die Bewertbarkeit finden sich Möglichkeiten, auch die Vergleichbarkeit zwischen den einzelnen Schülern kann man sicherstellen. Es werden diesbezüglich sogar Vorschläge in der Literatur und bei verpflichtenden staatlichen Fortbildungen gemacht. Der Zeitaufwand ist schon eher ein Problem. Da muss die ganze Schule an einem Strang ziehen.

Und trotzdem traut sich gerade in Mathe keiner, etwas Neues auszuprobieren, auch wenn es im Lehrplan und auf Fortbildungen gefordert wird. Immerhin will man die Schüler gut auf die Abschlussprüfung vorbereiten, und es dürfen durch die neuen Methoden auch keine Nachteile für die Schüler entstehen – meine Abschlussklasse muss ja am Ende die „traditionellen" Aufgaben in der Abschlussprüfung lösen können; da kommen keine Ergebnispräsentationen dran und kompetenzorientierte Aufgaben sind auch Mangelware. Und meine 8. Klasse soll bei den Jahrgangsstufentests auch nicht schlecht abschneiden. Dennoch, finde ich, muss man auch in Mathe neue Methoden der Leistungsmessung in Betracht ziehen.

2 Fallbearbeitung

▸ **Identifizieren**
Welchen unterschiedlichen beruflichen Anforderungen möchte die Lehrkraft gerecht werden?
Mit welchen Schwierigkeiten sieht sie sich dabei konfrontiert?

▸ **Interpretieren**
Versetzen Sie sich in die Rolle der Lehrkraft. Welchen Zielsetzungen würden Sie Priorität einräumen? Begründen Sie!

▸ **Bewerten**
Schätzen Sie die Problemlage ein. Wie schwierig ist es für die Lehrkraft in der geschilderten Situation, ihre Ziele zu verwirklichen?

▸ **Handlungs- und Möglichkeitsräume**
Jedes Mitglied einer lernenden Organisation sollte versuchen, in seiner Doppelrolle als Einzelkämpfer und Teamplayer dazu beizutragen, dass gute Arbeitsergebnisse erzielt werden.
Finden Sie Möglichkeiten, welche zielführenden Aktivitäten die Lehrkraft in der geschilderten Situation entwickeln könnte. Beachten Sie dabei ihre Doppelrolle!

Fall 35: Mangelnde Kooperation zwischen Klassenleiterin und Kolehrerin

Eine Lehrerin führt nach der Geburt ihres Kindes in Teilzeit ihre Klasse als Klassenleiterin weiter. Die restlichen Stunden übernimmt eine Kollegin. Nach Meinung der Klassenleiterin funktioniert die Zusammenarbeit sowohl organisatorisch als auch unterrichtsdidaktisch nicht. Da sie versucht, den Unterricht der Kollegin teilweise mitzuplanen und den Eindruck hat, selbst zu wenig an Unterstützung von ihr zurückzubekommen, empfindet sie die Situation als Belastung, auch weil ihrer Meinung nach die Schüler die Leidtragenden der mangelnden Kooperation sind.

1 Falldarstellung

Im vergangenen Jahr war ich Klassenleiterin einer 2. Klasse, die ich auch schon als 1. Klasse hatte. Zwischendurch hatte ich wegen der Geburt meines Kindes drei Monate ausgesetzt und dann auf Wunsch der Eltern diese Klasse weitergeführt. Ich konnte das natürlich nicht mehr mit dem gleichen Zeitaufwand von 19 oder 20 Stunden machen, die ich sonst hatte. Ich absolvierte nur noch zwölf Stunden in dieser Klasse. Den Rest übernahm eine Kollegin, die mir zugeteilt wurde. Eigentlich sollten wir gemeinsam die Klasse führen, was die Kollegin anderen gegenüber auch immer wieder behauptet hatte. Doch letztlich blieb die Klassenführung mir überlassen, da ein gemeinsames Arbeiten nicht möglich war. Ich war Montag, Mittwoch, Donnerstag in der Klasse, und sie war Freitag ganztags und Mittwoch in der ersten Stunde eingeteilt. Mittwoch in der ersten Stunde gab ich einer anderen Klasse Sportunterricht, obwohl ich lieber in meiner Klasse geblieben wäre. Die Kollegin sagte, dass sie keinen Sportunterricht machen könne. Ich vermute aber, dass sie es nicht wollte.

Zunächst hoffte ich, dass es zwischenmenschlich funktionieren würde. Doch als wir dann anfingen, kamen wir, was den Unterricht betrifft, überhaupt nicht miteinander zurecht. Wir hatten eine völlig unterschiedliche Arbeitsweise. Ich habe viel offenen Unterricht gemacht, was sie überhaupt nicht tat.

Sogar das Einsammeln und Kontrollieren der Hausaufgaben war ihr zu viel, so dass ich mittwochs immer erst die Hausaufgaben vom Montag einsammeln musste. Das fand ich für die Kinder sehr schlecht; sie sind auch schnell dazu übergegangen, die Hausaufgaben nicht zu machen. Ich habe mir anfangs auch gewünscht, dass wir den Unterricht zusammen vorbereiten würden und habe ein wöchentliches Treffen vorgeschlagen, um die darauffolgende Woche zu planen. Sie hat dem zwar zugestimmt, doch mir schien es, als wollte sie sich von mir keine Vorschriften machen lassen.

Es hat nicht geklappt. Im Endeffekt war es so, dass ich den Unterricht in Deutsch, Mathe und Heimat- und Sachunterricht auch für sie geplant und ihr mein Material zur Verfügung gestellt habe. Nach vier Monaten ist mir das zu viel geworden, und ich habe mir Veränderungen gewünscht. Daraufhin hat sie Heimat- und Sachunterricht, Kunst und Lesen übernommen, so dass jeder eine Art Fachlehrer war, was ich sehr schade fand, weil man gerade in der Grundschule fächerübergreifend arbeiten sollte. Wir hatten schon bei Lappalien Differenzen. Und Dinge, die mir wichtig waren, hat sie nicht ernst genommen. Es waren so viele Kleinigkeiten, bei denen es auch die Schüler bemerkt haben, dass wir nicht miteinander zurechtkamen. Ich habe einfach versucht, irgendwie das letzte halbe Jahr zu überstehen, was natürlich auch zu Lasten der Kinder ging, da wir keinen gemeinsamen Wochenplan mehr machen konnten.

Meine Kollegin ist Mitte vierzig. Da sie längere Zeit nicht im Schuldienst tätig gewesen war, sollte sie wieder neu eingegliedert werden. Ich wurde von der Schulleitung angewiesen, die Lehrerin zu unterstützen. Sie sollte die Rolle des Kolehrers übernehmen, um einen leichteren Einstieg zu haben und die neuen, von mir praktizierten Unterrichtsformen zu erlernen. Auch ihre privaten Umstände hatten Einfluss auf die Situation: Es gab finanzielle Gründe, warum sie neu angefangen hat. Die Kollegin lebte in Trennung, und ihre Kinder wohnten nicht bei ihr. Des Weiteren kränkelte sie leicht und blieb oft zu Hause, was dazu führte, dass ich, um Vertretungsstunden zu vermeiden, diese Fehlzeiten übernommen habe.

2 Fallbearbeitung

▶ **Identifizieren**
Welche Erfahrungen macht die Lehrerin mit der Gestaltung von Kooperation?

▶ **Interpretieren**
Vollziehen Sie einen Perspektivenwechsel. Wie könnte sich die Situation aus Sicht der Kolehrerin darstellen?

▶ **Bewerten**
Wie beurteilen Sie selbst die Möglichkeit einer gelingenden Kooperation?

▶ **Handlungs- und Möglichkeitsräume**
Stellen Sie sich vor, die Lehrerin trägt ihr Problem bei einer Supervision vor. Welche Handlungsmöglichkeiten könnten im Team entwickelt werden? Welche Personen sollten dabei einbezogen werden?

Fall 36: Schulleitung nimmt nicht am Projekt „Schulentwicklung" teil

Ein Moderatorenteam wird von einer Rektorin zur Unterstützung des Schulentwicklungsprozesses an ihrer Grundschule eingeladen. Als das Team eintrifft, findet es ein an Schulentwicklung überraschend desinteressiertes Kollegium vor. Die Rektorin fehlt unentschuldigt.

1 Falldarstellung

Ich arbeite als Moderatorin für das Projekt „Schulentwicklung" in einem Tandem. Wir werden von Schulen eingeladen, die sich beim Staatlichen Schulamt gemeldet haben, und machen einen Termin für ein Vorgespräch aus.

Ich will einen Fall schildern, den ich als schwierig empfunden habe. Wir hatten eine Einladung zu einem Vorgespräch mit der Schulleitung erhalten. Die Schulleitung gab an, dass siebzig Prozent des Kollegiums einer Schulentwicklung zustimmten und hocherfreut darüber sei. Bei dem Termin, den wir dann für die SchILF (Schulhausinterne Lehrerfortbildung) ausgemacht hatten, waren 19 Lehrkräfte anwesend. Die Schule hat insgesamt 15 Klassen, und es war bemerkenswert, dass die Schulleitung nicht ebenfalls anwesend war. Wir kamen in das Lehrerzimmer, das Kollegium saß am Tisch, jeder aß, trank, unterhielt sich und man nahm uns überhaupt nicht zur Kenntnis. Wir haben erst einmal unsere Utensilien aufgebaut. Niemand hat uns beachtet. Anschließend sind wir zu den Kolleginnen gegangen und haben sie per Handschlag begrüßt, wobei eine Kollegin sagte, dass die Begrüßung unwichtig und sinnlos sei. Darüber waren wir recht erstaunt.

Wir haben mit der Moderation begonnen und das Kollegium insgesamt noch einmal begrüßt. Als wir das Thema „Schulentwicklung" erwähnten, sprang eben diese Kollegin auf und regte sich sehr darüber auf. Wir haben entgegnet, dass es im Rahmen der bevorstehenden Evaluation günstig sei, wenn man mit der Schulentwicklung beginnen würde.

Daraufhin verließ die Kollegin wütend den Raum. Im Kollegium herrschte betretenes Schweigen.

2 Fallbearbeitung

▶ **Identifizieren**
Welche Beobachtungen führen dazu, dass das Moderatorenteam die Situation als Problem auffasst?

▶ **Interpretieren**
Was sind mögliche Gründe für das Verhalten des Lehrerkollegiums?

▶ **Bewerten**
Was bedeutet die vorgefundene Sachlage Ihrer Meinung nach für den anstehenden Schulentwicklungsprozess?

▶ **Handlungs- und Möglichkeitsräume**
Sammeln Sie Reaktionsmöglichkeiten des Moderatorenteams.

Wie hätten Sie reagiert?

In welchem Handlungsfeld der Schulentwicklung (Personal-/Unterrichts- und Organisationsentwicklung) sollte die Schule Ihrer Meinung nach unbedingt Schulentwicklung betreiben? Nennen Sie für den Bereich konkrete Schwerpunkte. Argumentieren Sie in Ihrer Gruppe.

Lesen Sie nun die folgende Auflösung des Falls. Wie beurteilen Sie den Erfolg des Moderatorenteams bezüglich des Schulentwicklungsprozesses? Begründen Sie Ihre Meinung.

> Wir wollten unsere Moderation beginnen, doch das ging erst, nachdem das Kollegium Dampf abgelassen hatte. Sie waren alle über schulpolitische Entwicklungen und die viele Arbeit, die auf sie zukommt, aufgebracht. Die Klassen und die Belastung wären zu groß.
> Wir haben sie erst einmal schimpfen lassen, aber die Diskussion dann schließlich mit dem Hinweis abgebrochen, dass sie sich bei schulpolitischen Problemen an die Verbände wenden sollten.
> Allmählich haben sie sich doch darauf eingelassen, und wir konnten unsere SOFT-Analyse[3] durchführen, die auf die guten Aspekte des Schullebens einging. Dabei haben sie sich beruhigt. Durch die Kartenabfrage ergaben sich viele Punkte, die bei ihnen gut laufen, wie z.B. die Teamarbeit oder Un-

---

3 Die SOFT-Analyse ist ein Instrument zur Analyse des Ist-Zustands einer Schule. Diese erfolgt mit Hilfe eines Rasters aus vier Kategorien: Satisfaction – Zufriedenheit, gute Ergebnisse, Erfolge; Opportunities – Chancen, Möglichkeiten, Herausforderungen; Faults – Fehler, Probleme, Missstände, Unzulänglichkeiten; Threats – Bedrohungen, potenzielle Gefahren, Hindernisse.

terrichtsprojekte sowie die Zusammenarbeit mit außerschulischen Partnern (Stadtbibliothek, Spiellandschaft, Kindergärten etc.).

Im Rahmen der SOFT-Analyse wurden ihre Wünsche und die weiteren Vorhaben angesprochen. Auch hierbei waren sie sehr eifrig. Ziele waren, die Elternarbeit zu intensivieren sowie an der Organisation und Ordnung weiterzuarbeiten. Sie wollten sich künftig mehr Zeit und Muße für ihre Klasse nehmen. Damit konnten wir unsere Moderation sehr zielgerichtet weiterführen.

Das Kollegium hat gemeinsam darüber nachgedacht, wie es seine Ziele verwirklichen könnte. Die drei wesentlichen Punkte waren Zeit, Elternarbeit und Organisation. In der Gruppenarbeit konnten gute Ergebnisse erarbeitet werden.

Es war interessant, dass am Schluss die Kollegen zu uns kamen und sagten, dass es nicht so schlimm wie erwartet, sondern durchaus machbar gewesen sei.

Uns erschien es trotzdem seltsam, dass die Schulleitung nicht anwesend war. Wir haben angeboten, dass wir bei Bedarf gerne wiederkommen würden. Wir wurden jedoch nicht mehr angefragt.

Interviewpartnerin: Hat es sich irgendwie geklärt, warum die Schulleitung nicht da war?

Moderatorin: Das hat sich nie geklärt.

Interviewpartnerin: Hat man etwas von der Beziehung zwischen Kollegium und Schulleitung erfahren?

Moderatorin: Nein, nichts. Während der gesamten Moderation konnten wir keine Spannungen feststellen. Es ist allerdings herausgekommen, dass die Kollegen zuvor nicht genau gefragt worden sind, ob sie das Projekt überhaupt wollten. Wir haben daraus geschlossen, dass dadurch vielleicht auch der Unmut entstanden sein könnte, weil sie mehr oder weniger dazu verpflichtet worden sind. Warum die Schulleiterin angegeben hat, dass siebzig Prozent des Kollegiums für Schulentwicklung sind, ist uns schleierhaft.

Interviewpartnerin: Eigentlich sollten die Moderatoren öfter kommen, damit dieser Anfangsprozess nicht im Sande verläuft. Wissen Sie, wie dieser Prozess weiter verlaufen ist? Haben die Kollegen aus diesem ersten Treffen etwas gemacht?

Moderatorin: Ich weiß es von privater Seite aus, da ich dort schulintern Prüfungen abnehmen musste und nachgefragt habe. Die Kollegen haben gesagt, sie hätten daran weitergearbeitet und die Organisation recht gut im Griff, auch gehe die Elternarbeit konsequent voran. Es sei dort ein sehr schwieriges Viertel, in dem die Eltern nur schwer in die Schule zu bringen seien. Das gelinge aber jetzt teilweise besser.

Interviewpartnerin: Konnte der Aspekt der Zeit und Muße verbessert werden?

Lehrerin: Das weiß ich nicht.

Fall 37: Schulentwicklung als Gelegenheit zur Kritik am Führungsstil der Schulleitung

Im Vorgespräch zu einem Schulentwicklungsprozess fällt dem Moderatorenteam auf, dass die Schulleiterin zwar ihre eigenen Wünsche zu Zielen äußert, aber nicht über die des Kollegiums spricht. Sie stellt dieses zudem als unengagiert dar. Als die Fortbildung stattfindet, äußern die Lehrkräfte – für die Moderatoren nicht ganz unerwartet – Kritik am Führungsstil der Rektorin.

1 Falldarstellung

Es geht um einen Fall, der für uns als Moderatorentandem schwierig war. Die Grundschule hatte zehn Klassen und 17 Lehrkräfte. Im Vorgespräch mit der Schulleiterin äußerte diese, dass sich 90 Prozent des Kollegiums das Projekt „Schulentwicklung" wünscht. Dann hat die Schulleiterin uns ihre Wünsche dargestellt, was sie gerne hätte und wohin der Weg gehen solle. Daraufhin mussten wir ihr erklären, dass es der Wunsch aller sein müsse, dass wir die Bedürfnisse des gesamten Kollegiums abfragen würden, dass sich daraus dann die Ziele entwickeln würden, und dass ihre persönlichen Wünsche nicht ausschlaggebend seien.

Sie ist ein bisschen über das Kollegium hergezogen. Es sei träge, und man müsse die Lehrkräfte ständig zu Aktivitäten mobilisieren. Die Kinder würden zu wenig gefördert, weil die Kollegen sich zu wenig Mühe geben würden. Auch die Elternbeteiligung sei sehr spärlich. Das hat sie zum Teil auch auf die Kollegen geschoben.

Auf der SchILF (Schulhausinterne Fortbildung) haben wir dann unsere SOFT-Analyse[4] durchgeführt. Als Ziel hat sich herauskristallisiert, dass das Kollegium unzufrieden ist. Als Beispiele dafür wurden genannt: Der Informationsfluss von oben nach unten läuft nicht. Sie erfahren eigentlich nichts. Es gibt keine Informationswand, sie werden von heute auf morgen zu einer Konferenz verpflichtet, und ihre Arbeit wird nicht anerkannt. Sie machen sehr viel im Rahmen der Schulhausgestaltung. Es kommt kein Lob oder anerkennendes Wort, sondern es herrscht ein fordernder und unfreundlicher Ton.

---

4 Siehe Anmerkung zur SOFT-Analyse in Fall 36 (S. 204).

2 Fallbearbeitung

▶ **Identifizieren**
Mit welchem Problem sieht sich das Moderatorenteam konfrontiert?

▶ **Interpretieren**
Warum empfinden die Moderatoren die Situation als schwierig?

▶ **Bewerten**
Was bedeutet die vorgefundene Sachlage Ihrer Meinung nach für den anstehenden Schulentwicklungsprozess?

▶ **Handlungs- und Möglichkeitsräume**
Sammeln Sie Reaktionsmöglichkeiten des Moderatorenteams.

Wie hätten Sie reagiert?

In welchem Handlungsfeld (Personal-/Unterrichts- oder Organisationsentwicklung) sollte die Schule Ihrer Meinung nach unbedingt Schulentwicklung betreiben? Nennen Sie für den Bereich konkrete Schwerpunkte. Argumentieren Sie in Ihrer Gruppe!

Lesen Sie nun die folgende Auflösung des Falls. Wie beurteilen Sie den Erfolg des Moderatorenteams bezüglich des Schulentwicklungsprozesses?

> Die Schulleiterin war mit anwesend. Es war natürlich ein bisschen hart für sie, das alles zu hören, aber sie hat sich zurückgehalten. Die Ziele, die sich herauskristallisiert haben und woran man arbeiten wollte, waren, dass der Informationsfluss verstärkt werden sollte und mehr Lob und Anerkennung zum Tragen kommen sollten. Das Kollegium hat in Gruppen zusammengearbeitet und Vorschläge gemacht, wie man den Informationsfluss beschleunigen könnte. Es kamen Anregungen wie Pinnwände im Lehrerzimmer oder ein Informationstisch, Ordner mit Protokollen, so dass man bei Bedarf noch einmal nachsehen kann, wie etwas gelaufen ist. Das Kollegium möchte rechtzeitig zu einer Konferenz eingeladen werden und wünschte sich auch eine Tagesordnung, damit jeder weiß, um was es geht und sich ein bisschen vorbereiten kann. Lob und Anerkennung richteten sich natürlich an die Schulleitung, und zwar sowohl an die Rektorin als auch an die Konrektorin. Am Ende der Veranstaltung hat die Rektorin Stellung dazu bezogen und sich entschuldigt. Sie werde sich in Zukunft bemühen. Wir fanden es gut, dass sie das so aufgenommen hat. Dann aber hat sie sich im Nachgespräch mit der Schulleitung gerechtfertigt und gesagt, dass sie die Forderungen

nicht ganz richtig finde. Sie meint, dass sie alles schon genügend tue. Insofern war die Entschuldigung vor dem Kollegium nicht wirklich echt. Wir haben ihr noch einmal gesagt, dass Lob, Anerkennung und Motivation unheimlich wichtig sind, wenn man möchte, dass das Kollegium mitarbeitet – und sie arbeiten wirklich viel! Wenn nun herauskomme, dass die Kollegen unzufrieden seien und die Fluktuation deswegen auch sehr groß sei, dann müsse sie an ihrem Stil im Umgang mit den Kollegen etwas ändern. Auch dieses Nachgespräch endete mit dem Hinweis, dass wir bei Bedarf gerne wiederkommen. Wir wurden nie mehr eingeladen. An anderen Schulen habe ich ein oder zwei Jahre später plötzlich Kollegen aus dieser Schule wiedergetroffen. Sie haben mir gesagt, es habe sich gar nichts geändert. Im Gegenteil, die Schulleitung sei danach fast noch fordernder gewesen. Mittlerweile sei die Schulleitung an eine andere Schule gewechselt. Das Klima muss ziemlich schlecht gewesen sein.

Interviewpartnerin: Haben Sie eine Vorstellung, warum Sie von der Schulleiterin eingeladen wurden? Welchen Zweck hat sie damit verfolgt?

Moderatorin: Die Ausschreibung kam vom Schulamt. Unserer Meinung nach wurde die Veranstaltung eher als eine Pflicht angesehen, um sich selbst darzustellen. „Diese Schule macht mit!" war wohl eher das Motiv, als dass man innerhalb des Kollegiums etwas weiterbringen wollte. Die Schulleiterin wollte das zwar, aber nur in ihrem Sinne. Die Leute sollten viel arbeiten, und zwar besser gestern als heute. Damit hat sie die Leute überfordert und nicht Rücksicht genommen auf die emotionalen und sozialen Bedürfnisse der einzelnen Lehrkräfte. Eine hochschwangere Kollegin, die an diesem Tag krank war, wurde mittags angerufen und in die Schule zitiert. Das sagt natürlich sehr viel aus. Das Ganze war ein eher unerfreulicher Fall.

Fall 38: Schulentwicklung in einem besonders innovativen Kollegium

Ein kleines Kollegium, das bereits gut zusammenarbeitet, lädt ein Moderatorenteam ein, um seine Arbeit noch effektiver zu gestalten. Es gelingt dem Team, Hinweise auf sinnvolle Handlungsabläufe zu geben und weiteres Wissen beizusteuern. Die Anregungen von außen werden vom Kollegium schnell aufgegriffen und umgesetzt.

1 Falldarstellung

In meiner Rolle als Schulentwicklungsmoderatorin habe ich einen positiv verlaufenen Fall erlebt. Wenn in der Vorinformation, die wir von der Schulleitung bekommen, steht, dass hundert Prozent des Kollegiums hinter dem Vorhaben stehen, dann läuft der von uns begleitete Schulentwicklungsprozess meistens sehr positiv ab.

An einer Schule gibt es ein sehr junges und kleines Kollegium mit einer jungen, neuen Rektorin. Anfangs gab es nur fünf Lehrer und fünf Klassen, die uns zur Schulentwicklung eingeladen haben. Bereits beim Vorgespräch ist herausgekommen, dass wir freie Hand haben und schalten und walten dürften, wie wir wollten. Das Klima im Kollegium ist gut und alle arbeiten auch gut zusammen.

In diesem Schulhaus haben wir bisher bereits drei schulhausinterne Fortbildungen gemacht. Als wir zum ersten Mal dorthin kamen, haben wir erfahren, dass die Schule – die schon über hundert Jahre alt war – umgebaut und renoviert worden ist, und es sollte eine Einweihungsfeier geben. Nun war gewünscht, die Planung und Vorgehensweise für diese Feier zu besprechen. Wir haben den ganzen Nachmittag damit verbracht, nach Möglichkeiten zu suchen, was man machen könnte. Es haben sich wichtige und unwichtigere Dinge herauskristallisiert. Außerdem wurde deutlich, was kurz-, mittel- und längerfristig geplant werden musste und wer was machen sollte. Jeder hat eine Aufgabe übernommen.

Diese Einweihungsfeier hat dann auch stattgefunden und muss sehr gut gelungen sein. Im Nachhinein hat sich das Kollegium bei uns bedankt und gesagt, dass unsere Moderation eine große Hilfe für sie war. Sie waren froh, dass der gesamte Nachmittag für das genutzt wurde, was sie momentan am dringendsten erledigen mussten. Daraufhin wurden wir zu einer zweiten Veranstaltung eingeladen.

Im Schulhaus sind noch eine Förderschule, ein Hort und ein Kindergarten untergebracht. Zwischen diesen Einrichtungen war die Kooperation etwas mühselig, und das Kollegium wollte den Informationsfluss und auch die Zusammenarbeit verbessern.

Auch hier haben sie wieder nach Möglichkeiten gesucht, wie man das Problem lösen könnte: gegenseitige Einladungen und Besuche, Austausch zwischen den verschiedenen Lehrkräften der Schule etc.

Das ist gut angelaufen, und mittlerweile funktioniert die Zusammenarbeit ziemlich gut. In einer dritten Veranstaltung ging es um die Vorbereitung der Evaluation. Das Kollegium hatte immer sehr konkrete Vorstellungen. Sie wollten wissen, was für die Evaluation gemacht werden müsse. Das verlief reibungslos, da meine Tandempartnerin sich gerade mit einer Evaluation befasst hatte. Sie hatte viele Unterlagen dabei und konnte aus ihrem Erfahrungsschatz berichten, worauf zu achten und was zu tun sei. Auch hier haben wir festgelegt, was kurz-, mittel- und langfristig gemacht werden sollte. Das hat alles funktioniert. Die Evaluation soll nach Pfingsten stattfinden, und wir sind sehr gespannt, wie es ablaufen wird.

Das Kollegium ist sehr harmonisch und nimmt sich immer wieder neue Ziele vor.

Interviewpartnerin: Am Beispiel der Evaluation ist mir besonders klar geworden, was Sie für das Kollegium bedeutet haben, da Sie wichtige fachliche Informationen weitergeben konnten.

Wie würden Sie das bei den ersten beiden Zielen sehen? Was haben Sie dem Kollegium geben können, von dem Sie sagen würden, das hätten sie alleine vielleicht nicht so gut hinbekommen?

Moderatorin: Es musste der Anstoß gegeben werden, sich hinzusetzen und wirklich bei einer Thematik zu bleiben. Sie mussten in der Gruppe überlegen, welche Möglichkeiten einer Verbesserung es geben könnte und aus allen Möglichkeiten die effizienteste heraussuchen.

Interviewpartnerin: Es ging also um die Gewichtung.

Moderatorin: Daraufhin muss sofort an die Umsetzung gedacht werden. Man darf die Ideen nicht im Sande verlaufen lassen. Sie mussten so motiviert werden, dass sie es gleich in Angriff nehmen wollten. Es müssen Gespräche mit den Partnern in der Schule geführt werden. Vielleicht wären sie irgendwann auch darauf gekommen, aber dadurch, dass ein Moderatorenteam da ist, fühlen sie sich, glaube ich, dazu verpflichtet, es schnell umzusetzen.

Interviewpartnerin: Durch die Festlegung von kurz-, mittel- und langfristigen Zielen haben Sie den Verlauf bestimmt.

Moderatorin: Das ist eigentlich bei jeder Moderation so, dass sich im Kollegium viele Wunschpunkte herauskristallisieren. Das Wichtigste ist, dass man erkennt, dass nicht alle Ziele gleichermaßen und gleichzeitig verfolgt werden können. Sonst entstehen Unruhe und Lustlosigkeit. Durch die Vergabe von Punkten kristallisiert sich heraus, welche Ziele dem Kollegium am meisten unter den Nägeln brennen. Je kleiner das Kollegium ist, desto weniger Punkte müssen es sein, je größer, desto mehr. Ich denke jedoch nach wie vor, dass mehr als zwei bis drei Ziele gleichzeitig zu behandeln, wenig Sinn macht. Es sei denn, es sind Ziele, die sich in kurzer Zeit erledigen lassen.

2 Fallbearbeitung

Für die Bearbeitung des Falls orientieren Sie sich bitte an den Fragestellungen zu den Fällen 31–37 (S. 175-208).

▶ Identifizieren ▶ Interpretieren ▶ Bewerten
▶ Handlungs- und Möglichkeitsräume

Fall 39: Schule in einer Villengegend

Das Staatliche Schulamt macht allen Schulen seines Bezirks das Angebot, externe Moderatorenteams zur Unterstützung des Schulentwicklungsprozesses für eine gewisse Zeit zur Verfügung zu stellen. Eine Schule in einer Villengegend bewirbt sich mit einem Anmeldebogen dafür.

1 Falldarstellung

Anmeldebogen
Wir haben großes Interesse am Angebot der Schulentwicklungsmoderatoren und übermitteln daher folgende Informationen:

Ansprechpartner: Christian Mustermann (Rektor)
Anzahl der Lehrkräfte: 17   davon **Vollzeit:** 9   **Teilzeit:** 8
Schülerzahl: 320   **Klassenzahl:** 13   **Ausländeranteil:** 15%
Soziales Umfeld: zu je etwa einem Drittel Villengegend, Eigenheimsiedlung und sozialer Wohnungsbau
Besonderheiten der Schule:
Wir führen viele Jahresprojekte durch, z.B.
– „Kinder treffen Künstler"
– Wöchentliche Radiosendung (Schulnachrichten)
– Schulbücherei mit über 2000 Bänden
– Bewirtschaftung des Schulgartens
– Streitschlichterteams und Klassenkonferenzen
Wir haben eine gute Lehr- und Lernmittelausstattung bei gleichzeitig engen räumlichen Verhältnissen. Im Kollegium herrscht eine Atmosphäre der Offenheit und des Vertrauens. Allerdings würden wir gerne unsere Zusammenarbeit intensivieren, auch um die Sicherheit unseres eigenen Auftretens zu stärken.

Welche Vorerfahrungen mit Schulentwicklung bestehen?
Wir aktualisieren jährlich unser Leitbild und veröffentlichen es (per Flyer).
Viele Kollegen/-innen bilden sich regelmäßig fort.

Was soll mit dem Schulentwicklungsprozess erreicht werden?
- Unser 1. Ziel ist effektives Konfliktmanagement – besonders in der Elternarbeit.
- Unser 2. Ziel ist eine Ergänzung unserer didaktisch-methodischen Kompetenzen: Wie lässt sich eine Individualisierung von Unterricht angesichts heterogener Klassen und Gruppen verwirklichen?
- Unser 3. Ziel ist die Entwicklung gemeinsamer pädagogischer Standards: Wie lässt sich dabei ein ausgewogenes Verhältnis zwischen dem pädagogischen Freiraum der einzelnen Lehrkraft und den festgelegten Standards herstellen?

Wie viel Prozent des Kollegiums unterstützen aktiv den Schulentwicklungsprozess?
70% dafür, 5% dagegen, 25% enthalten sich

Datum: 15.11.2006   **Unterschrift:** Christian Mustermann

2 Fallbearbeitung

Für die Bearbeitung des Falls orientieren Sie sich bitte an den Fragestellungen zu den Fällen 31–37 (S. 175-208).

▶ **Identifizieren**   ▶ **Interpretieren**   ▶ **Bewerten**
▶ **Handlungs- und Möglichkeitsräume**

Fall 40: Gespaltenes Kollegium

Zwischen Kollegium und Schulleitung sowie innerhalb der Schulleitung gibt es Kommunikationsprobleme, die die Zusammenarbeit belasten. Eine Referendarin fühlt sich in der Zwickmühle, da sie auf keine Seite gezogen werden will.

1 Falldarstellung

Innerhalb des Kollegiums gibt es eigentlich keine Probleme. Es gibt eher Probleme mit der Rektorin. Die Kommunikation ist sehr, sehr schwierig. Momentan – nach der externen Evaluation – ist es etwas besser, da nun auch erstmals zu Tage kam, dass zwischen Kollegium und Schulleitung Konflikte bestehen. Außerdem ist die Kommunikation innerhalb der Schulleitung schlecht: Konrektorin gegen Rektorin. Ich finde es schwierig, dass man sich – gerade in meiner Situation, da ich sehr abhängig davon bin, wie die Rektorin mich findet, weil sie mich beurteilt – nicht auf eine Seite ziehen lässt. Es ist problematisch, wenn die Konrektorin oder eine ältere Kollegin zu mir kommen und sich gegen die Rektorin äußern. Ich will dann am liebsten gar nichts dazu sagen. Das ist dann immer eine Zwickmühle, in der man steckt. Einerseits hat man Verständnis, da man selbst vielleicht schon einmal so etwas erlebt hat. Andererseits möchte man sich überhaupt nicht dazu äußern oder irgendwie werten, da man ja selbst auch in einem Abhängigkeitsverhältnis steht. Manchmal kommt eine ältere Kollegin zu mir, die sich in der Schule ungerecht behandelt fühlt. Ich habe die Vorfälle, über die sie sich beklagt, sogar selbst beobachtet, aber ich möchte trotzdem nicht, dass die Rektorin mich zusammen mit ihr sieht, weil sie sicher genau weiß, dass sie mir wieder irgendetwas erzählt. Für mich ist das schwer, weil ich mich natürlich auch gerne mit den Kollegen unterhalte und auch hören möchte, was passiert. Ich muss immer aufpassen, dass ich nicht etwa zu lange irgendwo stehen bleibe, weil das möglicherweise schon wieder gewertet wird. Ich weiß es ja nicht sicher. Vielleicht bilde ich es mir auch nur ein. Es wird oft negativ geredet, und ich will das alles eigentlich gar nicht hören, wenn ich persönlich nicht davon betroffen bin und gerade gut mit der Rektorin auskomme. Ich weiß ja selbst, dass es schwierig mit ihr ist.

2 Fallbearbeitung

Für die Bearbeitung des Falls orientieren Sie sich bitte an den Fragestellungen zu den Fällen 31–37 (S. 175-208).

▸ **Identifizieren** ▸ **Interpretieren** ▸ **Bewerten**
▸ **Handlungs- und Möglichkeitsräume**

Literatur

Adorno, Th. W. (1965/1973): Tabus über den Lehrerberuf. In: Adorno, Th. W. (Hrsg.): Erziehung zur Mündigkeit. Frankfurt am Main, S. 70-87.

Aepkers, M. & Liebig, S. (2002): Entdeckendes, forschendes und genetisches Lernen. Hohengehren.

Altrichter, H. & Mayr, J. (2004): Forschung in der Lehrerbildung. In: Blömeke, S.; Reinhold, P.; Tulodziecki, G. & Wildt, J. (Hrsg.): Handbuch Lehrerbildung. Bad Heilbrunn, S. 164-184.

Ascher, T. (2006): Veränderungen im Praktikum – Veränderungen durch das Praktikum. Eine empirische Untersuchung zur Wirkung von schulpraktischen Studien in der Lehrerbildung. In: Allemann-Ghionda, C. & Terhart, E. (Hrsg.): Kompetenzen und Kompetenzentwicklung von Lehrerinnen und Lehrern: Ausbildung und Beruf, 21. Beiheft der Zeitschrift für Pädagogik. Weinheim/ Basel, S. 130-148.

Balke, S. (2003): Die Spielregeln im Klassenzimmer. Das Handbuch zum Trainingsraum-Programm. Bielefeld.

Bauer, K.-O. (2004): Dialog zwischen Schulaufsicht und Schule. Qualitative Analyse von Dialoggesprächen zur Schulprogrammarbeit. In: Holtappels, H.-G. (Hrsg.): Schulprogramme – Instrumente der Schulentwicklung. Weinheim, S. 155-173.

Baumert, J.; Bos, W. & Watermann, R. (2000): Mathematische und naturwissenschaftliche Grundbildung im internationalen Vergleich. In: Baumert, J.; Bos, W. & Lehmann, R. (Hrsg.): TIMSS/III, Band 1. Opladen, S. 135-197.

Baumert, J. (2002): Deutschland im internationalen Bildungsvergleich. In: Killius, N.; Kluge, J. & Reisch, L. (Hrsg.): Die Zukunft der Bildung. Frankfurt am Main, S. 100-150.

Baumert, J.; Artelt, C.; Klieme, E.; Neubrand, M.; Prenzel, M.; Schiefele, U.; Schneider, W.; Schümer, G.; Stanat, P.; Tillmann, K.-J. & Weiß, M. (Hrsg.) (2002): PISA 2000 – Die Länder der Bundesrepublik Deutschland im Vergleich. Opladen.

Baumert, J.; Artelt, C.; Klieme, E.; Neubrand, M.; Prenzel, M.; Schiefele, U.; Schneider, W.; Tillmann, K.-J. & Weiß, M. (Hrsg.) (2003): PISA 2000 – Ein differenzierter Blick auf die Länder der Bundesrepublik Deutschland. Opladen.

Baumert, J.; Blum, W. & Neubrand, M. (2004): Drawing the lessons from PISA 2000: Long term research implications. In: Lenzen, D.; Baumert, J.; Watermann, R. & Trautwein, U. (Hrsg.): PISA und die Konsequenzen für die erziehungswissenschaftliche Forschung. Zeitschrift für Erziehungswissenschaft, Beiheft 3. Wiesbaden, S. 143-157.

Baumert, J. & Kunter, M. (2006): Stichwort: Professionelle Kompetenz von Lehrkräften. In: Zeitschrift für Erziehungswissenschaft, 9 (4), S. 469-520.

Becker, G. E. (2006): Lehrer lösen Konflikte. Handlungshilfen für den Schulalltag. Weinheim.

Becker, P. (1995): Seelische Gesundheit und Verhaltenskontrolle. Göttingen u.a.

Blömeke, S. (2004): Empirische Befunde zur Wirksamkeit der Lehrerbildung. In: Blömeke, S.; Reinhold, P.; Tulodziecki, G. & Wildt, J. (Hrsg.): Handbuch Lehrerbildung. Bad Heilbrunn, S. 59-92.

Bönsch, M. (2002a): Lernpartitur I: Lernen an Stationen. In: Ders. (Hrsg.): Selbstgesteuertes Lernen in der Schule. Praxisbeispiele aus unterschiedlichen Schulformen. Neuwied, S. 162-167.

Bönsch, M. (2002b): Die Modellierung von individuellen und kooperativen Lernwegen. In: Ders. (Hrsg.): Selbstgesteuertes Lernen in der Schule. Praxisbeispiele aus unterschiedlichen Schulformen. Neuwied, S. 145-206.

Bönsch, M. (2002c): Selbstgesteuertes Lernen in der Schule. Praxisbeispiele aus unterschiedlichen Schulformen. Neuwied.

Bohl, T. (2003): Neuer Unterricht – neue Leistungsbewertung. Grundlagen und Kontextbedingungen eines veränderten Bewertungsverständnisses. In: Vorndran, O. & Schnoor, D. (Hrsg.): Schulen für die Wissensgesellschaft. Ergebnisse des Netzwerkes Medienschulen. Gütersloh, S. 211-231.

Bohl, T. (2004): Prüfen und Bewerten im offenen Unterricht. Weinheim.

Bohnsack, F. (2000): Probleme und Kritik der universitären Lehrerausbildung. In: Bayer, M.; Bohnsack, F.; Koch-Priewe, B. & Wildt, J. (Hrsg.): Lehrerin und Lehrer werden ohne Kompetenzen? Professionalisierung durch eine andere Lehrerbildung. Bad Heilbrunn, S. 52-123.

Bos, W. (2008): TIMSS 2007. Mathematische und naturwissenschaftliche Kompetenzen von Grundschulkindern in Deutschland im internationalen Vergleich. Münster.

Bräu, K. (2005): Individualisierung des Lernens – Zum Lehrerhandeln bei der Bewältigung eines Balanceproblems. In: Bräu, K. & Schwerdt, U. (Hrsg.): Heterogenität als Chance. Vom produktiven Umgang mit Gleichheit und Differenz in der Schule. Münster, S. 129-149.

Braune, A. (2008): Motivation. In: Kiel, E. (Hrsg.): Unterricht sehen, analysieren, gestalten. Bad Heilbrunn, S. 37-64.

Braunmühl, E. von (1988): Antipädagogik. Studien zur Abschaffung der Erziehung. Weinheim/Basel.

Brezinka, W. (Hrsg.) (1990): Grundbegriffe der Erziehungswissenschaft. München.

Bronfenbrenner, U. (1993): Die Ökologie der menschlichen Entwicklung. Natürliche und geplante Experimente. Stuttgart.

Brophy, J. (2002): Gelingensbedingungen von Lernprozessen. Landesinstitut für Schule und Weiterbildung des Landes NRW, Fortbildungsmaßnahme „Schulprogramm und Evaluation". Soest (Übersetzung von Brophy, J. E. (2000): Teaching. Educational Practices Series, Vol. 1. Brussels: International Academy of Education & International Bureau of Education. Internet: www.ibe.unesco.org).

Brunner, M.; Kunter, M.; Krauss, S.; Baumert, J.; Blum, W.; Dubberke, T.; Jordan, A.; Klusmann, U.; Tsai, Y.-M. & Neubrand, M. (2006): Welche Zusammenhänge bestehen zwischen dem fachspezifischen Professionswissen von Mathematiklehrkräften und ihrer Ausbildung sowie beruflichen Fortbildung? In: Zeitschrift für Erziehungswissenschaft, 9 (4), S. 521-544.

Büchner, R. (2006): Soziale Kompetenz und Gewaltprävention – das Interventionsprogramm „Konfrontative Pädagogik in der Schule". In: Kilb, R.; Weidner, J. & Gall, R. (Hrsg.): Konfrontative Pädagogik in der Schule. Anti-Aggressivitäts- und Coolnesstraining. Weinheim/München, S. 161-218.

Buhren, C. G. & Rolff, H.-G. (2002): Personalentwicklung in Schulen. Konzepte, Praxisbausteine, Methoden. Weinheim.

Bundesministerium für Familie, Senioren, Frauen und Jugend (2006): Einstellungen zur Erziehung. Kurzbericht zu einer repräsentativen Bevölkerungsumfrage im Frühjahr 2006. (Internet: www.bmfsfj.de)

Cognition and Technology Group at Vanderbilt (1997): The Jasper project: Lessons in curriculum, instruction, assessment, and professional development. Mahwah, NJ.

Collins, A.; Brown, J. S. & Newman, S. E. (1989): Cognitive apprenticeship: Teaching the crafts of reading, writing and mathematics. In: Resnick, L. B. (Hrsg.): Knowing, learning and instruction. Essays in the honour of Robert Glaser. Hillsdale, NJ, S. 453-494.

Combe, A. & Kolbe, F.-U. (2008): Lehrerprofessionalität: Wissen, Können, Handeln. In: Helsper, W. & Böhme, J. (Hrsg.): Handbuch der Schulforschung. Wiesbaden, S. 857-875.

Czerwenka, K. (1996): Belastungen im Lehrerberuf und ihre Bewältigung. In: Bildung und Erziehung, 49, S. 295-315.

Czerwenka, K. (2005): Lehrerprofessionalität zwischen Theorie und Praxis. In: Büttner, G.; Sauter, F. & Schneider, W. (Hrsg.): Empirische Schul- und Unterrichtsforschung. Lengerich, S. 17-32.

Dalin, P. (1999): Theorie und Praxis der Schulentwicklung. Neuwied.

Dawydow, W. W. (1982): Inhalt und Struktur der Lerntätigkeit. In: Dawydow, W. W.; Lompscher, J. & Kapitonowa, M. A. (Hrsg.): Ausbildung der Lerntätigkeit bei Schülern. Moskau, S. 14-35.

Dickenberger, D. (1985): Reaktanz in der Erziehung. In: Bildung und Erziehung, 38, S. 441-453.

Dietrich, G. (1983): Allgemeine Beratungspsychologie. Göttingen.

Ditton, H. (2000): Qualitätskontrolle und -sicherung in Schule und Unterricht – ein Überblick zum Stand der empirischen Forschung. In: Helmke, A.; Hornstein, W. & Terhart, E. (Hrsg.): Qualitätssicherung im Bildungsbereich. Zeitschrift für Pädagogik, 41. Beiheft. Weinheim, S. 73-92.

Ditton, H. (2002): Unterrichtsqualität – Konzeptionen, methodische Überlegungen und Perspektiven. In: Unterrichtswissenschaft, 30, S. 197-212.

Dubs, R. (2008): Lehrerbildung zwischen Theorie und Praxis. In: Lankes, E.-M. (Hrsg.): Pädagogische Professionalität als Gegenstand empirischer Forschung. Münster, S. 11-28.

Doyle, W. (1986): Classroom organization and management. In: Wittrock, M. C. (Hrsg.): Handbook of Research on Teaching. New York, S. 392-431.

Eikenbusch, G. (1998): Praxishandbuch Schulentwicklung. Berlin.

Fichten, W. & Meyer, H. (2006): Kompetenzentwicklung durch Lehrerforschung – Möglichkeiten und Grenzen. In: Allemann-Ghionda, C. & Terhart, E. (Hrsg.): Kompetenzen und Kompetenzentwicklung von Lehrerinnen und Lehrern: Ausbildung und Beruf, 21. Beiheft der Zeitschrift für Pädagogik. Weinheim/Basel, S. 267-282.

Flagmeyer, D.; Hoppe-Graff, S. & Stalling, B. (2007): Der gute Lehrer und das Theorie-Praxis-Problem in der Lehramtsausbildung: Erste Ergebnisse einer Befragung von Referendaren. In: Flagmeyer, D. & Rotermund, M. (Hrsg.): Mehr Praxis in der Lehrerbildung – aber wie? Leipzig, S. 177-199.

Frey, H.-P. (1987) (Hrsg.): Identität. Entwicklungen psychologischer und soziologischer Forschung. Stuttgart.

Frey, K. (1990): Allgemeine Didaktik. Zürich.

Galperin, P. J. (1979): Die geistige Handlung als Grundlage für die Bildung von Gedanken und Vorstellungen. In: Galperin, P. J. & Däbritz, E. (Hrsg.): Probleme der Lerntheorie. Berlin, S. 29-42.

Gehrke, H. J. (2009): Als müsste das Rad neu erfunden werden. Zur Zielbestimmung universitärer Lehre. In: Forschung & Lehre, 11/09, S. 816-818.

Gerstenmaier, J. & Mandl, H. (1995): Wissenserwerb unter konstruktivistischer Perspektive. Zeitschrift für Pädagogik, 41, S. 867-888.

Giesecke, H. (1995): Wozu ist die Schule da? In: Neue Sammlung, Heft 3, S. 93-104.

Glöckel, H. (1990): Vom Unterricht. Lehrbuch der allgemeinen Didaktik. Bad Heilbrunn.

Gonschorek, G. & Schneider, S. (2005): Einführung in die Schulpädagogik und die Unterrichtsplanung. Donauwörth.

Gräsel, C. (1997): Problemorientiertes Lernen. Göttingen.

Greeno, J. G. (1989): Situations, mental models and generative knowledge. In: Klahr, D. & Kotovsky, K. (Hrsg.): Complex information processing: The impact of Herbert A. Simon. Hillsdale, NJ, S. 285-318.

Greeno, J. G.; Smith, D. R. & Moore, C. (1993): Transfer of situated learning. In: Detterman, D. K. & Sternberg, R. J. (Hrsg.): Transfer on trial: Intelligence, cognition, and instruction, Norwood, NJ, S. 93-167.

Gudjons, H. (2003): Pädagogisches Grundwissen. Bad Heilbrunn.

Gudjons, H. (2007): Frontalunterricht – neu entdeckt. Integration in offene Unterrichtsformen. Bad Heilbrunn.

Halász, G.; Santiago, P.; Ekholm, M.; Matthews, P. & McKenzie, Ph. (2004): Anwerbung, berufliche Entwicklung und Verbleib von qualifizierten Lehrerinnen und Lehrern. Länderbericht: Deutschland. Paris: OECD. (Internet: www.kmk.org/fileadmin/pdf/PresseUndAktuelles/2004/Germany_Country_Note_Endfassung_deutsch.pdf)

Hegele, I. (1999) (Hrsg.): Lernziel: Stationenarbeit. Weinheim.

Heimann, P.; Schulz, W. & Otto, G. (1965): Unterricht – Analyse und Planung. Hannover.

Heller, K. A. (2001): Hochbegabung im Kindes- und Jugendalter. Göttingen.

Helmke, A. (2003): Unterrichtsqualität. Erfassen – bewerten – verbessern. Seelze.

Helmke, A. (2009): Unterrichtsqualität und Lehrerprofessionalität. Diagnose, Evaluation und Verbesserung des Unterrichts. Seelze.

Helsper, W. (2001): Praxis und Reflektion – die Notwendigkeit einer „doppelten Professionalisierung" des Lehrers. In: journal für lehrerInnenbildung, 1 (3), S. 7-15.

Hennig, C. & Ehinger, W. (2003): Das Elterngespräch in der Schule. Von der Konfrontation zur Kooperation. Donauwörth.

Hentig, H. von (2007): Bildung: Ein Essay. Weinheim.

Herbart, J. F. (1986): Systematische Pädagogik. Eingeleitet, ausgewählt und interpretiert von D. Brenner. Stuttgart.

Herrmann, U. & Hertramph, H. (1997): Reflektierte Berufserfahrung und subjektiver Qualifikationsbedarf – Eine Pilotstudie mit Lehrerinnen und Lehrern an Schulen in Ulm. Fragestellungen – Vorgehensweise – Ergebnisse. In: Buchen, S.; Carle, U. & Döbrich, P. (Hrsg.): Jahrbuch für Lehrerforschung 1. Weinheim, S. 139-163.

Hillert, A. (2004): Das Anti-Burnout-Buch für Lehrer. München.

Hillert, A. & Marwitz, M. (2006): Die Burnout-Epidemie, oder: Brennt die Leistungsgesellschaft aus? München.

Hoban, G. S. (2005): Developing a Multi-linked Conceptual Framework for Teacher Education Design. In: Ders. (Hrsg.): The Missing Links in Teacher Education Design. Dordrecht u.a., S. 1-17.

Holzkamp, K. (1984): Der Weg der Kritischen Psychologie zur Subjektwissenschaft. In: Forum Kritische Psychologie 14: Argument Sonderband 114, S. 5-55.

Huber, A. (2004) (Hrsg.): Kooperatives Lernen – kein Problem. Effektive Methoden der Partner- und Gruppenarbeit. Leipzig.

Jürgens, E. (2006): Lebendiges Lernen in der Grundschule. Ideen und Praxisbausteine für einen schüleraktiven Unterricht. Weinheim.

Kamlah, W. & Lorenzen, P. (1973): Logische Propädeutik oder Vorschule des vernünftigen Redens. Mannheim.

Kammermeyer, G. & Martschinke, S. (2003): Schulleistung und Fähigkeitsselbstbild im Anfangsunterricht – Ergebnisse aus dem KILIA-Projekt. In: Empirische Pädagogik, 17 (4), S. 486-503.

Kant, I. (1803/1983): Über Pädagogik. In: Weischedel, W. (Hrsg.): Werke in zehn Bänden. Band X. Darmstadt, S. 691-764.

Kiel, E. (1999): Erklären als didaktisches Handeln. Würzburg.

Kiel, E. (1999): Cognitive Apprenticeship. In: Peterßen, W. H. (Hrsg.): Kleines Methodenlexikon. München u.a., S. 54ff.

Kiel, E. & Rost, F. (2002). Einführung in die Wissensorganisation. Grundlegende Probleme und Begriffe. Würzburg.

Kiel, E. (2004): Klassenführung. In: Apel, H. J. & Sacher, W. (Hrsg.): Einführung in die Schulpädagogik. Bad Heilbrunn, S. 342-359.

Kiel, E. (2008a): Strukturierung. In: Ders. (Hrsg.): Unterricht sehen, analysieren und gestalten. Bad Heilbrunn, S. 21-35.

Kiel, E. (2008b) (Hrsg.): Unterricht sehen, analysieren, gestalten. Bad Heilbrunn.

Kiel, E. (2009): Unterrichtsforschung. In: Tippelt, R. & Schmidt, B. (Hrsg.): Handbuch Bildungsforschung. Wiesbaden, S. 773-790.

Klafki, W. (1996): Neue Studien zu Bildungstheorie und Didaktik. Zeitgemäße Allgemeinbildung und kritisch-konstruktive Didaktik. Weinheim.

Klingberg, L. (1995): Lehren und Lernen. Inhalt und Methode. Zur Systematik und Problemgeschichte didaktischer Kategorien. Oldenburg.

Krauss, S. (2007): Wie professionsspezifisch sind das fachdidaktische Wissen und das Fachwissen von Mathematiklehrkräften? In: Beiträge zum Mathematikunterricht 2007. Vorträge auf der 41. Tagung für Didaktik der Mathematik vom 26.–30. März 2007 in Berlin. Hildesheim. (Internet: www.mathematik.uni-dortmund.de/ieem/BzMU/BzMU2007/Krauss.pdf)

Krieger, C. G. (2005): Wege zu offenen Unterrichtsformen. Leitfaden zur Unterrichtsgestaltung für die Sekundarstufe. Hohengehren.

Kolbe, F.-U. (2004): Das Verhältnis von Wissen und Handeln. In: Blömeke, S.; Reinhold, P.; Tulodziecki, G. & Wildt, J. (Hrsg.): Handbuch Lehrerbildung. Bad Heilbrunn, S. 205-230.

Kolbe, F.-U & Combe, A. (2008): Lehrerbildung. In: Helsper, W. & Böhme, J. (Hrsg.): Handbuch der Schulforschung. Wiesbaden, S. 877-901.

Kultusministerkonferenz (2000/2004): Rahmenvorgaben für die Einführung von Leistungspunkten und die Modularisierung von Studiengängen. Beschluss vom 15.9.2000, in der Fassung vom 22.10.2004. (Internet: www.kmk.org/fileadmin/veroeffentlichungen_beschluesse/2000/2000_09_15-Rahmenvorgabe-Leistungspunkte-Studium.pdf)

Kultusministerkonferenz (2009): Weiterentwicklung des Bologna-Prozesses. Beschluss der 327. Kultusministerkonferenz am 15.10.2009. (Internet: www.kmk.org/presse-und-aktuelles/meldung/weiterentwicklung-des-bologna-prozesses.html)

Kunter, M.; Tsai, Y.-M.; Klusmann, U.; Brunner, M.; Krauss, S. & Baumert, J. (2008): Students' and mathematics teachers' perceptions of teacher enthusiasm and instruction. Learning and Instruction, 18 (5), S. 468-482.

Larcher, S. & Oelkers, J. (2004): Deutsche Lehrerbildung im internationalen Vergleich. In: Blömeke, S.; Reinhold, P. & Tulodziecki, G. & Wildt, J. (Hrsg.): Handbuch Lehrerbildung. Bad Heilbrunn, S. 128-150.

Lave, J. (1991): Situated learning in communities of practice. In: Resnick, L. B.; Levine, J. M. & Teasley, S. D. (Hrsg.): Perspectives on socially shared cognition. Washington, DC, S. 63-82.

Lazarus, R. S. & Folkman, S. (1984): Stress, appraisal and coping. New York.

Lersch, R. (2006): Lehrerbildung im Urteil der Auszubildenden. Eine empirische Studie zu beiden Phasen der Lehrerausbildung. In: Allemann-Ghionda, C. & Terhart, E. (Hrsg.): Kompetenzen und Kompetenzentwicklung von Lehrerinnen und Lehrern: Ausbildung und Beruf, 21. Beiheft der Zeitschrift für Pädagogik. Weinheim/Basel, S. 164-181.

Lewin, K. (1948): Resolving social conflicts. New York.

Liebenwein, S. (2008): Erziehung und soziale Milieus. Elterliche Erziehungsstile in milieuspezifischer Differenzierung. Wiesbaden.

Lingenkamp, F. (2009): Operante Methoden. In: Schneider, S. & Margraf, J. (Hrsg.): Lehrbuch der Verhaltenstherapie. Band 3: Störungen im Kindes- und Jugendalter. Heidelberg, S. 209-220.

Lipowsky, F. (2006): Auf den Lehrer kommt es an. Empirische Evidenzen für Zusammenhänge zwischen Lehrerkompetenzen, Lehrerhandeln und dem Lernen der Schüler. In: Zeitschrift für Pädagogik, 51, S. 47-65.

Lowyck, J. & Elen, J. (1991): Wandel in der theoretischen Fundierung des Instruktionsdesigns. In: Unterrichtswissenschaft, 19, S. 218-237.

Lowyck, J. (1991): The field of instructional design. In: Lowyck, J.; DePotter, P. & Elen, J. (Hrsg.): Instructional design: Implementation issues. Proceedings of the I.B.M./V.U. Leuven Conference. La Hulpe, S. 1-30.

Luckner, J. L. & Nadler, R. S. (1997): Processing the Experience. Strategies to enhance and generalize learning. Dubuque, Iowa.

Luhmann, N. (1997): Die Gesellschaft der Gesellschaft, Band 2. Frankfurt am Main.

Luhmann, N. (2004a): Codierung und Programmierung. Bildung und Selektion im Erziehungssystem. In: Lenzen, D. (Hrsg.): Niklas Luhmann. Schriften zur Pädagogik. Frankfurt am Main, S. 23-47.

Luhmann, N. (2004b): Strukturelle Defizite. Bemerkungen zur systemtheoretischen Analyse des Erziehungssystems. In: Lenzen, D. (Hrsg.): Niklas Luhmann. Schriften zur Pädagogik. Frankfurt am Main, S. 91-110.

Luhmann, N. (2006): Soziale Systeme. Grundriß einer allgemeinen Theorie. Frankfurt am Main.

Maccoby, E. E. & Martin, J. A. (1983): Socialization in the context of the family: Parent-child-interaction. In: Hetherington, E. M. (Hrsg.): Handbook of child psychology, Vol. 4: Socialization, personality, and social development. New York, S. 1-102.

Martschinke, S.; Kammermeyer, G. & Kopp, B. (2008): Qualitative und quantitative Methoden verknüpfen – Chancen für die Grundschulforschung am Beispiel der KILIA-Studie. In: Hellmich, F. (Hrsg.): Lehr-Lernforschung und Grundschulpädagogik. Bad Heilbrunn, S. 45-161.

Merkens, H. (2003): Lehrerbildung in der Diskussion: Kriterien und Eckpunkte für eine Neuordnung. In: Ders. (Hrsg.): Lehrerbildung in der Diskussion. Opladen, S. 9-22.

Merrill, M. D. (1992): Constructivism and Instructional Design. In: Duffy, T. M. & Jonassen, D. H. (Hrsg.): Constructivism and the Technology of Instruction: A Conversation. Hillsdale, NJ, S. 99-114.

Merrill, M. D. (2002): First Principles of Instruction. In: Educational Technology Research and Development, 50 (3), S. 43-59.

Meyer, H. (1997): Schulpädagogik. Bd. 1: Für Anfänger. Berlin.

Meyer, H. (2002): Schulentwicklung. In: Kiper, H.; Meyer, H. & Topsch, W. (Hrsg.): Einführung in die Schulpädagogik. Berlin, S. 183-193.

Meyer, H. (2003): Skizze eines Stufenmodells zur Analyse von Forschungskompetenzen. In: Obolenski, A. & Meyer, H. (Hrsg.): Forschendes Lernen. Bad Heilbrunn, S. 99-115.

Meyer, H. (2004): Was ist guter Unterricht? Berlin.

Meyer, M. A. (2008): Unterrichtsplanung aus der Perspektive der Bildungsgangforschung. In: Zeitschrift für Erziehungswissenschaft, 10. Jg., Sonderheft 9, S. 117-137.

Müller-Fohrbrodt, G. (1999): Konflikte konstruktiv bearbeiten lernen. Zielsetzungen und Methodenvorschläge. Opladen.

Nolting, H.-P. (2007): Störungen in der Schulklasse. Ein Leitfaden zur Vorbeugung und Konfliktlösung. Weinheim/Basel.

Oelkers, J. (2001a): Einführung in die Theorie der Erziehung. Weinheim.

Oelkers. J. (2001b): Welche Zukunft hat die Lehrerbildung? In: Zeitschrift für Pädagogik, 43. Beiheft, S. 151-164.

Oser, F. (2001): Standards: Kompetenzen von Lehrpersonen. In: Oser, F. & Oelkers, J. (Hrsg.): Die Wirksamkeit der Lehrerbildungssysteme. Zürich, S. 215-342.

Paradies, L.; Wester, F. & Greving, J. (2005): Leistungsmessung und -bewertung. Berlin.

Parsons, T. (1971): The System of Modern Societies. Englewood Cliffs, NJ.

Phelan, A. M. (2005): On Discernment: The Wisdom of Practice and the Practice of Wisdom in Teacher Education. In: Hoban, G. S. (Hrsg.) (2005): The Missing Links in Teacher Education Design. Dordrecht u.a., S. 57-73.

Philipp, E. & Rolff, H.-G. (2004): Schulprogramme und Leitbilder entwickeln. Ein Arbeitsbuch. Weinheim/Basel.

Pieper, A. & Schley, W. (1983): Systembezogene Beratung in der Schule. Materialien aus der Beratungsstelle für soziales Lernen am Fachbereich der Universität Hamburg, Band 6.

Premack, D. (1965): Reinforcement Theory. In: Levine, D. (Hrsg.): Nebraska symposium on motivation, Vol. 13, Lincoln, NE, S. 123-180.

Rahm, S. (2005): Einführung in die Theorie der Schulentwicklung. Weinheim.

Rahm, S. & Schröck, N. (2007): Schulentwicklung – von verwalteten Schulen zu lernenden Organisationen. In: Apel, H. J. & Sacher, W. (Hrsg.): Studienbuch Schulpädagogik. Bad Heilbrunn, S. 155-174.

Ramm, G.; Prenzel, M.; Heidemeier, H. & Walter, O. (2004): Soziokultureller Hintergrund: Migration. In: PISA-Konsortium Deutschland (Hrsg.): PISA 2003. Der Bildungsstand der Jugendlichen in Deutschland – Ergebnisse des zweiten internationalen Vergleichs. Münster, S. 254-272.

Redlich, A. & Schley, W. (1978): Kooperative Verhaltensmodifikation im Unterricht. München.

Reh, S. & Rabenstein, K. (2005): „Fälle" in der Lehrerausbildung. Schwierigkeiten und Grenzen ihres Einsatzes. In: journal für lehrerinnen- und lehrerbildung, 5. Jg., H. 4, S. 47-54.

Reigeluth, C. M. & Stein, E. S. (1983): The elaboration theory of instruction. In: Reigeluth, C. M. (Hrsg.): Instructional-design theories and models: An overview of their current Status. Hillsdale, NJ, S. 335-382.

Reinmann, G. & Mandl, H. (2006): Unterrichten und Lernumgebungen gestalten. In: Krapp, A. & Weidenmann, B. (Hrsg.): Pädagogische Psychologie. Weinheim, S. 613-658.

Renkl, A. (2006): Träges Wissen. In: Rost, D. H. (Hrsg.): Handwörterbuch Pädagogische Psychologie. Weinheim, S. 778-782.

Resnick, L. B. (1987): Learning in school and out. In: Educational researcher, 16 (4), S. 13-20.

Resnick, L. B. (1991): Shared cognition: Thinking as social practice. In: Resnick, L. B.; Levine, J. B. & Teasley, S. D. (Hrsg.): Perspectives on socially shared cognition. Washington, DC, S. 1-20.

Riedl, A. (2008): Innere Differenzierung – Herausforderung für modernen Unterricht. (Internet: www.lrz-muenchen.de/~riedlpublikationen/pdf/inneredifferenzierungriedl2008.pdf)

Rindermann, H. & Oubaid, V. (1999): Auswahl von Studienanfängern durch Universitäten – Kriterien, Verfahren und Prognostizierbarkeit des Studienerfolgs. In: Zeitschrift für Differentielle und Diagnostische Psychologie, 20 (3), S. 172-191.

Rogoff, B. (1990): Apprenticeship in thinking: Cognitive development in social context. New York.

Rolff, H.-G. (2007): Studien zu einer Theorie der Schulentwicklung. Weinheim.

Rost, D. H. & Schilling, S. R. (2006): Hochbegabung. In: Rost, D. H. (Hrsg.): Handwörterbuch Pädagogische Psychologie. Weinheim, S. 233-245.

Saalfrank, W.-T. (2005): Schule zwischen staatlicher Aufsicht und Autonomie: Konzeptionen und bildungspolitische Diskussion in Deutschland und Österreich im Vergleich. Würzburg.

Saalfrank, W.-T. (2008): Differenzierung. In: Kiel, E. (Hrsg.): Unterricht sehen, analysieren, gestalten. Bad Heilbrunn. S. 65-95.

Sacher, W. (2009): Leistungen entwickeln, überprüfen und beurteilen. Bad Heilbrunn.

Schaarschmidt, U. (2005) (Hrsg.): Halbtagsjobber? Psychische Gesundheit im Lehrerberuf – Analyse eines veränderungsbedürftigen Zustands. Weinheim/Basel.

Schaefers, Ch. (2002): Forschung zur Lehrerausbildung in Deutschland – eine bilanzierende Übersicht der neueren empirischen Studien. In: Schweizerische Zeitschrift für Bildungswissenschaften, 21. Jg., H. 1, S. 65-68.

Schneewind, K. A. & Böhmert, B. (2008): Kinder im Grundschulalter kompetent erziehen. Der interaktive Elterncoach „Freiheit in Grenzen". Bern.

Schnotz, W. (2006): Pädagogische Psychologie. Weinheim.

Scholz, I. (2007): Es ist normal, verschieden zu sein – Unterrichten in heterogenen Klassen. In: Scholz, I. (Hrsg.): Der Spagat zwischen Fördern und Fordern: Unterrichten in heterogenen Klassen. Göttingen, S. 7-23.

Schulz von Thun, F. (2006): Miteinander reden 1: Störungen und Klärungen. Reinbek bei Hamburg.

Schratz, M. & Steiner-Löffler, U. (1998): Die Lernende Schule. Weinheim/ Basel.

Schwarzer, C. & Posse, N. (2008): Schulberatung. In: Schneider, W. & Hasselhorn, M. (Hrsg.): Handbuch der Pädagogischen Psychologie, Bd. 10. Göttingen, S. 441-451.

Seel, N. M., & Dijkstra, S. (1997): General Introduction. In: Dijkstra, S.; Seel, N. M.; Schott, F. & Tennyson, R. D. (Hrsg.): Instructional Design: International Perspectives. Volume II: Solving Instructional Design Problems. Mahwah, NJ, S. 1-13.

Sekretariat der Ständigen Konferenz der Kultusminister der Länder (2004): Standards für die Lehrerbildung: Bildungswissenschaften. Internet: (Internet: www.kmk.org/fileadmin/veroeffentlichungen_beschluesse/2004/2004_12_16-Standards-Lehrerbildung.pdf)

Sekretariat der Ständigen Konferenz der Kultusminister der Länder (2008): Ländergemeinsame inhaltliche Anforderungen für die Fachwissenschaften und Fachdidaktiken in der Lehrerinnen- und Lehrerbildung. (Internet: www.kmk.org/fileadmin/veroeffentlichungen_beschluesse/Ohne_Datum/00_00_00-Lehrerbildung-in-Deutschland.pdf)

Snoek, M. (2008): Lehrerausbildung: Gemeinsame Verantwortung von Lehrerbildungsinstituten und Schulen. In: journal für lehrerinnen- und lehrerbildung, 8. Jg., H. 3, S. 22-29.

Spiro, R. J. & Jehng, J. C. (1990): Cognitive flexibility and hypertext: Theory and technology for the nonlinear and multidimensional traversal of complex subject matter. In: Nix, D. & Spiro, R.

J. (Hrsg.): Cognition, education and multimedia: Exploring ideas in high technology, Hillsdale, NJ, S. 163-205.

Stigler, J. W. & Hiebert, J. (1997): Understanding and improving classroom mathematics instruction. An overview of the TIMSS video study. In: Phi-Delta-Kappan, 79, S. 14-21.

Sweller, J. (2005): Implications of cognitive load theory for multimedia learning. In: Mayer, R. E. (Hrsg.): The Cambridge Handbook of Multimedia Learning. New York, NY, S. 19-30.

Sweller, J. (2006): How the Human Cognitive System Deals with Complexity. In: Elen, J. & Clark, R. E. (Hrsg.): Handling Complexity in Learning Environments: Theory and Research. Amsterdam, S. 13-24.

Tausch, R. & Tausch, A. M. (1973): Erziehungspsychologie. Göttingen.

Terhart, E. (2006): Was wissen wir über gute Lehrer? In: Pädagogik, H. 5, S. 42-47.

Terhart, E. (2000) (Hrsg.): Perspektiven der Lehrerbildung in Deutschland. Abschlussbericht der von der Kultusministerkonferenz eingesetzten Kommission. Weinheim/Basel.

Terhart, E. (2001): Lehrerberuf und Lehrerbildung. Forschungsbefunde, Problemanalysen, Reformkonzepte. Weinheim/Basel.

Terhart, E. (2005): Grundschularbeit als Beruf. In: Einsiedler, W. u.a. (Hrsg.): Handbuch Grundschulpädagogik und -didaktik. Bad Heilbrunn, S. 129-140.

Terhart, E. (2007): Standard in der Lehrerbildung – eine Einführung. In: Unterrichtswissenschaft, 35. Jg., H. 1, S. 2-14.

Terhart, E. (2008): Die Lehrerbildung. In: Cortina, K. S.; Baumert, J.; Leschinsky, A.; Mayer, K. U. & Trommer, L.: (Hrsg.): Das Bildungswesen in der Bundesrepublik Deutschland. Reinbek bei Hamburg, S. 745-772.

Ulich, K. (1996): Lehrer/innen-Ausbildung im Urteil der Betroffenen. Ergebnisse und Folgerungen. In: Die Deutsche Schule, 88. Jg., H. 1, S. 41-53.

Weinert, F. E.; Schrader, F.-W. & Helmke, A. (1990): Unterrichtsexpertise – ein Konzept zur Verringerung der Kluft zwischen zwei theoretischen Paradigmen. In: Alisch, L.-M.; Baumert, J. & Beck, K. (Hrsg.): Professionswissen und Professionalisierung. Braunschweiger Studien zur Erziehungs- und Sozialarbeitswissenschaft, Bd. 28. Braunschweig, S. 173-206.

Weinert, F. E. & Helmke, A. (1996): Der gute Lehrer: Person, Funktion oder Fiktion? In: Leschinsky, A. (Hrsg.): Die Institutionalisierung von Lehren und Lernen. Weinheim, S. 223-233.

Winkel, R. (2009): Der gestörte Unterricht. Diagnostische und therapeutische Möglichkeiten. Baltmannsweiler.

Wischer, B. (2008): „Binnendifferenzierung ist ein Wort für das schlechte Gewissen des Lehrers". In: Erziehung & Unterricht, 158 (9/10), S. 714-722.

Wissenschaftlicher Beirat für Familienfragen (2005) (Hrsg.): Familiale Erziehungskompetenzen. Beziehungsklima und Erziehungsleistungen in der Familie als Problem und Aufgabe. Weinheim/München.

Witte, E. H. (1994): Lehrbuch Sozialpsychologie. Weinheim.

Woolfolk, A. (2008): Pädagogische Psychologie. München.

Wygotski, L. S. (1964): Denken und Sprechen. Frankfurt.

Zeichner, K. (2006): Konzepte von Lehrerexpertise und Lehrerausbildung in den Vereinigten Staaten. In: Allemann-Ghionda, C. & Terhart, E. (Hrsg.): Kompetenzen und Kompetenzentwicklung von Lehrerinnen und Lehrern: Ausbildung und Beruf, 21. Beiheft der Zeitschrift für Pädagogik. Weinheim/Basel, S. 97-113.

Zimbardo, P. & Gerrig, R. (2008): Psychologie. München et al.

Zocher, U. (2000): Entdeckendes Lernen lernen. Zur praktischen Umsetzung eines pädagogischen Konzepts in Unterricht und Lehrerfortbildung. Donauwörth.

Zumbach, J. (2008): Problembasiertes Lernen in der Hochschuldidaktik. In: journal für lehrerinnen- und lehrerbildung, 8. Jg., H. 4, S. 8-14.

Autorenspiegel

Eberle, Thomas, Prof. Dr. phil., Jg. 1960, erstes (1988) und zweites Staatsexamen (1991) Lehramt, Magister Artium (1989), Promotion (1999) und Habilitation (2008). Fünf Jahre Lehre, dann wissenschaftlicher Mitarbeiter, Leiter einer Forschungsabteilung sowie freiberuflicher Trainer, Personal- und Organisationsentwickler. Lehrstuhlinhaber für Schulpädagogik mit Schwerpunkt Hauptschule an der Friedrich-Alexander-Universität Erlangen-Nürnberg. Forschungsschwerpunkte: Lehrerbildungs- und Schulentwicklungsforschung, Übergang Schule-Beruf, erfahrungsorientiertes Lernen mit Planspiel und Outdoortraining.

Haag, Ludwig, Prof. Dr. phil., Jg. 1954, Studium der Klassischen Philologie und Psychologie, Promotion (1991), Habilitation (1999), derzeit Lehrstuhl für Schulpädagogik an der Universität Bayreuth. Forschungsschwerpunkt: empirische Unterrichtsforschung.

Kahlert, Joachim, Prof. Dr. phil., Jg. 1954, erstes (1976) und zweites Staatesexamen (1978) Lehramt, Diplom Sozialwissenschaften (1987), nach zehnjähriger Tätigkeit als Lehrer Promotion (1989), Habilitation (1995), Lehrstuhl für Grundschulpädagogik an der Ludwig-Maximilians-Universität München, seit 2009 Direktor des Münchener Zentrums für Lehrerbildung. Forschungsschwerpunkte: Lehrerprofession, soziales Lernen/Werteerziehung, Didaktik des Sachunterrichts.

Kiel, Ewald, Prof. Dr. phil., Jg. 1959, Studium Deutsch, Geschichte und Pädagogik in Göttingen und Applied Linguistics in Los Angeles (UCLA). Nach der Promotion in Germanistik und dem zweiten Staatsexamen für das Lehramt an Gymnasien wissenschaftlicher Mitarbeiter am Institut für Interkulturelle Didaktik in Göttingen, Habilitation (1997), 1999–2004 Professor für Schulpädagogik an der PH Heidelberg, seit 2004 Ordinarius für Schulpädagogik an der Ludwig-Maximilians-Universität München und Leiter der Abteilung für Schul- und Unterrichtsforschung. Forschungsschwerpunkte: Lehrerprofessionsforschung, allgemeine Didaktik.

Kollmannsberger, Markus, M.A., Jg. 1978, Studium der Pädagogik, Psychologie und Europäischen Ethnologie, 2007–2009 wissenschaftlicher Mitarbeiter am Lehrstuhl Allgemeine Pädagogik und Bildungsforschung der Ludwig-Maximilians-Universität München, seit 2009 wissenschaftlicher Mitarbeiter am Lehrstuhl für Schulpädagogik der Ludwig-Maximilians-Universität München. Forschungsschwerpunkte: Lehrerprofession, Förderunterricht, Jugendforschung.

Steinherr, Eva, Dr. phil., Jg. 1963, Studium Philosophie und Lehramt, Magister Philosophie (1988), erste (1990) und zweite (1992) Staatsprüfung, Promotion (1995), 1990–2007 im Schuldienst, 1997–2000 Mitglied der Kommission Bayerischer Grundschullehrplan für Deutsch, 2005/2006 Moderatorin für Schulentwicklung, seit 2006 am Lehrstuhl für Schulpädagogik der Ludwig-Maximilians-Universität München. Forschungsschwerpunkte: Schulpädagogik, soziales Lernen/Werteerziehung, Philosophieren mit Kindern.